मुताह

एक शोधपरक अध्ययन

दैनिक जागरण

ज्ञानवृत्ति

अपनी भाषा हिन्दी को समृद्ध करने और उसको विस्तार देने के लिए दैनिक जागरण ने 2017 में एक ऐतिहासिक अभियान आरम्भ किया— 'हिन्दी हैं हम'। इस अभियान के अन्तर्गत कई उपक्रम चलाये जा रहे हैं। हिन्दी के इतिहास में पहली बार वैज्ञानिक तरीक़े से 'जागरण हिन्दी बेस्टसेलर' की सूची का प्रकाशन किया गया। हिन्दी के शीर्ष समाचारपत्र होने की अपनी ज़िम्मेदारी को समझते हुए दैनिक जागरण ने वैश्विक एजेंसी नीलसन के साथ मिलकर हिन्दी बेस्टसेलर की सूची प्रकाशित करनी आरम्भ की। पुस्तक और पाठक संस्कृति के विकास के लिए जागरण वार्तालाप की शुरुआत की गयी। हिन्दी में साहित्यकारों के मिलने-जुलने और चर्चा के लिए जागरण सान्निध्य की शुरुआत हुई। अभिव्यक्ति का उत्सव संवादी लखनऊ के अलावा, पटना, देहरादून, गोरखपुर, कानपुर, प्रयागराज और दिल्ली में आरम्भ किया गया। हिन्दी में अपनी तरह का ये पहला मंच है।

हिन्दी में मौलिक शोध को बढ़ावा देने का एक उपक्रम है जागरण ज्ञानवृत्ति। दैनिक जागरण ज्ञानवृत्ति के तहत सामाजिक, आर्थिक, कूटनीति, इतिहास और राजनीति आदि विषयों पर स्तरीय शोध को बढ़ावा देने की परिकल्पना की गयी थी। लम्बे समय से हिन्दी में यह बहस जारी है कि अपनी भाषा में शोध को कैसे बढ़ावा दिया जाये। इस चर्चा को फलीभूत करने के लिए और हिन्दी में विभिन्न विषयों पर मौलिक लेखन के लिए दैनिक जागरण ज्ञानवृत्ति के अन्तर्गत देशभर के शोधार्थियों को आमन्त्रित किया गया। इसके अन्तर्गत मौलिक शोध और हिन्दी में लेखन करनेवाले चयनित शोधार्थी को नौ महीने तक सत्तर हज़ार रुपये मासिक दिये गये। दैनिक जागरण ज्ञानवृत्ति के पहले संस्करण के अन्तर्गत तीन शोधार्थियों का चयन हुआ। त्रिस्तरीय चयन प्रक्रिया में दैनिक जागरण का सम्पादक मण्डल और अन्तिम चरण में दो विद्वानों, प्रो. एस. एन. चौधरी और श्री शक्ति सिन्हा ने शोधार्थियों का चयन किया। प्रो. एस. एन. चौधरी देश के जाने माने समाजशास्त्री हैं और श्री शक्ति सिन्हा, पूर्व प्रशासनिक अधिकारी और प्रधानमंत्री मेमोरियल म्यूज़ियम और लाइब्रेरी के निदेशक थे। ये पुस्तक इन दोनों की देखरेख में लिखी गयी। श्री शक्ति सिन्हा अब इस दुनिया में नहीं हैं, उनको जागरण परिवार की ओर से विनम्र श्रद्धांजलि।

मुताह

एक शोधपरक अध्ययन

नाइश हसन

वाणी प्रकाशन

प्रकाशन के उत्कृष्टतम 61 वर्ष

सजिल्द पहला संस्करण : 2024

vaniprakashan.com

वाणी प्रकाशन

4695, 21-ए, दरियागंज, नयी दिल्ली-110 002

फ़ोन : + 91 11 23273167, 23275710

शाखाएँ

अशोक राजपथ, पटना-800 004, बिहार

कॉफ़ी हाउस कैम्पस, महात्मा गांधी मार्ग, प्रयागराज-211 001, उत्तर प्रदेश

महात्मा गांधी अन्तरराष्ट्रीय हिन्दी विश्वविद्यालय, वर्धा-442 001, महाराष्ट्र

sales@vaniprakashan.in

vaniprakashan@gmail.com

Mutah : Ek Shodhparak Adhyayan

by Naish Hasan

ISBN : 978-93-6287-859-5

Research/Feminism

मूल्य : ₹ 450

जी.एस. ऑफ़सेट, दिल्ली-110 095 में मुद्रित

वाणी प्रकाशन का लोगो मक़बूल फ़िदा हुसेन की कूची से

उन बेटियों के नाम जिनसे मज़हबी दाँव-पेंच ने उनका बचपना छीन लिया, लेकिन वे अपनी बात मुश्किल परिस्थितियों में भी किसी तरह कह सकीं ताकि दूसरी बच्चियों को महफ़ूज़ किया जा सके...!

अनुक्रम

अपनी बात

स्कूल के दिनों में मैंने आमिना की कहानी अख़बार में पढ़ी थी। बारह साल की एक किशोरी आमिना, जिसे एक सत्तर साल का बूढ़ा अरबी शेख़ ब्याह कर अपने साथ ले जा रहा था। एअर होस्टेस अमृता अहलूवालिया ने उस बच्ची की मदद की और उसे मुताह से आज़ाद कराया। यह कहानी मन में बहुत अरसे तक छायी रही। काम के दौरान ऐसी एक-दो कहानियाँ और सामने आयीं। तब लगा कि यह सिलसिला अभी थमा नहीं है। इसी खोज में निकली यह जानने-समझने के लिए कि वास्तव में यह है क्या और क्यों हो रहा है और इसी तफ़्तीश में इस शोध की बुनियाद पड़ी।

धर्म औरत को बराबरी का दर्जा देता है। इस बात को कम-से-कम औरत को सिरे से ख़ारिज कर देना चाहिए। किसी एक धर्म का सवाल नहीं, बल्कि सभी धर्मों ने दुनिया में पहले आयी औरत को दोयम बना दिया। औरत से ऊबा समाज आज मादाभ्रूण को ख़त्म कर देने पर आमादा है। वह बेटी को अपने घर नहीं दूसरों के घर देखना चाहता है। धर्म वर्चस्व और श्रेष्ठता को बनाये रखने के लिए औरत को ग़ुलाम बनाये रखने में ही भरोसा करता है। धर्म के प्रारम्भिक दौर के जो भी नियम-क़ानून रहे, उन्हें भी पुरुषों ने ही अपने मुताबिक बनाया। बराबरी का दावा करने वालों की बात अगर एकबारगी मान भी ली जाये, तो औरतें अगर बराबर थीं, हर जगह भागीदारी करती थीं, तो क़ानून बनाते समय उनकी आवाज़ लुप्त क्यों हो गयी? औरत की सही स्थिति को समझने के लिए यह प्रश्न उठाया जाना भी ज़रूरी मालूम पड़ता है। समय बदला, समाज बदला परन्तु औरत जानलेवा धार्मिक परम्पराओं से मुक्ति नहीं पा सकी। यही कारण है कि मुताह/मिसियार, हलाला, महिला खतना की घटनाएँ आज भी हो रही हैं। धर्म के नाम पर कालीन के नीचे दबा दिये गये इन बुनियादी सवालों को सामने लाना एक आवश्यक काम है। पितृसत्ता की पहली प्रतिक्रिया इन सवालों पर होती है कि कितनी प्रतिशत महिलाएँ इसका शिकार हैं? इन्सान को आँकड़ों में तब्दील कर उसे एक छोटी संख्या बना देने से औरत की

समस्या न तो ख़त्म होगी न सुलझेगी। वह एक पूरी मानव है, इस देश में रहने वाली एक-एक औरत के बुनियादी मानवाधिकार की रक्षा होनी ही चाहिए।

धर्म के आधार पर बनाया गया कोई भी क़ानून न तो औरत को इन्साफ दे सकता है न सुरक्षा। उन सभी क़ानूनों को समाप्त कर मानवाधिकार की परिधि में क़ानूनों का निर्माण हो। वह सभी धार्मिक परम्पराएँ जो औरत को इन्सान मानने से ही इनकार करती है, उन्हें पूर्ण समाप्त किया जाना आज भी बाकी है।

मेरे लिए इस अध्ययन को करना आसान काम नहीं था। फ़ील्ड में घूमते हुए कई बार ख़तरा महसूस किया। लोगों की निगाह थी मुझ पर, ऐसा लगा कि बुर्के में छिपकर आना ज़्यादा सुरक्षित होता। उन लड़कियों की ज़िन्दगी को देख कर हैरान हुई जिन्होंने अपने जीवन में कई-कई बार मुताह की तकलीफ़ को बर्दाश्त किया है, उन्होंने मुझ पर यकीन किया, अपनी कहानी हमारे साथ साझा की, यह बहुत बड़ी बात रही। मैं तहेदिल से उनकी शुक्रगुज़ार हूँ।

मौलाना आज़ाद नेशनल उर्दू यूनिवर्सिटी, हैदराबाद के सहयोग के बिना यह काम बहुत कठिन था। डॉ. अमीना तहसीन, डॉ. महबूब बाशा, डॉ. करीम, शोधार्थी रूबीना बेगम और रिज़वान हैदर ने हमारे इस काम में बहुत अहम सहयोग दिया। हैदराबाद के ही एक बहुत जुझारू महिला संगठन माई च्वाइस की फरज़ाना, नूरजहाँ, दुर्दाना और शहनाज के बिना शर्त सहयोग से मुझे दूर-दराज़ इलाक़ों में अपने अति-व्यस्त कार्यक्रमों में समय निकालकर ले जाना हमारे लिए बहुत महत्त्वपूर्ण रहा। उनकी पूरी टीम को बहुत शुक्रिया। कोवा संगठन के डॉ. मज़हर हुसैन द्वारा बहुत महत्त्वपूर्ण जानकारियाँ उपलब्ध करायी गयी। मीडिया के साथी के. अखिलेश्वरी, खालिद मुल्ला, ज़हीर अली, खतीजा, डॉ. गाफिल अंसारी, अमित वर्मा, लखनऊ विश्वविद्यालय से सेवानिवृत्त प्रो. नदीम हसनैन, अम्बेडकर विश्वविद्यालय में कार्यरत डॉ. रियाज़ अहमद, डॉ. शकुन्तला मिश्रा विश्वविद्यालय में समाजकार्य विभाग में कार्यरत डॉ. अर्चना सिंह के विशेष सहयोग के लिए धन्यवाद।

उर्दू, अरबी और अंग्रेज़ी के कई दस्तावेज़ों के अनुवाद में इमरान खान, सोमी, नाज़िया खलीक, सुनीता भदौरिया का मुझे बहुत सहयोग मिला। इसके अलावा भी तमाम लोग इस सफर में साथ रहे। सभी का नाम लिखा जाना मुमकिन न होगा, लेकिन उनके साथ ने मेरा हौसला बनाये रखा। यह दस्तावेज़ अब आप के सामने है। आप की प्रतिक्रिया मेरे काम को बेहतर बनाने में मददगार होगी।

—नाइश हसन

प्रस्तावना

विवाह संस्था एक ऐसी संस्था है, जिसको कमो-बेश दुनिया-भर में मान्यता प्राप्त है। यह संस्था अपने कुछ ख़ास सामाजिक और सांस्कृतिक नियमों के अन्तर्गत बच्चों के जन्म और पालन-पोषण की व्यवस्था करने के साथ एक पीढ़ी से दूसरी पीढ़ी को सामाजिक, सांस्कृतिक विरासत का हस्तान्तरण करने के लिए भी दृढ़ आधार तैयार करती है। विवाह का शाब्दिक अर्थ होता है–'वधू को वर के घर ले जाना।' विवाह स्त्री-पुरुष के पारिवारिक जीवन में प्रवेश करने की संस्था है! मनुष्य की जैविकीय, सामाजिक तथा सांस्कृतिक आवश्यकताओं को पूरा करने में विवाह का महत्त्व इतना अधिक है कि विश्व का कोई भी समाज इसके बिना अपने आप को संगठित नहीं रख सकता। दूसरी महत्त्वपूर्ण बात यह भी है कि मानव की विभिन्न प्राणीशास्त्रीय आवश्यकताओं में यौन सन्तुष्टि एक आधारभूत आवश्यकता है। यूँ तो मानव के अतिरिक्त अन्य प्राणी भी यौन-इच्छाओं की पूर्ति करते हैं, लेकिन उसका आधार केवल दैहिक ही होता है, लेकिन मानव में यौन इच्छाओं का आधार अंशत: दैहिक, अंशत: सामाजिक, सांस्कृतिक और भावनात्मक होता है। इसी ने परिवार विवाह और नातेदारी को जन्म दिया है। विवाह ही परिवार की आधारशिला है और परिवार में ही बच्चों का समाजीकरण और पालन-पोषण होता है। कहा जा सकता है कि समाज की निरन्तरता विवाह एवं परिवार से ही सम्भव है, इसीलिए विवाह को परिवार का प्रवेशद्वार कहा जाता है। पारिवारिक जीवन की सुदृढ़ता पर ही समाज रूपी भवन निर्मित होता है और सुदृढ़ता को आधार प्रदान करता है–विवाह।

विवाह आर्थिक हितों की रक्षा एवं भरण-पोषण के लिए भी आवश्यक है। विवाह संस्था व्यक्ति को शारीरिक, सामाजिक एवं मानसिक सुरक्षा प्रदान करती है। भारतीय समाज की विशेषता यह है कि यहाँ विभिन्न धर्मों के अनुयायी साथ-साथ रहते हैं तथा इन विभिन्न धार्मिक समूहों में विवाह की विभिन्न मान्यताएँ व प्रथाएँ मौजूद हैं, जो एक दूसरे से काफ़ी अलग भी हैं। सभी धर्मों ने विधिवत तरीक़े से अपने-अपने धर्म

ग्रन्थों में विवाह का उल्लेख किया है। इसके बादजूद यह सच है कि सभी धर्मों के अनुयायियों ने अपने-अपने विश्वासों और मान्यताओं से दूसरे समूहों को प्रभावित भी किया है। विवाह सम्बन्धी परम्पराएँ आपस में एक-दूसरे से मेल भी खाती हैं। जनजातीय समाजों में भी अपने कुछ विवाह के नियम और विधि-विधान मौजूद हैं। सामाजिक चिन्तक मारडॉक (Murdock) ने 250 समाजों का अध्ययन किया था। उन्होंने सभी समाजों में विवाह के तीन उद्देश्यों का प्रचलन पाया–पहला यौन सन्तुष्टि, दूसरा आर्थिक सहयोग और तीसरा सन्तानों का समाजीकरण एवं लालन-पालन।

विवाह के बारे में कुछ समाजशास्त्रियों की परिभाषाएँ निम्न रूप में प्रस्तुत हैं–

मेयर विवाह को परिभाषित करते हुए लिखते हैं कि विवाह की परिभाषा यह है कि यह स्त्री-पुरुष का ऐसा योग है, जिससे स्त्री से जन्मा बच्चा माता-पिता की वैध सन्तान माना जाये।[1]

बोगार्डस के अनुसार विवाह स्त्री और पुरुष के पारिवारिक जीवन में प्रवेश करने की संस्था है।[2]

मजूमदार एवं मदान लिखते हैं कि विवाह में क़ानूनी या धार्मिक आयोजन के रूप में उन सामाजिक स्वीकृतियों का समावेश होता है, जो विषम-लिंगियों की यौन-क्रिया और उससे सम्बन्धित सामाजिक-आर्थिक सम्बन्धों में सम्मिलित होने का आधार प्रदान करती है।[3]

जॉनसन के अनुसार विवाह के सम्बन्ध में अनिवार्य बात यह है कि यह एक स्थायी सम्बन्ध है जिसमें एक पुरुष और एक स्त्री, समुदाय में अपनी प्रतिष्ठा को खोये बिना सन्तान उत्पन्न करने की सामाजिक स्वीकृति प्राप्त करते हैं।[4]

विवाह एक समाजशास्त्रीय अवधारणा होने के बावजूद जब मानव आचार व्यवहार को नियमित करने हेतु धर्म सम्बन्धी अवधारणाओं का अवतरण होता है, तो वहाँ प्रत्येक धर्म में अपनी-अपनी कुछ नियमावली नज़र आती हैं, चाहे वह हिन्दू हो, मुस्लिम हो, ईसाई हो या पारसी हो, उनकी धार्मिक पुस्तकों में विवाह पद्धति विधिवत अंकित है। विभिन्न धर्मों तथा समाजों में विवाह को अपने-अपने तरीक़े से परिभाषित भी किया गया है–

जहाँ तक **हिन्दू** विवाह का सम्बन्ध है, यह एक पवित्र धार्मिक संस्कार कहलाता है। एक ऐसा सम्बन्ध जिसे जन्म-जन्मान्तर में भी तोड़ा नहीं जा सकता, चार प्रमुख कर्तव्यों धर्म, अर्थ, काम और मोक्ष की पूर्ति इसी सम्बन्ध द्वारा होती है।

मुस्लिम समुदाय में विवाह स्त्री-पुरुष के बीच में किया गया अनुबन्ध या करार है, जिसका उद्देश्य सन्तान को जन्म देना तथा उसे वैध रूप प्रदान करना है।

साथ ही इसका कार्य समाज के हित में पति-पत्नी और उनसे उत्पन्न सन्तानों के अधिकारों तथा कर्तव्यों को निर्धारित कर सामाजिक जीवन का नियमन करना है।[5]

ईसाई धर्म में विवाह एक पुरुष तथा स्त्री के बीच का एक समझौता है, जो साधारणतया सम्पूर्ण जीवन-भर के लिए होता है तथा इसका उद्‌देश्य यौन सम्बन्धों पारस्परिक सहयोग तथा परिवार की स्थापना करना है।[6]

जनजातियों में भी अनेक दूसरे समाजों की तरह कुछ अपवादों को छोड़कर विवाह एक सामाजिक-सांस्कृतिक संस्था है। इसका उद्‌देश्य परिवार की स्थापना से यौन सम्बन्धों को व्यवस्थित रूप देना तथा बच्चों के पालन-पोषण और सामाजीकरण की व्यवस्था करना है। विवाह के द्वारा ही अपनी संस्कृति के अनुसार नातेदारी सम्बन्धों को प्रभावपूर्ण बनाया जाता है तथा परिवार के सदस्यों के बीच श्रम-विभाजन किया जाता है। इसके बाद भी उनकी विवाह संस्था का रूप अन्य समाजों से थोड़ा भिन्न है।[7]

परन्तु यहाँ यह उल्लेखनीय है कि उपरोक्त विवाह क़ी जितनी भी परिभाषाएँ हैं। उसकी अपनी सीमाएँ हैं। उन सीमाओं के अतिरिक्त भी कई अनेक प्रकार की पद्धतियाँ मौजूद हैं। हिन्दू धर्म में जैसे–पिशाच, राक्षस, गन्धर्व, असुर आदि प्रकार के विवाह, मुस्लिम धर्म में बहु-पत्नी विवाह व मुताह विवाह, ईसाई में भी धार्मिक, सिविल विवाह तथा जनजातियों में भी एक-विवाह, बहु-पत्नी विवाह तथा बहु-पति विवाह भी मौजूद है।

किसी क्षेत्र विशेष, प्रकृति, भौगोलिक कारण या फिर साामाजिक मूल्यों का मामला हो लेकिन कही भी विवाह की कोई एक सर्वमान्य पद्धति मौजूद नहीं है। हमारा वैश्विक समाज मूलतः अनेक प्रकार के धर्मों से निर्देशित है। मुख्य रूप से ईसाइयत, यहूदियत, मुस्लिम, पारसी, हिन्दू सभी में विवाह के कुछ-न-कुछ तरीक़ों का उल्लेख उनके धर्म ग्रन्थों में है। जिनमें से कुछ का उल्लेख ऊपर किया गया है। हमारे अध्ययन का उद्‌देश्य यहाँ मुताह विवाह को समझना, उसका विस्तृत अध्ययन करना है।

मुताह[8] की संक्षिप्त अवधारणा

मुताह एक ऐसा विवाह है, जिसका अन्त अर्थात विवाह-विच्छेद निश्चित है। एक निश्चित समय के लिए, एक निश्चित रक़म के बदले स्त्री व पुरुष का सम्बन्ध ही मुताह विवाह कहलाता है। मुताह का शाब्दिक अर्थ होता है ***आनन्द।*** अतः मुताह विवाह को आनन्द के लिए किये गये विवाह की संज्ञा भी दी जाती है।[9] अरबी शब्दकोश[10] मुताह को 'लुत्फ़, मज़ा, आनन्द' के रूप में परिभाषित करते हैं।

मूलरूप, म-तः 'ले जाना, दूर ले जाना' का प्रतीक हैं। इसे निकाह-अल-मुताह भी कहते हैं। 'मुताह की शादी एक ऐसी शादी है, जो अनुबन्ध (कॉन्ट्रैक्ट) है, जो एक नियत समय तथा निश्चित अवधि के लिए होगा। 'मुताह की शादी' को हदीस[11] के साहित्य में और न्यायशास्त्र (Jurisprudance) और धर्मशास्त्र की पुस्तकों (फिक्ह) दोनों में विस्तार से बताया गया है।

हदीस में 'मुताह' शब्द को आम तौर पर इस्तेमाल किया जाता है। शिया यह मानते हैं कि यह शब्द विशेष अस्थायी विवाह के लिए पसन्दीदा नाम है, क्योंकि कुरान स्वयं ही इस तरह के विवाह के लिए इसी मूल से मिले शब्द का इस्तेमाल करती है। उनका यह भी कहना है कि निम्नलिखित आयत में इस्तिम्ता शब्द म-त के दसवें मौखिक रूप को 'लुत्फ/आनन्द' के रूप में अनुवादित किया गया है–

कुरान : सूरा 4 आयत 24

۞ وَٱلۡمُحۡصَنَٰتُ مِنَ ٱلنِّسَآءِ إِلَّا مَا مَلَكَتۡ أَيۡمَٰنُكُمۡۖ كِتَٰبَ ٱللَّهِ
عَلَيۡكُمۡۚ وَأُحِلَّ لَكُم مَّا وَرَآءَ ذَٰلِكُمۡ أَن تَبۡتَغُواْ بِأَمۡوَٰلِكُم مُّحۡصِنِينَ
غَيۡرَ مُسَٰفِحِينَۚ فَمَا ٱسۡتَمۡتَعۡتُم بِهِۦ مِنۡهُنَّ فَـَٔاتُوهُنَّ أُجُورَهُنَّ
فَرِيضَةٗۚ وَلَا جُنَاحَ عَلَيۡكُمۡ فِيمَا تَرَٰضَيۡتُم بِهِۦ مِنۢ بَعۡدِ ٱلۡفَرِيضَةِۚ
إِنَّ ٱللَّهَ كَانَ عَلِيمًا حَكِيمٗا ٢٤

अर्थात : 'तो उनमें {महिलाओं में} से जिनका आप लुत्फ उठाते हैं, उन्हें अपनी नियत मज़दूरी दें' (कुरान 4:24)

सामान्य तौर पर पैगम्बर के जीवनकाल के दौरान और बाद में शिया इमामों और अन्य मुस्लिम नेताओं के समय में अस्थायी शादी के लिए मुताह शब्द का इस्तेमाल सामान्य रूप से किया गया है।

सुन्नी मुस्लिम इसके बारे में अलग विचार रखते हैं, आगे के अध्यायों में सुन्नी तथा शिया दोनों के ही विचारों को विस्तार से समझाया गया है।

अध्ययन का उद्देश्य

हमारे अध्ययन का उद्देश्य मुस्लिम समुदाय के शिया उप-समुदाय इस्ना-अशरी[12] में जारी मुताह विवाह को जानना, समझना तथा उसका विस्तृत शोधपरक अध्ययन

करना है। समकालीन समाज में मुताह विवाह के उदाहरण सामने आ रहे हैं। इसलिए हमारा पहला उद्देश्य मुताह क्या है? इसकी ऐतिहासिक पृष्ठभूमि को समझना कि मुस्लिम समुदाय के दो प्रमुख उप-समुदाय शिया और सुन्नी में मुताह के प्रश्न पर किस प्रकार का विमर्श मौजूद है? मुताह की वैधता को समझना तथा मुताह से पीड़ित महिलाओं की सामाजिक-आर्थिक पृष्ठभूमि का अध्ययन करना, समकालीन समाज में मुताह के कारण का पता लगाना और महिलाओं पर इसके मनोसामाजिक प्रभावों का अध्ययन करना तथा स्त्री गरिमा की दृष्टि से भी मुताह विवाह का विश्लेषण करना है।

आगे के अध्यायों में अपने इन्हीं उद्देश्यों को पूरा करने का प्रयास किया गया है। इस सम्बन्ध में हमने स्टेकहोल्डर महिला/पुरुष जो सामाजिक कार्य से जुड़े हैं, के साक्षात्कार लिए, शिक्षाविदों तथा धर्मगुरुओं के भी साक्षात्कार लिये, यह समझने के लिए कि उनकी नज़र में मुताह क्या है? उनमें से कुछ प्रमुख के विचार भी हमने पुस्तक में प्रस्तुत किये हैं।

अध्ययन-क्षेत्र एवं परिसीमन

मुताह के सबसे अधिक केस हैदराबाद से आ रहे हैं, इसलिए हमने हैदराबाद का चुनाव किया। इसके अतिरिक्त जो भी केस संज्ञान में आये चाहे वह केरल राज्य से हो या उत्तर प्रदेश के लखनऊ, इलाहाबाद शहर से या फिर दिल्ली से, हमने उन्हें भी अध्ययन में शामिल किया है, परन्तु मुख्य रूप से हैदराबाद ही हमारे अध्ययन का केन्द्र रहा।

अनुसन्धान विधि

प्रतिदर्श चयन : हमने स्नोबॉल विधि द्वारा प्रतिदर्श का चयन किया। प्राप्त मुताह की 42 घटनाएँ इसमें सम्मिलित हैं। हमने उन्हें तीन श्रेणी में बाँटा है।

i. वह मुताह के मामले जो पुलिस के संज्ञान में हैं।
ii. वह मुताह के मामले जो पुलिस के संज्ञान में नहीं हैं।
iii. वह मुताह के मामले जो सापेक्षिक रूप से सफल कहे गये।

शोध रचना : चूँकि यह एक गुणात्मक अनुसन्धान है, इसलिए हमारी शोध रचना वर्णनात्मक (descriptive) है। मुताह विवाह से प्रभावित महिलाओं का वैयक्तिक अध्ययन कर उसका विस्तृत विश्लेषण किया गया है।

स्त्रोत : उपरोक्त प्रविधि का प्रयोग करते हुए **प्राथमिक स्त्रोत** द्वारा स्वयं डाटा एकत्र किया गया है और **द्वितीयक स्त्रोत** से हमने मुताह विषय पर (बहुत कम मात्रा

में उपलब्ध) प्राप्त साहित्य का सर्वेक्षण, पुनरावलोकन किया। ऐतिहासिक सन्दर्भों को शामिल किया और जो कुछ अन्तराल दिखाई दिया। उदाहरण के रूप में–वर्तमान में आने वाली मुताह की घटनाओं पर चर्चा का न होना आदि को अपने अध्ययन में शामिल करते हुए अध्ययन का प्रयास किया है।

उपकरण और प्रविधि : (tools & techniques) केस स्टडी हमारी प्रविधि है और उसके उपकरण हैं–विस्तृत साक्षात्कार व अवलोकन

प्रदत्त विश्लेषण और निष्कर्ष : उक्त विधियों से प्राप्त आँकड़ों का विश्लेषण गुणात्मक आधार पर किया गया है। उन्हें चित्र के माध्यम से समझाया गया है तथा निष्कर्ष प्रस्तुत किया गया है।

सन्दर्भ

1. लूसी मेयर, सामाजिक भू-विज्ञान की भूमिका, हिन्दी अनुवाद पृ. 90
2. ई.एस. बोगार्डस, सोशियोलॉजी, 1957, पृ. 75
3. मजूमदार एवं मदान, एन इंट्रोडक्शन टू सोशल एंथ्रोपोलॉजी, पृ. 75
4. एच.एम. जॉन्सन, सोशियोलॉजी ए सिस्टमेटिक इंट्रोडक्शन, पृ. 146
5. हेदाया : हेमिलटन अनूदित।
6. डॉ. गोपाल कृष्ण अग्रवाल, समाजशास्त्र (2013) साहित्य पब्लिकेशंस, आगरा, पृ. 137
7. डॉ. गोपाल कृष्ण अग्रवाल, समाजशास्त्र (2013) साहित्य पब्लिकेशंस, आगरा, पृ. 120
8. मुताह शब्द का अरबी में सही उच्चारण मुताअ है, परन्तु भारत में इसे मुताह उच्चारित किया जाता है, अपने अध्ययन में भी हम इसे मुताह ही उच्चारित करेंगे।
9. डॉ. आर.के. सिन्हा : मुस्लिम विधि, खण्ड-5, पृ. 61, प्रकाशक : सेंट्रल लॉ एजेंसी, इलाहाबाद, 2006
10. प्रो. महमूद इस्माइल सालेह द्वारा लिखित इस्लामिक वर्ड्स एंड एक्सप्रेशंस, दारस्सलाम, तंजानिया तथा ऑक्सफोर्ड डिक्शनरी ऑफ़ इस्लाम, जॉन एल. एस्पोसीतो, मुख्य सम्पादक।
11. मुसलमानों के लिए मोहम्मद साहब के वचनों और कार्य अथवा मुसलमानों का वह ग्रन्थ, जिसमें मोहम्मद साहब के कार्यों का वृत्तान्त और भिन्न-भिन्न अवसरों पर कहे हुए वचनों का संग्रह है, जिसका व्यवहार बहुत कुछ स्मृति के रूप में होता है।
12. अर्थात बारह अंक, जो शिया बारह इमामों को मानने वाले हैं। उन्हें इस्ना-अशरी कहा जाता है। अंग्रेज़ी में इसे इथना-अशारी भी लिखा जाता है। इनका मानना है कि इनके पहले 12 इमाम दिव्य रूप से चुने हुए थे। सन् 673-674 ईसवी में बारहवें इमाम ग़ायब हो गये थे। वे भविष्य में लौट कर आयेंगे। इन आने वाले बारहवें इमाम को इमाम महदी कहा जाता है।

साहित्य पुनरावलोकन

इस अध्याय के अन्तर्गत मुताह विषय को पढ़ने-समझने के लिए कुछ विद्वानों की पुस्तकों/शोध पत्रों/अध्ययनों का पुनरावलोकन किया गया। जिनमें शिया और सुन्नी दोनों विचारधारा के विद्वानों की सामग्री सम्मिलित है। इसके अतिरिक्त मुस्लिम विधि से जुड़ी पुस्तकें, मुस्लिम महिलाओं के अधिकार से जुड़ी पुस्तकें, इस्लाम धर्म मुताह के बारे में क्या कहता है। उससे जुड़ी पुस्तकों और शोध पत्रों का अध्ययन किया गया है, जिसकी एक संक्षिप्त समीक्षा इस प्रकार है–

शोध पत्र

- **ए स्टडी ऑफ़ निकाह मुताह एंड इट्स इंप्लीकेशंस फॉर फेमिनिन डिगनिटी**

यह शोध पत्र एलोरेन विश्वविद्यालय, नाइजीरिया के डिपार्टमेंट ऑफ़ रिलीजन के. आर. इब्राहीम अदेबायो द्वारा सन् 2014 में लिखा गया है। जिसे एलोरेन जरनल ऑफ़ रिलीजियस स्टडीज़ के वाल्यूम चार में प्रकाशित किया गया है। इब्राहीम अपने अध्ययन के प्रारम्भ में कहते हैं कि सभी सभ्यताओं-संस्कृतियों ने आदि काल से ही महिलाओं को अपने यौन-आनन्द के लिए इस्तेमाल किया है। इसीलिए लम्बे समय तक औरतों की स्थिति में परिवर्तन नहीं आ सका। मुताह के सम्बन्ध में वे लिखते हैं कि यह काफ़ी समय से शिया और सुन्नी के बीच विवाद का विषय रहा है। एक इससे इनकार करता है, तो दूसरा इसकी आज्ञा देता है। अपनी बातों के तर्क में वे कुरान के पारा 4 की आयत 24 का उल्लेख भी करते हैं, जिसे अन्य लेखकों द्वारा भी सन्दर्भित किया गया है। उसके अनुसार वे महिलाएँ, जिनसे तुम आनन्द लेते हो, उन्हें उसका भुगतान करो। भुगतान करना स्थायी विवाह के सम्बन्ध में नहीं आता और वह यौन आनन्द के लिए किराये पर ली गयी महिला के सम्बन्ध में है, जिसे कुछ समय के लिए लिया जाता है, के लिए ही प्रयोग किया जाता है। मुताह के

सम्बन्ध में मौजूद हदीसों का भी उदाहरण लेखक ने प्रस्तुत किया है। इस सम्बन्ध में शिया विचार और सुन्नी विचार की व्याख्या भी प्रस्तुत की गयी है। हदीसों से भी प्राप्त तर्क इस बात को साबित नहीं करते कि इस्लाम में महिलाओं को बराबरी का अधिकार है, क्योंकि ग़ुलाम महिला से विवाह के लिए उसके मालिक की अनुमति लेना ज़रूरी है।

लेखक ने इस बात को भी स्पष्ट करने का प्रयास किया है कि मुताह किस प्रकार महिलाओं की गरिमा के ख़िलाफ़ है। लेखक शहला हैरी द्वारा लिखित एक रिपोर्ट 'लॉ ऑफ़ डिजायर' के हवाले से कहा गया है कि तेहरान के एक होटल के कर्मचारी ने बताया कि हफ़्ते में सौ जोड़े उनके यहाँ ऐसे आते हैं जिनमें युवा लड़के, अधेड़ औरतों के साथ होते हैं, जो अस्थायी तौर पर विवाह होने के दस्तावेज़ भी प्रस्तुत करते हैं।

एक बार अस्थायी विवाह में जाने के बाद उन लड़कियों की शादी होना भी कठिन हो जाता है। यदि उस विवाह से बच्चा पैदा हो गया है, तब महिला को और कठिनाई झेलनी पड़ती है। इस विवाह में महिला को किसी प्रकार के उत्तराधिकार प्राप्ति का भी हक नहीं है। लेखक ने मुताह और एचआईवी एड्स को भी जोड़ा है और उसे ख़तरनाक और औरत की गरिमा के ख़िलाफ़ बताया है। अध्ययन बहुत महत्त्वपूर्ण और विचारणीय है।

- रिचा नागर ने 1990 के दशक में मुताह विषय पर तंजानिया की राजधानी दार-एस-सलाम जाकर मुताह पर अध्ययन किया। यह अध्ययन उन्होंने खोजा इस्ना-अशरी मुस्लिम के बीच किया। अपने इस शोध **रिलीजन, रेस एंड द डिबेट ओवर मुताह इन दार-एस-सलाम** में लेखक ने कहा है कि मुताह को धार्मिक मान्यता होने के बावजूद तंजानिया में बहुत ही कम संख्या में मुताह होता था। बहुसंख्यक शिया इसके बारे में लगभग अनभिज्ञ ही रहे। रिचा नागर शहला हैरी की एक रिपोर्ट के हवाले से कहती है कि इस्लामिक क्रान्ति के दौरान 1979 में ईरान के इस्लामिक शासन ने एक अभियान प्रारम्भ किया जिसका नाम था **ब्लसिंग ऑफ़ टंप्रेरी मैरिज**। उसका प्रचार-प्रसार रेडियो, टेलीविज़न, समाचारपत्र और लोगों के बीच जाकर किया गया। जिसमें हिजाब के प्रसार के बाद मुताह को प्रमोट किया गया। ये सब कुछ दार-एस-सलाम में जमात की निगरानी में हो रहा था, जिनके नियन्त्रण में ग़रीब मुसलमान औरतें थीं। वहीं की एक नारीवादी पत्रकार फ़ातिमा जाफ़र कहती हैं कि बहुत से अमीर इस्ना-अशरी मुसलमान अब मुताह कर रहे हैं और उनके घर युद्ध के

मैदान बन गये हैं, लेकिन ग़रीब औरतें जो जमात से विभिन्न प्रकार का लाभ उठाती है। वे खुलकर इस पर सवाल नहीं कर पा रहीं, जब भी उन औरतों ने जमात में जाकर इस पर सवाल उठाया, तो उन्हें कहा गया कि यह ठीक है। एक अन्य ग़रीब महिला रुखसाना बानो, जिनके पति ने मुताह कर लिया और वह उसके साथ हिंसक व्यवहार करते हैं और रुखसाना को अन्त में तलाक़ दे दिया।

लेखक यहाँ एक बात और ध्यान दिलाते हुए कहती है, जिस ईरान के रोल मॉडल को तंजानिया ने अपनाया उस ईरान के फैमिली प्रोटेक्शन लॉ 1967 में मुताह या अस्थायी शादी का ज़िक्र ही नहीं था। बाद के दिनों में राज्य द्वारा फैमिली रिफार्म बिल संसद से पास कर प्रभावी तरीक़े से लागू किया गया, जिसमें यह कहा गया है कि अस्थायी विवाह पूरी तरह से बन्द कर दिया गया है।

लेखक नारीवादी नज़रिये से मुताह के सवाल का विश्लेषण करती हैं। वे यह भी कहती हैं कि इसका असर इस प्रकार दिखता है कि कुछ महिलाएँ इस बात का समर्थन करने लगी हैं कि पत्नी के अलावा भी पुरुष को यौन आनन्द के लिए दूसरी महिलाओं से सम्बन्ध बनाने की अनुमति है तथा दूसरी ओर महिलाएँ इसे वेश्यावृत्ति कहने से भी नहीं डरतीं। लेखक ने अध्ययन में 58 महिला-पुरुषों के जीवन का इतिहास तथा 150 महिला-पुरुषों, जो विभिन्न पारिवारिक समूहों से आते हैं, के छोटे-छोटे साक्षात्कार भी किये हैं।

लेखक का यह शोध बहुत अहम है। पूरी दुनिया में धर्म से जुड़े मुद्दों पर किस प्रकार राजनीति हो रही है और अपने-अपने रीति-रिवाजों को किस प्रकार महिमा मण्डित करने का प्रयास हो रहा है। इसे उक्त शोध से भली प्रकार समझा जा सकता है। उक्त विषय के शोधार्थी के लिए इसे पढ़ना बहुत महत्त्वपूर्ण होगा। यह शोध पत्र फेमिनिस्ट स्टडीज़ डॉट आईएनसी द्वारा 1993 में प्रकाशित किया गया है।

- 'टम्प्रेरी मैरिज इन इस्लामिक लॉ-मुताह'

सचीको मुराता द्वारा किये गये मुताह पर इस अध्ययन को इस्लामिक मोबिलिटी डॉट कॉम से प्राप्त किया गया है। अपने अध्ययन में लेखक ने शिया और सुन्नी के बीच विभिन्नताओं का उल्लेख किया है। यह विभिन्नता क़ानून के स्तर पर भी साफ़ नज़र आती है। सुन्नी विचारधारा के चार स्कूल हनफी, हनबली, मलिकी, शाफी तथा शिया के जाफ़री स्कूल में मुताह के हवाले से यह भिन्नता है कि सुन्नी मुताह अथवा अस्थायी विवाह के बारे में कहते हैं कि इसकी इजाज़त तो थी, परन्तु पैगम्बर मोहम्मद के जीवन में ही इसे बन्द कर दिया गया था, जिसे शिया

नहीं मानते। उन्होंने अपने अध्ययन में शिया और सुन्नी के अलग होने के इतिहास की चर्चा की है, दोनों के क़ानूनी स्तर में क्या फ़र्क़ है। इसकी भी चर्चा की है। मुसलमानों में स्थायी विवाह क्या है, मुताह के प्रमुख चार स्तम्भ (फारमूला, इन्सान, समय अवधि और मेहर) मुताह की शर्त, मुताह की वैधता पर शिया मत, सुन्नी मत, ख़लीफ़ा उमर का आदेश, सहाबियों द्वारा प्राप्त हदीस से वर्णन, कुरान के प्राप्त तर्क, चार सुन्नी विचारधाराओं से प्राप्त तर्क, शिया क़ानून से प्राप्त तर्क आदि का उल्लेख किया गया है।

लेखन ने ईरान के सम्बन्ध में अपना ये अध्ययन किया है। काफ़ी विस्तार में जाकर तर्क इकट्ठा किये गये हैं। इसलिए यह अध्ययन काफ़ी महत्त्वपूर्ण साबित होता है। एक सवाल जो छूट जाता है कि सचीको ने अपने अध्ययन में किसी केस का ज़िक्र नहीं किया है, जबकि ईरान में मुताह की घटनाएँ आम हैं। महिलाओं के नज़रिये से भी इसे समझने का प्रयास नहीं किया गया है। उक्त अध्ययन की ये सीमाएँ हैं।

- **कॉन्सेप्ट ऑफ़ मैरिज अमंग मुस्लिम्स : ए स्टडी ऑन मुताह मैरिज**

इंटरनेशनल जर्नल ऑफ़ लॉ एंड लीगल ज्यूरिसप्रुडेंस स्टडीज़ : ISSN:2348:8212 : Volum 3, issue 1 में प्रकाशित कोनिना मण्डल का यह शोध पत्र, जिसमें वह कहती है कि विवाह यौन सम्बन्ध, पुनरुत्पाद व बच्चों के सामाजिक जीवन, जो समाज के हित में है, उन सभी अधिकारों और कर्तव्यों को पूर्ण करने के लिए दोनों पक्षों और उस सम्बन्ध से उत्पन्न हुए बच्चों के हित में एक समझौता है। वहीं अरबी शब्दकोश में मुताह आनन्द के रूप में परिभाषित किया गया है। मुताह विवाह को निकाह-अल-मुताह भी कहा जाता है, जो अस्थायी परन्तु निश्चित समय के लिए होता है। मुस्लिम महिला और मुस्लिम पुरुष के बीच एक निश्चित रक़म के बदले होता है। इसे वह क़ानूनी वेश्यावृत्ति भी कहती है। यह प्रथा बहुत अधिक पुरुष पर केन्द्रित है।

इसके अतिरिक्त वह इस बात की भी चर्चा करती है कि पूर्व में इस्लाम विवाह के क्या-क्या तरीक़े उपलब्ध थे, मुताह इस्ना-अशरी शिया समुदाय में किस प्रकार चलन में है? मुताह और निकाह में क्या अन्तर है? छठी शताब्दी के अन्तिम दौर में पैगम्बर मोहम्मद ने इसे रोका। इसका भी वह उल्लेख करती है, परन्तु ईरान में इसका चलन मौजूद रहा। मुताह की शर्तें, समय अवधि, लाभ व हानि, शिया व सुन्नी समुदाय के मुताह पर तर्क आदि को वह अपने इस शोध पत्र में सामने रखती हैं। मुताह के बारे में नारीवादी नज़रिये को सामने रखते हुए वह यह भी कहती है

कि यदि यह करार है, तो इसे तोड़ने या ख़त्म करने का अधिकार केवल पुरुष को ही क्यों है। पुरुष चार पत्नियों के साथ कई मुताही पत्नियाँ भी रख सकता है परन्तु महिला केवल एक समय में एक पति ही रख सकती है। पुरुष इसका प्रयोग आनन्द के लिए और महिलाएँ पैसों के लिए करती है। पुरुषों ने अपने फ़ायदे के लिए अपने हिसाब से इसका विश्लेषण किया है। शिया उलेमा इसे वेश्यावृत्ति से अलग विश्लेषण करते हैं।

लेखक ने भारत में मुताह की कुछ पुरानी घटनाओं का उल्लेख भी किया है जैसे—मोहम्मद आबिद अली कुमार कदर बनाम लड्डन साहिबा, महफ़िल निगार बी बनाम मसुली पट्टम, हसन अली मिर्जा बनाम नुशरतली मिर्जा आदि के केस जो न्यायालय तक पहुँचे उनका भी उल्लेख किया है।

निष्कर्ष में वह कहती है कि पुरुष केन्द्रित मुस्लिम निजी क़ानून जो जेंडर भेदभाव पर टिका है इसका कारण है। जो पुरुषों का समर्थन करता है। लेखक ने लगभग सभी मुद्दे जो मुताह से जुड़े हैं अपने पत्र में सम्मिलित किये हैं परन्तु हाल-फिलहाल आने वाली मुताह की घटनाओं को नज़रअन्दाज़ किया है, उन्हें सम्मिलित कर इस शोध पत्र का महत्त्व और बढ़ जाता और पाठक इस बात को समझ पाता कि न केवल इतिहास में ऐसा होता रहा है, वर्तमान में भी इस प्रकार की घटनाएँ सामने आ रही हैं।

पुस्तक

1. डिनाइड बाई अल्लाह

नूर ज़हीर ने अपनी इस पुस्तक में चार अहम विषयों का उल्लेख किया है। हलाला, तीन तलाक़, मुताह और खुला। उनके ऐतिहासिक सन्दर्भों को प्रस्तुत करते हुए वर्तमान तक लेकर आती है। मुताह या वेश्यावृत्ति नाम के इस अध्याय में वह एक महिला बिल्कीस के मुताह विवाह का ज़िक्र करती है और उसके बाद मुताह क्या है, शिया-सुन्नी इसके बारे में क्या राय रखते हैं, इसकी वैधानिकता, मुताह के चारों स्तम्भों का उल्लेख करते हुए कुरान व हदीस के हवालों के साथ भी यह स्पष्ट करती है कि मुताह क्या है। कई धार्मिक विद्वानों/इमामों द्वारा मुताह पर क्या विचार रखा गया है। उन्हें सन्दर्भित करते हुए वर्तमान में युवाओं में मुताह का किस प्रकार चलन बढ़ा है, विशेष रूप से ब्रिटेन का कुछ उदाहरण भी पेश करती है। चलन के बावजूद ब्रिटेन की शरीया काउंसिल भी इस प्रकार के विवाह को अमान्य कहती है।

मुताही लड़कियों का वापस स्थायी विवाह हो पाना काफ़ी कठिन हो जाता है। इसे भी उन्होंने कुछ महिलाओं के केस के माध्यम से स्पष्ट करने का प्रयास किया है। नूर ज़हीर के अध्ययन की अच्छी बात यह रही कि उन्होंने महिलाओं के नज़रिये से भी मुताह को देखने की कोशिश की है, महिलाओं को किस प्रकार यौन आनन्द के लिए मुताह में इस्तेमाल किया जाता है, इस चिन्ता को भी रखने की कोशिश की है। भारत में मुताह का फैलाव कैसे हो रहा है, इसका शिकार महिलाएँ हो रही हैं, यह सवाल भी सामने आया है।

अध्ययन की अपनी कुछ सीमाएँ भी हैं। उदाहरण के लिए जिन महिलाओं की चर्चा की गयी है, वे कहाँ की हैं, कितनी महिलाओं से उन्होंने बात की, उनके साथ कब ये घटना हुईं, क्या वे कभी थाने भी गयीं, मुकदमा दर्ज किया गया, उन्हें कितनी मेहर मिली आदि का उल्लेख नहीं मिलता। बहुत जगह सन्दर्भों का उल्लेख भी ठीक प्रकार से नहीं किया गया है। इन सब सीमाओं के बावजूद पुस्तक पाठक को मुताह के बारे में अच्छी जानकारी उपलब्ध कराती है। वितस्ता पब्लिशिंग प्राइवेट लिमिटेड, दरियागंज, नयी दिल्ली द्वारा सन् 2015 में इसे छापा गया है।

2. मुताअ की हक़ीक़त

जामिया इस्लोमिया मदीना के प्रकाशित उक्त पुस्तक **मुताअ की हक़ीक़त** जिसे kutubistan.blogpost.com से प्राप्त किया गया है, इस पुस्तक को उस्मान बिन मोहम्मद अलख़मीस ने अरबी में लिखा है तथा जिसका उर्दू में अनुवाद फजलुर्रहमान रहमानी अल नदवी ने किया है। पुस्तक में अरब विचार धारा की झलक ज़्यादा मिलती है, जो इस बात को साबित करने का प्रयास करती है कि मुताह मोहम्मद के जीवनकाल में बन्द हो गया था, जिसे शिया उप-समुदाय ने अपने तर्कों से जारी रखा है। पुस्तक मुताह पर शिया तर्कों को पूरी तरह से ख़ारिज करती है। धार्मिक संगठनों द्वारा लिखी गयी कई अन्य पुस्तकों की तरह यह पुस्तक भी मदीना की विचारधारा अर्थात सुन्नी विचारधारा को ज़्यादा पोषित करती नज़र आती है और ईरानी विचारधारा जो शिया विचारधारा है, के तर्कों को कमज़ोर साबित करने का प्रयास करती है।

शिया और सुन्नी विचारधारा की पुस्तकें जो मुताह पर हैं, उन दोनों में ही महिला की स्थिति पर बिल्कुल ही बात नहीं की गयी है तथा महिला की स्थिति यौन आनन्द की एक वस्तु के रूप में ही पेश की गयी है। कही भी महिला की मर्ज़ी, नज़र नहीं आती। इसलिए धर्म आधारित पुस्तकें या यह कहें की धर्म आधारित पूरी विचारधारा

में ही महिला ग़ायब नज़र आती है। पुरुष ही, वह क्या करेगी, क्या नहीं यह तय करते पाये जाते हैं। ऐसा ही इस पुस्तक में भी देखने को मिला।

3. मुताह और इस्लाम

इमामिया मिशन, लखनऊ द्वारा प्रकाशित **मुताह और इस्लाम** पुस्तक का पाँचवाँ संस्करण, जिसके लेखक हैं उलेमा मौलाना सय्यद अली नक़्क़ी ताब। इस पुस्तक के प्रारम्भ के कई पृष्ठों पर एक भूमिका प्रस्तुत की गयी है कि किस प्रकार समाजी, व्यक्तिगत जीवन की आवश्यकताएँ महत्त्वपूर्ण हैं। उनकी पूर्ति के लिए मार्ग तलाशा जाना चाहिए। इसी बात को आगे बढ़ाते हुए लेखक मुताह का ज़िक्र करता है और इसे आनन्द के लिए नहीं, परन्तु समय के अनुरूप आवश्यक होने पर इसका समर्थन भी करता है। स्थायी और अस्थायी विवाह में लेखक विशेष अन्तर नहीं समझता, और बग़ैर शौहर वाली औरत से मुताह करने को सही कहता है। लेखक आगे कहता है कि ज़िनाकारी से बचने के लिए मुताह जायज है। इसके समर्थन में वह कुरान की सूरत भी पेश करता है।

निकाह मुताह पर शिया समुदाय का नज़रिया पेश करते हुए यह कहा गया है कि मुताही पत्नी भी पत्नी ही है, परन्तु उसे स्थायी पत्नी के बराबर अधिकार नहीं है। हाँ, यदि उस दौरान पति की मृत्यु हो जाये तो पत्नी को इद्दत पूरी करना ज़रूरी बताया गया है। लेखक का पूरा लेखन इल्ज़ामी मालूम पड़ता है। वे सुन्नियों पर शिकायत करते हैं कि वे उनके निकाह मुताह पर बेबुनियाद इल्ज़ामतराशी न करें और न ही उन पर आरोप लगायें। वे अपने तर्क साक्ष्य के साथ प्रस्तुत करें। लेखक फिकही शरीयत को कुरान की कसौटी पर कसता है। पुस्तक में न तो मानवीय और न ही महिला के विचारों की कोई जगह नज़र आती है।

4. हम मुताह क्यों करते हैं?

अब्दुल करीम मुश्ताक़ द्वारा लिखित पुस्तक **हम मुताह क्यों करते हैं?** जिसे हैदरी कुतुब खाना, मिर्जा अली स्ट्रीट, इमामबाड़ा रोड, मुम्बई द्वारा प्रकाशित किया गया है। लेखक ने अपनी पुस्तक में शिया नज़रिये को ही स्पष्टता से रखा है। मुताह को सही ठहराते हुए लेखक किस प्रकार पवित्र औरत से निकाह किया जाये, अविवाहित लड़कियों से मुताह न किया जाये, इसकी दलील प्रारम्भ में ही रख देता है। इसके बाद स्थायी निकाह और मुताह निकाह में क्या फ़र्क़ है, उसे स्पष्ट करता है। मुताह निकाह की ज़रूरत क्यों पड़ी? इसे स्पष्ट करने के लिए लेखक हदीसों का सहारा लेता है। वह पैगम्बर मोहम्मद के हवाले से कहता है कि जंग में जाने पर उनकी

यौन इच्छा की पूर्ति के लिए कुछ नहीं होता था, तो कुछ कपड़े, अनाज के बदले में मुताह कर लेने की आज्ञा थी। इसी प्रकार वे हदीस मुस्लिम का हवाला देकर भी मुताह की ज़रूरत क्यों है? उसे स्पष्ट करते हैं। वे आगे लिखते हैं कि ख़लीफ़ा अबूबक्र व ख़लीफ़ा उमर के समय में भी मुताह होता था। मुताह को सही साबित करते हुए लेखक आगे एक और हदीस के हवाले से बात कहता है कि पैगम्बर मोहम्मद की दूसरी पत्नी आयशा की बहन ने कहा कि रसूल के जमाने में हमारे साथ मुताह होता था। इमाम अली के हवाले से लेखक कहता है कि अली ने कहा कि मुताह व्यभिचार से बचाने के लिए है।

वे यह भी कहते हैं कि मुताह हलाला से बेहतर है। वैसे देखा जाये तो दोनों अलग हैं। कोई एक दूसरे पर बेहतर या बदतर नहीं कहा जा सकता, लेकिन अपने तर्क में लेखक मुताह को हलाला से बेहतर भी बताता है। कई अन्य सहाबियों का हवाला देकर लेखक मुताह को सही साबित करने वाले तर्क पेश करता है। वह कुरान की आयत 4:24 के बारे में भी लिखता है कि कुरान की यह आयत मुताह का समर्थन करती है। वह निकाह मुताह की क़ानूनी हैसियत को भी महत्त्व देते हुए उस आधार पर भी मुताह की पैरवी करता है। साथ ही वह लिखता है कि अगर आपको ज़रूरत न हो तो मुताह न करें। कुल मिलाकर यह पुस्तक मुताह की पैरवी और उसे स्थापित करती है। धार्मिक संगठनों या व्यक्तियों द्वारा लिखी गयी पुस्तकें या तो शिया मत का समर्थन करती हैं या सुन्नी मत का। किसी भी पुस्तक में लेखक ने इसे न तो रद्द करने की बात कही और न ही इसे वेश्यावृत्ति ही कहा है। औरत इन पुस्तकों में पूरी तरह से ग़ायब है या इसे एक सामान की तरह पेश किया गया है।

5. तौज़ीहुल मसाइल

पुस्तक के संकलनकर्ता एवं अनुवादक सै. मो. हामिद रिज़वी ने पुस्तक **तौज़ीहुल मसाइल** में विषय सूची न देते हुए सीधे तौर पर धर्म आधारित जीवन जीने के तरीक़ों को बारी-बारी लिख दिया है। पुस्तक में शिया अस्ना-अशरी उप-समुदाय के मानने वाले लोगों के लिए विशेष निर्देश दिये गये हैं। पानी की पवित्रता कैसे बनी रहे। इससे वे अपनी पुस्तक प्रारम्भ करते हैं और शारीरिक पवित्रता, इबादत के तरीक़े, औरतों से जुड़े धार्मिक सवाल जैसे माहवारी, गर्भधारण, स्तनपान, नमाज के तरीक़े, मृत व्यक्ति के लिए जीवितों के कर्तव्य, कुरान में अधिकार, दान, हज, विवाह, तलाक़ आदि का धार्मिक नज़रिये से वर्णन लेखक ने किया है।

लेखक इस्लामिक हक़ों की बात करते हुए मुताह के सवाल को भी उठाता है

और कहता है कि औरत के साथ मुताह करना अगरचे लज़्ज़त के लिए न किया गया हो तो सही है। लेखक कहता है कि मुताह की गयी औरत यदि गर्भवती हो जाये तो भी ख़र्च का हक़ नहीं रखती। वह यह भी कहता है कि लड़के या लड़की के पिता और दादा भी नाबालिग लड़की या लड़के का मुताह करा सकते हैं। मुताह की हुई महिला का समय समाप्त होने पर मर्द उसी महिला से दोबारा भी मुताह कर सकता है। मुताही औरत शौहर की मर्ज़ी के बिना बाहर जा सकती है, परन्तु यदि उसके बाहर जाने से शौहर की हकतलफी हो रही है तो औरत का घर से बाहर जाना हराम है। लेखक ने इन बिन्दुओं को कहाँ से लिया है, इसका कोई हवाला पुस्तक में नहीं मिलता। इसलिए मुताह पर विभिन्न पुस्तकों में अलग-अलग राय नज़र आती है। ऐसा लगता है कि मुताह पर विभिन्न धार्मिक विद्वानों ने अपनी-अपनी निजी राय का भी प्रयोग किया है। किताब में तर्क और सन्दर्भों दोनों का ही अभाव है। एक शोधार्थी की दृष्टि से केवल यह समझना महत्त्वपूर्ण है कि धार्मिक पुस्तकें किस प्रकार बिना सन्दर्भों के लिखी और प्रचारित की जाती हैं। धर्म एक होने पर भी विभिन्न पुस्तकें एक विषय पर अलग-अलग राय रखती हैं। इसे तब्लीग़ाते ईमानी, ईमान फाउंडेशन, नजफी हाउस, मुम्बई द्वारा 1997 में प्रकाशित किया गया है।

6. तोहफतुल अवाम

सय्यद अली इमाम जैदी द्वारा संकलित और अनुवादित पुस्तक **तोहफतुल अवाम** भारत के शिया समुदाय में काफ़ी चर्चित पुस्तक मानी जाती है। आमजन इस पुस्तक को धर्म ज्ञान प्राप्त करने के लिए अवश्य पढ़ता है। पुस्तक को सात हिस्सों में बाँटा गया है, जिसमें उसूले दीन, नमाज, रोजा, हज, ज़कात, खुम्स आदि का वर्णन है। इसके अलावा भी बहुत से नियम-क़ायदे, धर्म के हिसाब से जीवन जीने के तरीक़ों का भी वर्णन है। पुस्तक का दूसरा खण्ड मुताह व निकाह के बारे में बयान करता है। लेखक जीवन जीने के तरीक़ों और धर्म के डर के साये में अपनी बात कहता है। एक मोकम्मल इन्सान वही है, जो धर्म के सभी नियम-क़ायदे माने। इन्हीं सन्दर्भों के हवाले से लेखक जब मुताह की बात करता है, तो वह कहता है कि जो व्यक्ति उम्र में एक बार मुताह करे, तो वह जन्नत में जायेगा। हदीस में ऐसा है कि मुताह करने वाले महिला और पुरुष को पाप नहीं पड़ेगा। इसके साथ ही शर्त यह भी रखी गयी है कि मुताह करने वाली औरत पवित्र हो।

पुस्तक बहुचर्चित है और धार्मिक विश्वास पर आधारित है, तार्किकता का अभाव है, लेखक ने कहीं भी किसी पुस्तक से किसी सन्दर्भ का हवाला नहीं दिया है,

इसलिए यह समझने में कठिनाई होती है कि कही गयी बातों का ऐतिहासिक सन्दर्भ कहाँ से लिया गया है। पुस्तक के माध्यम से यह तो समझा जा सकता है कि धर्म ग्रन्थों में मुताह एक पवित्र कृत्य है, इसे अपनाने वाला पाप का भागीदार नहीं होगा, मानवता और स्त्री अधिकार की पैरोकारी करने वाले इस धर्मग्रन्थ में विरोधाभासों की भरमार है। इसे निज़ामी प्रेस बुक डिपो, विक्टोरिया स्ट्रीट, लखनऊ द्वारा सन् 2000 में प्रकाशित किया गया है।

7. मोहम्मडन लॉ

लेखक अकील अहमद की पुस्तक **मोहम्मडन लॉ** के 26वें संस्करण को संशोधित किया है अलीगढ़ मुस्लिम विश्वविद्यालय के विधि संकाय के अध्यक्ष प्रो. इकबाल अली खान ने। पुस्तक मुस्लिम विधि के विभिन्न हिस्सों पर प्रकाश डालती है। पुस्तक में कुल 19 अध्याय हैं। मुस्लिम क़ानून की बुनियाद कैसे पड़ी, कुरान व इस्लाम पूर्व के अरब समाज की पृष्ठभूमि का विस्तृत वर्णन किया गया है। मुस्लिम कौन? हदीस व शरीयत का क्या मतलब है? शरीयत और फिकह (क़ानून) में क्या फ़र्क़ है? ख़िलाफ़त का समय, विधि के स्रोत तथा विभिन्न कालों में विधि का विकास कैसे हुआ? इस पर विस्तृत चर्चा की गयी है।

इसके अतिरिक्त पुस्तक के 91 नम्बर पेज पर यह भी बताया गया है कि कैसे मुस्लिम विधि के विभिन्न अनुच्छेद संहिताबद्ध किये गये, जिनमें भारतीय अनुबन्ध अधिनियम 1872, वक्फ़ मान्यता अधिनियम 1913, शरीयत अधिनियम 1937, मुस्लिम विवाह विच्छेद अधिनियम 1939 आदि शामिल हैं। भारत में हुए इन बदलावों की स्वीकृति का ज़िक्र है।

लेखक द्वारा पेज नम्बर 107, अध्याय पाँच में मुस्लिम विवाह की विस्तृत चर्चा की गयी है। जिसमें विवाह के प्रकार, उद्देश्य, मुस्लिम विवाह अनुबन्ध है या धार्मिक संस्कार इस पर भी जस्टिस महमूद के हवाले से चर्चा की गयी, जो इस पुस्तक की ईमानदारी को भी दर्शाता है। शादी की उम्र यौवनावस्था (Puberty) पर भी अलग-अलग राय का उदाहरण मिलता है। साथ की पुराने क़ानून विवाह की आयु लड़के की 12 और लड़की की 9 वर्ष मानते थे और नाबालिग उम्र में भी लड़की का विवाह उसके अभिभावकों की मर्ज़ी के मुताबिक हो सकता था। इसके उदाहरण दिये गये हैं, उनमें बदलाव समय के साथ हुआ, आगे इसका भी वर्णन है।

लेखक मुताह विवाह के बारे में अपनी पुस्तक में पेज न. 138 पर लिखता है कि यह अस्थायी और यौन आनन्द के लिए किया गया विवाह है। जिसे शिया

में इथना-अशरिया समुदाय के लोग वैध मानते हैं। सुन्नी समुदाय इसे नहीं मानता। इसका प्रारम्भ कैसे हुआ? इस पर लेखक बहुत संक्षिप्त टिप्पणी करता है और आगे लिखता है कि मुताह के ज़रूरी क़दम क्या है? उनकी क़ानूनी वैधता पर प्रकाश डालते हुए कुछ केस जो न्यायालय तक आये उनका उदाहरण भी प्रस्तुत करता है। निकाह और मुताह में क्या फ़र्क़ है? इस पर नौ बिन्दुओं में स्पष्टीकरण दिया गया है। इसके साथ ही शिया व सुन्नी में विवाह के क़ानून में भिन्नता पर भी बिन्दुवार प्रकाश डाला गया है, परन्तु मुताह का इतिहास उसकी वैधता, भारत में मुताह के मामले आदि का उल्लेख नहीं किया गया है।

एक पूरा अध्याय मेहर पर है, जिसमें भी शिया व सुन्नी विवाह क़ानून में अन्तर को स्पष्ट किया गया है। उसी प्रकार तलाक़ पर एक अध्याय शिया व सुन्नी में इसमें भी क़ानूनन क्या फ़र्क़ है? का उल्लेख मिलता है। अभिभावकत्व का विश्लेषण कौन अभिभावक हो सकता है? इसे भी सन्दर्भित किया गया है। औरत के रखरखाव, उपहार (हिबा) वसीयत, वक्फ़, मृत्युशय्या लेन-देन, हथियाना (Pre-emption) उत्तराधिकार, विरासत पर अलग-अलग अध्यायों में शिया और सुन्नी के क़ानूनों का बहुत तर्कपूर्ण ढंग से विश्लेषण किया गया है। लेखक ने मुस्लिम शिया व सुन्नी क़ानूनों को जितने अच्छे तरीक़े से रखा है, ऐसा कम देखने को मिलता है परन्तु इसके अलावा भी लेखक की कुछ सीमाएँ हैं। अरब के इतिहास में मुस्लिम महिलाओं के रोल और भागीदारी का ज़िक्र पुस्तक में नहीं मिलता। पुस्तक का नया संस्करण 2016 में छपा है। इसमें शाहबानों व उसके बाद के संघर्ष का वर्णन भी, जिससे कुछ नये क़ानून बने या विभिन्न उच्च न्यायालयों के फ़ैसले आये, जिनमें महिलाओं की बड़ी भूमिका रही, का वर्णन भी बहुत कम या न के बराबर है। मुताह विवाह का इतिहास भी बहुत संक्षिप्त में रखा गया है, जिससे पाठक को यह समझने में परेशानी होगी कि शिया और सुन्नी कैसे अलग हुए और मुताह इस विभाजन से पहले से भी मौजूद था। इतिहास में मुताह को लेकर क्या-क्या बहस रही, उस पर भी लेखक ने पर्याप्त ध्यान नहीं दिया है। इन सबके बावजूद पुस्तक बहुत-सी महत्त्वपूर्ण जानकारियाँ देती है और पाठक के ज्ञानवर्धन में सहायक सिद्ध होती है। पुस्तक का प्रकाशन सेंट्रल लॉ एजेंसी, मोतीलाल नेहरू रोड, इलाहाबाद द्वारा किया गया है।

8. मुस्लिम लॉ इन इंडिया एंड अब्रॉड

ताहिर महमूद एक विधि विशेषज्ञ है। उनकी पुस्तक **मुस्लिम लॉ इन इंडिया एंड अब्रॉड** का प्रथम संस्करण 2012 में तथा द्वितीय संस्करण 2016 में प्रकाशित हुआ।

इसमें लेखक परिचय अध्याय को दो खण्डों में बाँट कर क़ानून के स्रोत शिया सुन्नी बँटवारा, विभिन्न विचारधाराओं का प्रभाव, ऐतिहासिक तौर पर क़ानून में क्या-क्या बदलाव आये, का विस्तृत वर्णन करता है। पुस्तक में कुल 10 अध्याय हैं। शरीयत अधिनियम 1937, उनमें आने वाले बदलाव, विवाह एवं तलाक़ पंजीकरण, क़ानून द्वारा तलाक़, क़ाज़ी कौन, विवाहित मुस्लिम महिला के अधिकार, तलाक़ के बाद के अधिकार, असंहिताबद्ध मुस्लिम क़ानून, सम्पत्ति अधिकार, उत्तराधिकार, वक्फ़ सम्पत्ति, जम्मू कश्मीर राज्य में शरीयत क़ानून आदि बिन्दुओं पर बहुत विस्तार से प्रकाश डाला है। लेखक ने अपने हर अध्याय में एक महत्त्वपूर्ण बात सामने रखी कि इन सभी क़ानूनों पर अपने पड़ोसी देश जो पहले हमारे देश का ही हिस्सा थे, पाकिस्तान और बांग्लादेश में क्या स्थिति है? पुस्तक में कई जगह लेखक यह स्पष्ट दर्शाता है कि उक्त तीनों देशों में भी मुस्लिम क़ानून की स्थिति भिन्न है। इसके अतिरिक्त अन्य मुस्लिम व इस्लामिक क़ानून वाले देशों में भी क़ानून में समय-समय पर तब्दीलियाँ की गयी हैं, उनका भी लेखक उल्लेख करता है। पुस्तक में कई केसों का उल्लेख किया गया है, जो पाठक को मुस्लिम क़ानून की स्थिति और उनमें अभी क्या बदलाव की ज़रूरत है, के बारे में भली-भाँति बताते हैं। हाल के वर्षों में भी चर्चा में रहे कई महत्त्वपूर्ण कोर्ट केस का ज़िक्र किया गया है। पश्चिम एशियाई देशों—इजिप्ट, सीरिया, ईराक, जार्डन, यमन, खाड़ी देशों—कुवैत, क़तर, संयुक्त अरब अमीरात, बहरीन तथा उत्तरी अफ्रीकी देशों—ट्यूनीशिया, अल्जीरिया, लीबिया, मोरक्को तथा अन्य अफ्रीकी देशों—सूडान, सोमालिया, दक्षिण एशियाई देशों—पाकिस्तान, बांग्लादेश, पूर्वी एशिया देशों—इंडोनेशिया, मलेशिया तथा मुस्लिम अल्पसंख्यक देशों श्रीलंका, फिलीपींस में विवाह तलाक़, उत्तराधिकार तथा सम्पत्ति के क़ानून की क्या स्थिति है? इस पर भी लेखक ने बहुत अच्छी तरह प्रस्तुति दी है। यह अध्याय भी पाठक के लिए बहुत उपयोगी एवं ज्ञानवर्धक है। जो बड़े फलक पर महिलाओं की स्थिति को समझने में सहायक सिद्ध होता है।

लेखक के महत्त्वपूर्ण काम में एक यह भी है कि उसने कुरान की सूरतें जो पारिवारिक क़ानून से सम्बन्धित हैं, का सीधा अनुवाद संलग्नक में शामिल किया है। इसके अलावा विभिन्न उच्च न्यायालयों और उच्चतम न्यायालय द्वारा दिये गये फ़ैसलों पर अपनी टिप्पणी को भी संलग्न किया गया है। मुस्लिम क़ानून की शब्दावली, क़ानून सूचकांक को भी शामिल कर पाठकों की परेशानी को सुलझा कर उसे सरल बना दिया है।

एक पाठक की दृष्टि से देखने पर जहाँ कई महत्त्वपूर्ण जानकारियाँ मिलती हैं,

वहीं लेखक की कुछ सीमाएँ भी नज़र आती हैं। उदाहरण के लिए लेखक ने पुस्तक के पाँचवें अध्याय में विवाह और वैवाहिक अधिकार पर चर्चा की है, जिसमें मुताह का उल्लेख भी है, परन्तु लेखक सिर्फ़ एक अनुच्छेद में यह कहते हुए बात समाप्त कर देता है कि मुताह का वर्णन कुरान में नहीं मिलता और न ही शरीयत अधिनियम 1937 में इसका उल्लेख है। लेखक बस यह कहता है कि यह इस्लाम पूर्व की प्रथा है और वह इसे सीधे तौर पर आज के सहचर जीवन (लिव-इन रिलेशन) से जोड़ कर देखते हैं और इसके इतिहास और वर्तमान में मुताह के केस जो लगातार आ रहे हैं, उनका कहीं कोई वर्णन नहीं करते, जबकि लेखक अन्य बहुत से केस का जो उच्च और उच्चतम न्यायालयों में पहुँचे का विस्तृत वर्णन भी करते हैं। ऐसा लगता है कि लेखक का मुताह विषय पर कोई रुझान नहीं है, लेखक की उदासीनता नज़र आती है, जबकि अन्य कई लेखकों ने इस विषय पर अदालतों के फ़ैसलों का भी अध्ययन किया है। इस सबके बावजूद लेखक ने कई बड़े विषय उठाये हैं, पाठकों की जानकारी में इज़ाफ़ा किया है। इसलिए भी यह पुस्तक महत्त्वपूर्ण है। इसे लेक्सिस नेक्सिस लॉ पब्लिशिंग, गुड़गाँव, हरियाणा द्वारा प्रकाशित किया गया है।

9. मुस्लिम विधि

आर.के. सिन्हा द्वारा लिखित पुस्तक **मुस्लिम विधि** एक बहुचर्चित पुस्तक है, जिसे विधि और न्याय मन्त्रालय द्वारा पुरस्कृत भी किया जा चुका है। मुस्लिम व्यैक्तिक विधि जैसे तकनीकी विषय का अत्यन्त सरल भाषा में प्रस्तुतीकरण इस पुस्तक की विशेषता और लोकप्रियता का कारण है। इस पुस्तक में कुल 15 अध्याय है। पहले अध्याय में लेखक मुस्लिम कौन? मुस्लिम विधि लागू करने का परिनियमित अधिकार, इस्लाम में विधि की संकल्पना, शरीयत, फिकह नामावली आदि बातों को सम्मिलित किया गया है। अन्य अध्यायों में मुस्लिम विधि का उद्गम तथा विभिन्न विचारधाराएँ, मुस्लिम विधि के स्रोत, शिया व सुन्नी विधि के प्रथम तथा गौण स्रोत, विवाह, मेहर, विवाह विच्छेद, जनकता एवं औरसता, संरक्षता, भरण-पोषण, हिबा, वसीयत, वक्फ़, सम्पदा का प्रशासन, उत्तराधिकार आदि सभी विषयों को सम्मिलित किया गया है। पुस्तक की दूसरी विशेषता यह भी है कि इसमें ऐतिहासिक पृष्ठभूमि को सन्दर्भित करते हुए इस्लाम पूर्व का अरब समाज किस प्रकार का था? उसे भी बताया गया है।

लेखक ने मुताह के बारे में उसकी ऐतिहासिक पृष्ठभूमि को समझाते हुए उसके विधिक प्रभाव का वर्णन किया है। इससे पाठकों को मुताह के बारे में समझने में

आसानी हुई है। लेखक आगे चल कर न्यायालय तक आये मुताह के मामलों का हवाला देता है और उन मामलों में अदालतों ने क्या-क्या फ़ैसले दिये हैं, इसका भी वर्णन करता है। इसी प्रकार हर अध्याय को लेखक द्वारा पाठकों को ध्यान में रखते हुए लिखा गया है। विधिक शब्दावली को भी सरल अर्थों में स्पष्ट किया गया है। भरण-पोषण के प्रश्न को भी लेखक केवल पत्नी के भरण-पोषण तक ही नहीं, बल्कि माता-पिता के भरण-पोषण के प्रश्न को भी धर्म व क़ानून के नज़रिये से स्पष्ट करता है। मुस्लिम वैयक्तिक विधि में कुछ समय से निरन्तर परिवर्तन हो रहे हैं। भारतीय मुस्लिम महिलाओं के हितों की रक्षा के लिए न्यायालयों ने वैयक्तिक विधि की सीमाओं के दृष्टिगत सराहनीय न्यायिक क्रियाशीलता का प्रयास किया है। उच्चतम न्यायालय द्वारा मुस्लिम विवाह विच्छेद अधिनियम 1939 के अन्तर्गत मानसिक क्रूरता का व्यापक निर्वचन एक ही बार में तीन तलाक़ को मुस्लिम धर्म ग्रन्थों के साथ ही भारतीय संविधान के अनुच्छेद 51-ए (प्रत्येक भारतीय नागरिक पर यह मूल दायित्व अधिरोपित है कि वह महिलाओं की प्रतिष्ठा में अपमानजनक प्रचलन को त्याग दे) के आधार पर हतोत्साहित करता है। इस बात का विस्ततृ वर्णन लेखक ने पुस्तक में किया है और 2001 में आये डेनियल लतीफी एवं अन्य बनाम भारत सरकार व शमीम आरा बनाम स्टेट ऑफ़ यू.पी. में उच्चतम न्याालय ने मुस्लिम विधि के स्थापित सिद्धान्तों से असहमति व्यक्त करते हुए निर्णित किया है कि तलाक़ के प्रभावी होने के लिए इसकी घोषणा अवश्य होनी चाहिए।

आर.के. सिन्हा की उक्त पुस्तक उन सभी पाठकों को, जो मुस्लिम समाज के विधि आधारित नियम-क़ानूनों और ऐतिहासिक सन्दर्भों को समझना चाहते हैं, उनके लिए भी यह पुस्तक महत्त्वपूर्ण है। इसका प्रकाशन सेंट्रल लॉ एजेंसी, मोतीलाल नेहरू रोड, इलाहाबाद ने किया है।

10. प्रिंसिपल्स ऑफ़ महोमेडन लॉ

सर दिनशॉ फरदुनजी मुल्ला द्वारा लिखित पुस्तक **प्रिंसिपल्स ऑफ़ महोमेडन लॉ** के 21वें संस्करण को इकबाल अली खान द्वारा संशोधित किया गया है। पुस्तक 19 अध्यायों में बँटी है। भारत में मुस्लिम क़ानून के परिचय के साथ मुस्लिम क़ानून की व्याख्या के स्रोतों का वर्णन किया गया है। उत्तराधिकार, सम्पत्ति, शिया-सुन्नी दोनों में सम्पत्ति के अधिकार विवाह, वैवाहिक अधिकार, मेहर, तलाक़, अभिभावकत्व आदि क़ानून से जुड़े सभी विषयों को शामिल किया गया है। प्रथम अध्याय में ही लेखक ने पैगम्बर मोहम्मद की वंशावली को भली-भाँति समझाया है। मुस्लिम

समुदाय का इतिहास ईसाइयत से अलग होते हुए आगे चल कर ख़िलाफ़त और इमामत में कैसे अलग होता है, उस पर विस्तारपूर्वक प्रकाश डाला गया है। विभिन्न काल खण्डों में इस्लाम में कैसे विभिन्न विचारधाराओं का निर्माण हुआ और कैसे उनका प्रचार-प्रसार हुआ लेखक ने बख़ूबी इसे समझाया है। शरीयत अधिनियम 1937 के पहले के क़ानून और बाद में इनमें क्या परिवर्तन हुए, इसके बारे में लेखक ने बहुत महत्त्वपूर्ण जानकारियाँ पुस्तक में सम्मिलित की है। इसके अतिरिक्त लेखक ने शिया उप-समुदाय में माने जाने वाले कई क़ानूनों जैसे विरासत, वसीयत, विवाह के अधिकार और तलाक़ के बारे में भी विस्तारपूर्वक लिखा है। पुस्तक का पहला संस्करण 1905 में आया, तब से लेकर 2017 तक कई मुस्लिम क़ानूनों में बदलाव आया है, उन सभी बदलावों को संशोधित संस्करण में इकबाल अली खान ने पुस्तक में सम्मिलित कर इसका महत्त्व और अधिक बढ़ा दिया है।

लेखक पुस्तक के पृष्ठ सं. 353 पर शिया समुदाय में मान्य दो विवाहों—स्थायी और अस्थायी विवाह, का वर्णन करता है। मुताह कौन कर सकता है, मुताही पत्नी के अधिकार का संक्षिप्त वर्णन करता है। न्यायालय में आये हुए केस का वर्णन सन्दर्भ के साथ करता है।

लेखक ने पुस्तक में बहुत विषयों को अच्छी तरह शामिल किया है, परन्तु लेखक की अपनी सीमाएँ हैं। यदि कोई पाठक उक्त पुस्तक से मुताह को समझने के लिए पढ़ेगा, तो उसे बहुत कुछ समझने को नहीं मिल सकता। संशोधित संस्करण में इकबाल अली खान ने बहुत से नये केस शामिल किये हैं, परन्तु मुताह के हालिया मामलों को नहीं शामिल किया। इसके इतिहास पर अधिक प्रकाश नहीं डाला।

पुस्तक में एक बात बहुत अच्छी है कि पारिवारिक क़ानून के हर पहलू पर शिया क़ानून और सुन्नी क़ानून क्या कहता है? इसे बहुत बेहतर तरीक़े से समझाया गया है। इसका प्रकाशन लेक्सिस नेक्सिस लॉ पब्लिशिंग, गुड़गाँव, हरियाणा ने किया है।

11. प्राब्लम्स ऑफ़ मुस्लिम वुमेन इन इंडिया

असगर अली इंजीनियर इस्लाम और अरबी भाषा के विद्वान थे। **प्राब्लम्स ऑफ़ मुस्लिम वुमेन इन इंडिया** में उन्होंने भारत में मुस्लिम महिलाओं की जो समस्या है, उनके सभी आयामों को सामने रखा है। उन्होंने महिलाओं का स्थान, मुस्लिम निजी क़ानूनों में बदलाव की ज़रूरत, तलाक़, पैतृक सम्पत्ति, शिक्षा, मुस्लिम महिला की आर्थिक स्थिति, शाहबानों विवाद, उसके बाद का समाज आदि विषयों को अपनी

इस पुस्तक में शामिल किया है। इसका कारण यह नज़र आता है कि इन्हीं के इर्द-गिर्द मुस्लिम समाज को देखा जाता है और मुस्लिम औरतों को धर्म के नाम पर नियन्त्रित करने का प्रयास किया जाता है।

अपनी पुस्तक में लेखक का उद्देश्य यह नज़र आता है कि अब तक जिन मुद्दों पर मुस्लिम समाज ने मुस्लिम महिला के हक़ को दबाकर रखा, उन सभी सवालों को लेखक इस किताब के जरिये बाहर ला रहा है। मुस्लिम औरतों के विषय में समाज में बहुत ही कम जानकारी है। वह अशिक्षित होने के कारण मौलानाओं के चंगुल से बाहर नहीं निकल पा रही है। लेखक का प्रयास इस्लाम और महिला से सम्बन्धित सारी सच्चाई को बाहर लाकर समाज का मार्गदर्शन करना है।

यह पुस्तक कई मायने में महत्त्वपूर्ण है। एक यह कि महिलाओं को यह जानने का मौका मिलेगा कि इस्लाम में उनके कितने अधिकार हैं और हिन्दुस्तानी मुस्लिम समाज ने उन्हें कैसे गुमराह किया हुआ है। महिलाओं द्वारा अधिकार हेतु उठाये गये क़दमों के बारे में भी जानकारी दी गयी है। किताब नयी पीढ़ी का मार्गदर्शन भी करती है। विद्यार्थी विशेष रूप से इसका लाभ उठा सकते है। इसे ओरिएंट लांगमैन ने 1995 में प्रकाशित किया है।

12. धर्म और जेंडर

इस पुस्तक का संकलन और सम्पादन इलीना सेन, ज़ेबा इमाम और सुप्रिया पाठक ने किया है। पुस्तक कहती है कि जेंडरगत मानसिकता से ग्रस्त नागरिकों के निर्माण और पुनर्निमाण में धर्म की भूमिका से सम्बन्धित अध्ययन की ज़रूरत सिर्फ़ यह मान लेने के चलते ही नहीं है कि धर्म रोजमर्रा के हमारे जीवन के संरचनात्मक ढाँचे में रची-बसी एक प्रभावशाली संस्था है, बल्कि अब यह ज़रूरत इसलिए और ज़्यादा है, क्योंकि वर्तमान राजनीतिक सन्दर्भ में हमारी अस्मिताओं को लामबन्द करने या मज़बूत बनाने में भी यह प्रभावी भूमिका निभा रहा है। इस दृष्टिकोण को भली प्रकार समझना ज़रूरी है। पुस्तक राजकमल प्रकाशन ने सन् 2018 प्रकाशित में किया है।

उपरोक्त सामग्री का गहनता से अध्ययन करने के पश्चात यह ज्ञात हुआ कि जिन लेखकों ने महिला अधिकार, जेंडर समानता व क़ानून पर प्रकाश डाला है, उन्होंने अपने विषय के साथ पूरा न्याय किया है। पाठकों को उसे पढ़ कर महत्त्वपूर्ण जानाकरियाँ प्राप्त होती हैं। इसके अलावा जिन लेखकों ने मुस्लिम विधि के विभिन्न पक्षों पर प्रकाश डाला है और मुताह विषय पर भी लिखा है, उनमें से अधिकतर ने मुताह पर बहुत संक्षेप में टिप्पणी की है। कई ने इसे बस इस्लाम पूर्व की एक प्रथा

मान कर बात ख़त्म कर दी है, जबकि मुताह का भारत में इतिहास उतना ही पुराना है, जितना भारत और अरब का रिश्ता। यदि पिछले 70 वर्षों का इतिहास देखें तो पता चलता है कि मुताह के मामले लगातार बढ़ रहे हैं, जो मुख्य धारा के राष्ट्रीय और अन्तर्राष्ट्रीय समाचारपत्रों में भी लगातार प्रकाशित हो रहे हैं। उदाहरण के लिए 12 वर्षीय आमिना का मामला, जिसे 70 वर्षीय व्यक्ति विवाह कर अपने साथ ले जा रहा था और उसे एयर होस्टेज अमृता अहलूवालिया ने बचाया था। 80 के दशक का यह एक बहुचर्चित केस था, जिसे दुनिया भर के मीडिया में जगह मिली थी। उक्त घटना के बाद भी लिखी गयी, पुस्तकों में मुताह विवाह का उल्लेख बहुत सीमित किया गया है। कुछ लेखकों ने तो केवल यह कह दिया कि इसका उल्लेख कुरान में नहीं है। इसे सहचर जीवन कहकर इसके विभिन्न प्रभावों अथवा दुष्प्रभावों पर प्रकाश नहीं डाला गया। प्रत्येक लेखक की अपनी सीमाएँ होती हैं। हमने अपने इस अध्ययन में पूर्व में किये गये अध्ययन में जो सीमाएँ देखीं, उन पर ध्यान देने का प्रयास किया है। हमने मुताह की अवधारणा, इसके इतिहास, मुताह की वैधता, विश्व-परिदृष्य में मुताह पर जारी विमर्श, शिया व सुन्नी समुदाय का इस पर क्या नज़रिया है, कुरान, हदीस, इसके अतिरिक्त शिया-सुन्नी क़ानूनों में इस पर क्या बहस है, उन सबको शामिल किया है। मुताह पीड़ित महिलाओं के कुछ महत्त्वपूर्ण केसों का भी अध्ययन किया गया है। प्रयास यह भी किया गया है कि पाठकों को मुताह विषय पर पूर्ण जानकारी उपलब्ध हो सके।

मुताह : ऐतिहासिक परिदृश्य

मुताह क्या है? इसका संक्षिप्त उल्लेख करते हुए पहले अध्याय में इस बात को स्पष्ट किया गया है कि मुताह एक ऐसा विवाह है, जिसका अन्त निश्चित है। इस बात पर शिया समुदाय कुरान को सन्दर्भित करते हुए अपना तर्क प्रस्तुत करता है। उसे भी स्पष्ट किया गया। इस अध्याय को तीन भागों में विभाजित किया गया है, पहले भाग में मुताह के इतिहास पर प्रकाश डाला गया है, जिसमें पैगम्बर मोहम्मद के जीवनकाल में और उनकी मृत्यु के बाद मुताह पर क्या विमर्श मौजूद रहा। इस पर चर्चा की गयी है। शिया इमाम और सुन्नी ख़लीफ़ाओं का मत, इस्लाम पूर्व के अरब समाज में विवाह, मुस्लिम समुदाय में कितने प्रकार की विचारधाराएँ हैं, उनका उल्लेख, मुताह की अनिवार्य शर्तें, मुताह के स्तम्भ, दूसरे भाग में अन्तर्राष्ट्रीय परिदृश्य में मुताह पर विमर्श तथा तीसरे भाग में भारत में मुताह का ऐतिहासिक परिदृश्य, (केरल के अरबी कल्याणम व हैदराबाद के शेख-विवाह के विशेष सन्दर्भ में) आदि का उल्लेख किया गया है।

3.1 **मुताह का इतिहास**—पैगम्बर के जीवनकाल के दौरान और बाद में शिया इमामों[1] और सुन्नी ख़लीफ़ाओं[2] के समय में अस्थायी शादी के लिए मुताह शब्द का इस्तेमाल सामान्य रूप से किया गया है।

इसके समर्थकों और विरोधियों दोनों ने इस शब्द को प्रयोग किया तथा इससे निकले दूसरे शब्दों को भी स्वीकार किया। शिया हदीसों तथा न्यायशास्त्र/धर्मशास्त्र की सभी शाखाओं में अस्थायी शादियों के लिए मुताह शब्द का इस्तेमाल किया गया है।

न्यायशास्त्र/धर्मशास्त्र की पुस्तकों में मुताह को **निकाह-अल-मुताह** या **अल-मुन्काती** (विच्छेदित/टूटी हुई शादी) और **अल-निकाह अल मुवक्क़ात** (अस्थायी विवाह) आदि शब्दों का प्रयोग किया गया है। कई विद्वानों, जिनमें

अल-मुहक्क़ीक अल-हिल्ली अपने लेखन में 'विच्छेदित विवाह' शब्द का इस्तेमाल करते हैं और इसलिए उनके टीकाकारों ने इसी अभिव्यक्ति का प्रयोग किया है। इस प्रकार की अस्थायी शादी के लिए विधि के कुछ हिस्सों में **इस्तिम्ता**[3] शब्द और सम्बन्धित शब्द **तामत्तू**[4] का भी प्रयोग करते हैं। अल-शाहिद अल-अव्वल, अल-अल्लामा और अल-शेख़ अल-अंसारी मुताह शब्द को इस्तेमाल करना पसन्द करते हैं।

सुन्नी न्यायशास्त्रियों/धर्मशास्त्रियों के मध्य एक चर्चा है कि मुताह 'अस्थायी विवाह' के समान है अथवा नहीं? उनमें से अधिकांशत: सहमत हैं कि ये समानार्थी हैं।

कुछ अध्ययनों में मुताह में शरीक होने वाली महिलाओं के लिए **मुस्ताज़रा, या किराये पर महिला** कहा गया है। मुताह को एक तरह का 'किराया' माना जाता है क्योंकि सामान्यत: इस प्रकार के विवाह में एक पुरुष का मूल उद्देश्य एक औरत से यौन आनन्द उठाना है और इस आनन्द के बदले महिला को एक निश्चित राशि या सम्पत्ति मिलती है, जो औरत की सहमति से पूर्व में स्वीकार की गयी है।

अरेबिक इंग्लिश शब्दकोश[5] में मुताह का अर्थ है '...का फ़ायदा लेना' या '...का मज़ा लूटना' या '...का उपभोग लेना'।

'किराये' को परिभाषित करने में न्यायशास्त्री/धर्मशास्त्री कहते हैं कि 'यह एक तय रक़म के बदले में एक लाभ लेना है। इस प्रकार यह परिभाषा अस्थायी विवाह की ओर इंगित करती है। इसी सन्दर्भ में कई हदीसों में शब्द **मुस्ताजरा** का प्रयोग किया गया है।

इमाम अल-रिधा[6] से पूछा गया था–'क्या किसी व्यक्ति के लिए यहूदी या ईसाई के साथ अस्थायी विवाह करना सम्भव है?' उन्होंने जवाब दिया, 'मेरे मुताबिक उसे मुसलमानों के साथ शरीक होना चाहिए।' मुताह करने के बारे में एक प्रश्न के जवाब में इमाम ज़ाफर[7] ने कहा, 'इसकी इजाज़त है। किसी अन्य से नहीं बल्कि एक शुद्ध/पाक महिला से विवाह करें, क्योंकि अल्लाह कहता है।

कुरान : सूरा 23 आयत 5

وَالَّذِينَ هُمْ لِفُرُوجِهِمْ حَافِظُونَ ﴿٥﴾

और उनसे जो अपने निजी अंगों की रक्षा करते हैं (23:5)[8]

यहाँ दो इमामों से दो शब्द आये पहला ***मुस्लिम*** और दूसरा ***शुद्ध/पाक***।

इसलिए आपको अपने निजी अंगों को वहाँ प्रवेश नहीं कराना चाहिए, जहाँ आपको अपने दिरहम के साथ सुरक्षित महसूस नहीं होता।[9]

कुरान की निम्नलिखित आयत के आधार पर एक व्यभिचारिणी के साथ मुताह की शादी को अंजाम देना एक आदमी के लिए निन्दनीय है।

कुरान : सूरा 24 आयत 3

اَلزَّانِي لَا يَنْكِحُ إِلَّا زَانِيَةً أَوْ مُشْرِكَةً وَّالزَّانِيَةُ لَا يَنْكِحُهَآ إِلَّا زَانٍ أَوْ مُشْرِكٌ ۚ وَحُرِّمَ ذَٰلِكَ عَلَى الْمُؤْمِنِينَ ﴿٣﴾

अर्थात– *व्यभिचारी को किसी से नहीं, बल्कि केवल एक व्यभिचारिणी या एक मूर्तिपूजक से विवाह करना चाहिए और व्यभिचारिणी से किसी और को नहीं बल्कि केवल एक व्यभिचारी या एक मूर्तिपूजक को विवाह करना चाहिए, जो आस्तिकों के लिए वर्जित है* ***(कुरान 24:3)***[10]

मुताह पर विमर्श करते तथा विभिन्न पक्षों को रखते हुए एक प्रश्न मन में बार-बार आता है कि क्या मुताह को विवाह की संज्ञा दी जा सकती है? मुताह के साथ विवाह शब्द जोड़ना उचित है? इस सम्बन्ध में हमें यह भी देखना होगा कि विवाह को किस प्रकार का सम्बन्ध माना गया है। जैसा कि डॉ. गोपाल कृष्ण अग्रवाल (2013) ने कहा है कि विवाह वह सबसे महत्त्वपूर्ण सामाजिक संस्था है, जो कुछ विशेष सामाजिक तथा सांस्कृतिक नियमों के अन्तर्गत बच्चों के जन्म और पालन-पोषण की व्यवस्था करने के साथ एक पीढ़ी से दूसरी पीढ़ी को सांस्कृतिक विशेषताओं का संचरण करने के लिए भी एक दृढ़ आधार तैयार करती है। वे आगे कहते हैं कि मनुष्य की जैविकीय, सामाजिक तथा सांस्कृतिक आवश्यकताओं को पूरा करने में विवाह का महत्त्व इतना अधिक है कि विश्व का कोई भी समाज इसके बिना अपने आप को संगठित नहीं रख सकता।

भारत सहित दुनिया के कई विद्वानों ने विवाह की जो परिभाषाएँ दी हैं, उस आधार पर हम देखें तो प्रत्येक समुदाय में विवाह एक स्थायी, जीवनपर्यन्त तक सम्बन्ध ही कहा गया है। ऐसे में ये तथ्य पुनः विचारणीय हैं कि क्या मुताह सम्बन्ध को जो एक घण्टे, एक रात या फिर चन्द दिनों के लिए यौन सुख के लिए बनाया

जाता है, उसे हम विवाह की संज्ञा दे सकते हैं?

मुताह पर अध्ययन करने वाले कुछ विद्वानों ने, जिनमें प्रमुख हैं शहला हैरी (ईरान); डॉ. आर. इब्राहीम अदेबायो (इलोरीन विश्वविद्यालय, नाइजीरिया); डॉ. अहमद अबदुल्लाह सलमह, सचीको मुराता (पोर्ट जेफर्सन, न्यू यार्क); कोनिना मण्डल (केआईआईटी यूनिवर्सिटी, भुवनेश्वर); यू.वी. अमीरा (मलप्पुरम, केरल) और रिचा नागर (लखनऊ) इसे विवाह की संज्ञा देते हैं। पूर्व के अध्याय में विद्वानों द्वारा दी गयी विवाह की परिभाषा को ध्यान में रखें तो इसे किसी भी प्रकार विवाह नहीं कहा जा सकता। मुताह को विवाह मानने से विवाह संस्था की साख कमज़ोर होती है, लेकिन इस्लामी इतिहास पर नज़र डालें, तो इसे विवाह की ही संज्ञा दी गयी है। इसका विवरण आगे प्रस्तुत किया गया है। इसलिए दुनिया भर के विद्वानों द्वारा विवाह को जिस प्रकार परिभाषित किया गया है और आमजन जिस प्रकार के विवाह की कल्पना और चलन से जुड़ा है मुताह उससे पूर्णत: भिन्न होते हुए भी ऐतिहासिक सन्दर्भ के हवाले से विवाह ही कहलाता है। अत: हमारे अध्ययन में भी इसे विवाह/निकाह ही कहा जायेगा।

इस्लाम पूर्व का अरब समाज और विवाह

आदि काल से ही महिलाओं को दोयम दर्जे का नागरिक माना गया। दुनिया के नक़्शे पर महिलाओं की स्थिति ऐसी ही रही। इस्लाम पूर्व के अरब समाज में भी स्त्रियों को कोई सम्मानजनक स्थान नहीं प्राप्त था। उन्हें पुरुष के भोग-विलास की सामग्री तथा सन्तानोत्पत्ति के माध्यम के अतिरिक्त किसी अन्य रूप में उनकी मान्यता नहीं थी। पुरुषों का प्रभुत्व सारे अरब समाज पर क़ायम था, इसलिए जितने भी प्रथागत नियम-क़ायदे बने वे सब पुरुषों के पक्ष में ही नज़र आते थे। इसलिए आज के जैसी 'विवाह' अथवा 'दाम्पत्य-जीवन' जैसी कोई संकल्पना उस समय के स्त्री-पुरुष सम्बन्धों में थी ही नहीं। असीमित बहुपत्नी प्रथा के कारण कोई पुरुष एक साथ जितनी भी स्त्रियों से चाहता, विवाह कर सकता था। ज़ीनत शौकत अली[11] लिखती है कि उस समाज में जायज़ माने गये कई तरह के जिस्मानी रिश्तों में बाल पद्धति का विवाह काफ़ी पसन्द किया जाता था। इसमें एक पुरुष बहुत-सी बीवियों का मालिक हुआ करता था। इस तरह महिलाएँ बहुपत्नीत्व के परिवार में रहती थी। इस रीति में महिला अपने परिवार के साथ रहती थी और पुरुष को अपने तम्बू में रहने की इजाज़त देती थी। इस महिला के बच्चों पर उसी के क़बीले का हक़ होता था। किसी भी छोटी वजह से या बिना वजह के भी आसानी से पुरुष की मर्ज़ी पर

तलाक़ होता था। बच्चों की परवरिश की ज़िम्मेदारी महिला के परिवार पर आ गिरती थी। कभी-कभी उसे अलग-अलग पिता से जने कई बच्चों को अपनाना पड़ता था।

इस्लाम पूर्व के अरब में एक और रिवाज था, जिसमें मृतक की पत्नी वारिसों को वसीयत में मिलती थी। कोबैशा नाम की एक विधवा पैगम्बर मोहम्मद के पास यह तकरार लेकर गयी थी कि उसकी मर्ज़ी के ख़िलाफ़ उसे पत्नी के नाते उसके मरहूम पति के बेटे ने ले लिया है, जो न तो उसके साथ पति की तरह रहता है, न तो उसको आज़ाद करता है।[12]

इसके अतिरिक्त अपनी सगी माँ, सगी बहन, को छोड़कर अन्य किसी भी स्त्री से विवाह कर लेने की स्वतन्त्रता थी, क्योंकि विवाह के लिए कोई सम्बन्ध निषिद्ध नहीं माना जाता था। तलाक़ द्वारा पति को विवाह-विच्छेद करने का अप्रतिबन्धित और असीमित अधिकार हुआ करता था। पति के तलाक़ देने पर प्रत्यक्ष अथवा अप्रत्यक्ष किसी प्रकार का कोई प्रतिबन्ध नहीं था। पत्नी का वैवाहिक जीवन बहुत ही अस्थिर और असुरक्षित था। संक्षेप में इस्लाम—पूर्व के अरब समाज में भी अन्य समाजों की तरह स्त्रियों की दशा बड़ी ही दयनीय थी।

जैसा कि हम समकालीन दुनिया में समझते हैं, इस्लाम पूर्व के अरब समाज में विवाह बहुत दुर्लभ था, यौन सम्बन्ध प्रबल थे, यौन सम्बन्धों के लिए संगठित होना, वेश्यावृत्ति या बहुपतित्व जैसे तरीक़े ही सामने थे। इसके साथ ही निम्न प्रकार की विवाह प्रथा ही प्रबल रूप से विद्यमान थी, जिसके बारे में एक सूची **अब्दुर्रहीम**[13] (1926) द्वारा प्रस्तुत की गयी है–

1. एक प्रथा जिसके तहत पति को यह अधिकार दिया गया था कि वह अपनी पत्नी को गर्भधारण कराने के लिए किसी अन्य पुरुष की नियुक्ति कर स्वयं उससे दूर हो जाता था। एक बार गर्भधारण हो जाने के बाद अपने महान वंश को सुरक्षित करने की इच्छा से वह पत्नी के पास पुनः वापस आता था।
2. एक अन्य प्रकार के विवाह में दस से कम व्यक्ति किसी स्त्री से एक साथ विवाह कर लेते थे। बच्चे को जन्म देने के बाद स्त्री उन सभी पुरुषों को अनिवार्य रूप से वहाँ बुलाती थी, जन्म की सूचना देती थी और बच्चे का पिता कौन है, इसका संकेत वह स्त्री ही करती थी। पुरुष को उसे अस्वीकार करने की अनुमति नहीं थी।
3. कई पुरुष महिलाओं के पास जाया करते थे, जो मूल रूप से वेश्याएँ थीं। यदि एक महिला गर्भवती होती है और एक बच्चे को जन्म देती है, जो लोग

अक्सर उसके पास सम्भोग के लिए जाया करते थे, वे लोग इकट्ठा होते थे और बच्चे की मुखाकृति देखकर निर्णय लिया जाता था कि बच्चे का पिता कौन है।

उपरोक्त तथ्य में निहित है कि बच्चे का पितृत्व स्थापित किया गया था और पुरुष को इसे अस्वीकार करने की अनुमति नहीं थी। आज कोई वेश्या क़ानूनी या व्यक्तिगत रूप से अपने बच्चे के पितृत्व को स्थापित नहीं कर सकती अगर वह व्यक्ति पितृत्व को अस्वीकार कर दे।

इनके अलावा इस्लाम पूर्व अरब समाज में विवाह के कुछ रूप और भी थे–

1. कन्या को उसके पिता या अभिभावक विवाह के इच्छुक व्यक्ति को बेच दिया करते थे।
2. मुताह विवाह व्यापक रूप से प्रचलित थे, इस्लाम के प्रचार के प्रारम्भिक समय में पैगम्बर मोहम्मद ने इसे स्वीकारा तथा बाद में उसे प्रतिबन्धित किया।
3. इस्लाम पूर्व के अरब समाज में एक समय ऐसा भी था, जब दो सगी बहनों से भी शादी करने की अनुमति थी।

समय के साथ आये परिवर्तनों में और पैगम्बर मोहम्मद द्वारा समाज सुधार के लिए किये गये कार्यों के कारण इतना फ़र्क़ तो आया ही कि पहले की तुलना में स्त्रियों को उचित मान-सम्मान मिलने लगा तथा वे समाज में शामिल की जाने लगीं। इस्लाम के अविर्भाव के साथ ही एक महत्त्वपूर्ण कार्य यह होने लगा कि विवाह सम्बन्धों और परिवार में स्थायित्व लाने के उद्देश्य से विवाह का एक निश्चित स्वरूप 'निकाह' निर्धारित किया गया। 'निकाह' जिसका शाब्दिक अर्थ 'एक-दूसरे को बाँध देना' होता है। इसने समाज में स्त्री तथा पुरुष के दाम्पत्य-जीवन को स्थायित्व प्रदान किया। इसे क़ायम करने के लिए पैगम्बर मोहम्मद ने घोषणा की कि विवाह में पति द्वारा पत्नी को कुछ-न-कुछ देना अनिवार्य है, उसके मूल्य के रूप में नहीं, बल्कि उसके प्रति अपना सम्मान प्रकट करने के लिए। इन्हीं प्रयासों की कड़ी में इस्लाम में परिवर्तन लाने और खानाबदोश जीवन में स्थिरता लाने के लिए अनगिनत विवाह की परम्परा को समाप्त कर चार से अधिक स्त्रियों से विवाह वर्जित कर दिया गया।

कुरान के मुताबिक चार विवाह की शर्त भी इतनी कड़ी है कि व्यक्ति उसे व्यवहार में लाने में इस बात का ख़याल रखे कि किसी के साथ अन्याय न होने पाये।[14] कुरान की निम्न आयत के अनुसार–

कुरान : सूरा 4 आयत 3

وَإِنْ خِفْتُمْ أَلَّا تُقْسِطُوا فِي الْيَتَامَىٰ فَانكِحُوا مَا طَابَ لَكُم مِّنَ النِّسَاءِ مَثْنَىٰ
وَثُلَاثَ وَرُبَاعَ ۖ فَإِنْ خِفْتُمْ أَلَّا تَعْدِلُوا فَوَاحِدَةً أَوْ مَا مَلَكَتْ أَيْمَانُكُمْ ۚ ذَٰلِكَ أَدْنَىٰ
أَلَّا تَعُولُوا ﴿٣﴾

अर्थात : "...और यदि तुम्हें डर हो कि निराश्रितों के मामले में न्याय न कर सकोगे तो उन स्त्रियों में से जो तुम्हारे लिए जायज़ (उचित) हो दो-दो, तीन-तीन और चार-चार तक विवाह कर लो और यदि तुम्हें इसका डर हो कि उनके साथ समानता का व्यवहार नहीं कर सकोगे, तो फिर एक ही पर रुक जाओ..."[15]

कुरान के अनुसार एक से अधिक स्त्रियों से विवाह करने की स्थिति में जो सबसे बड़ा सवाल है, वह है समान व्यवहार का। समान व्यवहार का अर्थ केवल समान भरण-पोषण प्रदान करना ही नहीं वरन् समान रूप से उन्हें स्नेह एवं सन्तुष्ट रखना भी है, इस प्रकार की समानता, मानवीय व्यवहार के लिए लगभग असम्भव है। इस भावना का भी उल्लेख कुरान में इस प्रकार किया गया है–

कुरान : सूरा 4 आयत 129

وَلَن تَسْتَطِيعُوا أَن تَعْدِلُوا بَيْنَ النِّسَاءِ وَلَوْ حَرَصْتُمْ ۖ فَلَا
تَمِيلُوا كُلَّ الْمَيْلِ فَتَذَرُوهَا كَالْمُعَلَّقَةِ ۚ وَإِن تُصْلِحُوا
وَتَتَّقُوا فَإِنَّ اللَّهَ كَانَ غَفُورًا رَّحِيمًا ﴿١٢٩﴾

अर्थात : "...चाहे तुम कितना भी चाहो, तुम स्त्रियों के बीच पूर्ण न्याय नहीं कर सकते, तो ऐसा भी न करना कि एक ही की तरफ़ बिल्कुल झुक जाओ और दूसरी को इस तरह छोड़ दो जैसे अधर में लटकी हो...।"[16]

दोनों उदाहरणों से इस बात का संकेत मिलता है कि चार विवाह का प्रावधान उस समय की सामाजिक प्रथा और प्रचलन पर आधारित था, परन्तु कुरान की मूल भावना एक पत्नीत्व की ही है। आधुनिक प्रगतिशील मुस्लिम समाज का झुकाव आज भी एक पत्नीत्व की ओर ही है।

इस्लाम पूर्व के अरब समाज में वैसे तो विभिन्न प्रकार के विवाह के उदाहरण मिलते हैं। इस तरह के अल्पकालिक विवाह सिर्फ़ अरबों में ही नहीं यहूदी, ईसाई, सेबियन और ज़ोरास्ट्रियंस में भी हुआ करते थे।[17] इस्लाम के प्रचार-प्रसार के बाद भी युद्ध अथवा व्यापार के लिए पुरुष बाहर जाया करते थे। ऐसे में वे अपनी ब्याहता पत्नियों से काफ़ी समय के लिए दूर रहा करते थे और मुताह विवाह कर लेते थे। इस प्रकार का अस्थायी विवाह लगभग वेश्यागमन ही हुआ करता था। कालान्तर में जब इसका अधिक दुरुपयोग होने लगा तो पैगम्बर मोहम्मद ने 'मुताह' को अपने जीवनकाल में ही इस्लाम के विरुद्ध घोषित करके इसे समाप्त कर दिया था।[18] पैगम्बर मोहम्मद की मृत्यु (सन् 632) के उपरान्त ख़लीफ़ा (प्रशासनिक प्रमुख) उमर ने इसे पूर्ण समाप्त करने की घोषणा कर दी। यही वह समय भी था जब वैचारिक मतभेद के कारण मुस्लिम समुदाय शिया और सुन्नी दो अलग सम्प्रदायों में बँट रहा था। इसना-अशरी शिया (उप सम्प्रदाय) को छोड़ कर इस्लाम के किसी अन्य सम्प्रदाय में मुताह विवाह की मान्यता नहीं है। ऐसा लगता है कि चूँकि शिया ख़लीफ़ा उमर सहित प्रथम तीन सुन्नी विचारधारा के ख़लीफ़ाओं के कट्टर विरोधी थे, इसलिए उनके प्रति अपने विरोध को प्रकट करने के लिए ही इन्होंने उनके मुताह के निषेध को नहीं माना।[19]

मुस्लिम समुदाय में विभिन्न विचारधाराएँ

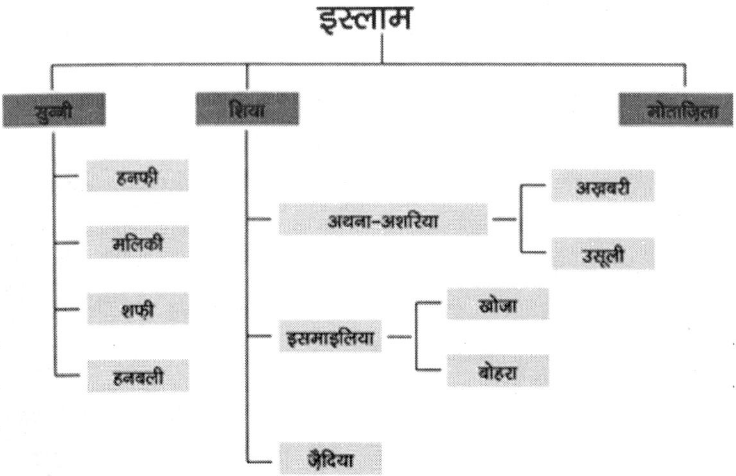

क–सुन्नी विचारधाराएँ

- **हनफी विचारधारा :** इस विचारधारा के संस्थापक इमाम अबू हनीफा थे, जो अपने समय के उच्च कोटि के विद्वान माने जाते थे। हनफी विचारधारा की प्रमुख पुस्तकें हैं–**फतवा-ए-आलमगीरी, दर्द-उल-मुख्तार, दारुल मुख्तार व हेमिल्टन द्वारा अनूदित अल-हेदाया**। यह विचारधारा मिस्र, इस्राइल, जॉडन, तुर्किस्तान, अफ़ग़ानिस्तान, भारतीय उप महाद्वीप में रहने वाले अधिकांश मुस्लिम के बीच में है।
- **मलिकी विचारधारा :** इसकी स्थापना मदीना में मलिक-इब्न-अनस द्वारा की गयी। मलिक इब्न अनस को सुन्ना के विशेषज्ञ के रूप में जाना जाता है। इसकी लिखी प्रमुख पुस्तक किताब **अल-मुबत्ता** जो आज भी उपलब्ध है।
- मलिकी सिद्धान्तों की प्रमाणिक पुस्तक मानी जाती है। खलील-इब्न-इसहाक लिखित **अल-मुख्तसर** मलिकी नियमों की दूसरी महत्त्वपूर्ण पुस्तक है। मलिकी सिद्धान्तों का विस्तार मध्य एवं पश्चिमी अफ्रीका, स्पेन, कुवैत और बहरीन जैसे देशों में हुआ। भारतीय उपमहाद्वीप में मलिकी उपसम्प्रदाय के मुस्लिम लगभग नहीं के बराबर हैं।
- **शफई-विचारधारा :** सुन्नी-सम्प्रदाय के इस स्कूल के संस्थापक **अल-शफी** थे। ये मलिक-इब्न-अनस के शिष्य थे तथा पैगम्बर से सम्बन्धित होने के कारण मुस्लिम-विधिशास्त्र के प्रमुख विद्वानों की कोटि में आते थे। इनकी विचारधारा का विकास काहिरा तथा बगदाद में हुआ। इनकी प्रमुख किताब का नाम किताब–**उल-उम्मा** है। शफई विचारधारा की अन्य पुस्तकों में **हजर लिखित त्यापफत अल-मोहताज, गज़्ज़ली लिखित अल-वाजिज तथा रामली लिखित निहाजत-अल-मुहताज** उल्लेखनीय है। काहिरा से यह विचारधारा हजाज, इंडोनेशिया, मलेशिया, दक्षिणी-पूर्वी एशिया तथा मिस्त्र के दक्षिणी भाग तक फैल गयी। भारतवर्ष के पश्चिमी तट. में रहने वाले कुछ मुस्लिम शफई उप-सम्प्रदाय के है।
- **हनबली विचारधारा :** इस विचारधारा की स्थापना **इब्न हनबल** द्वारा की गयी थी। इन्होंने सुन्नत का बड़ी कड़ाई से पालन किया। इस विचारधारा में व्यक्तिगत निर्णय तथा मानव तर्कों की कोई गुंजाइश नहीं है। **मसनद-उल-इमाम हनबल** इस विचारधारा की महत्त्वपूर्ण पुस्तक है। किताब–**उल-मशख** तथा **उल-अलाल** इनकी अन्य पुस्तकें हैं। इस समय इस उप-सम्प्रदाय के

थोड़े से अनुयायी सउदी-अरब तथा कतर में मिलते हैं। अन्य स्थानों पर वे नहीं के बराबर है।

ख-शिया विचारधाराएँ : जैसा कि ऊपर चित्र द्वारा स्पष्ट किया गया है, यह विचारधारा भी समय के साथ-साथ कई उप-विचारधाराओं में बँट गयी। संक्षिप्त विवरण निम्न प्रकार है–

- **अथना-अशारिया विचारधारा :** (The athna-Asharia school) इस विचारधारा को इमामिया स्कूल भी कहते हैं। इनके अनुसार अली से लेकर अब तक बारह इमाम हुए हैं, जिन्हें आध्यात्मिक शक्ति भी प्राप्त थी। इस विचारधारा के अन्तर्गत इमाम द्वारा कुछ भी कहा गया 'क़ानून' माना जाता है। मुस्लिम विधि के इस स्कूल की विशिष्टता यह है कि इसमें 'मुताह' अथवा अस्थायी विवाह मान्य है। असनाअशरिया स्कूल जिसे अथना-अशारिया भी कहा जाता है दो अन्य उप-विचारधाराओं **अख़बरी** तथा **उसूली** में विभाजित है। पैगम्बर की परम्पराओं (सुन्नत) का बड़ी कठोरता से पालन करने के कारण अख़बरी कट्टरपन्थी कहलाते हैं। इसके विपरीत उसूली विद्वानों ने कुरान के मूल पाठों की व्याख्या रोजमर्रा की समस्याओं के परिप्रेक्ष्य में की है। **शराए-उल-इस्लाम** असना अशारिया स्कूल की एक प्रामाणिक पुस्तक मानी जाती है। असना अशारिया मुस्लिम ईरान, ईराक, लेबनान, पाकिस्तान तथा भारतवर्ष में हैं।
- **इस्माइलिया विचारधारा :** शिया में एक बहुत छोटा समुदाय इस्माइल को सातवां इमाम मानता है, उन्हें मानने वाले इस्माइलिया उप-सम्प्रदाय के शिया कहलाते हैं। इनके अनुसार इमाम केवल सात ही हुए है उनमें सातवें और अन्तिम इमाम इस्माइल है। इस स्कूल का पुनः विभाजन हुआ तथा खोजा और बोहरा उप-सम्प्रदायों का जन्म हुआ। खोजा एवं बोहरा अपने प्रारम्भिक काल से ही व्यापारी समुदायों के रूप में जाने जाते हैं। इस्माइलिया मुस्लिम मध्य एशिया, सीरिया, भारतवर्ष तथा पाकिस्तान आदि देशों में हैं। मुम्बई तथा उसके आसपास के इलाक़ों में रहने वाले इस्माइलिया मुस्लिम या तो खोजा है या बोहरा। कुछ खोजा असना-अशारिया उप-सम्प्रदाय के भी है। मुम्बई इनका केन्द्र है। इनकी प्रामाणिक पुस्तक **दयमुल-इस्लाम** है।
- **जैदी विचारधारा :** इस विचारधारा के जन्मदाता चौथे इमाम जैन-उल-आब्दीन के पुत्र जैद थे। शिया समुदाय से सर्वप्रथम अपने आपको जैदी

उप-सम्प्रदाय ने ही पृथक किया था। इसमें सुन्नी सिद्धान्तों को भी मान्यता है। इस विचारधारा के मुस्लिम अधिकांशतः यमन में है। भारतवर्ष में ये बहुत कम पाये जाते हैं।

ग–मोताज़िला सम्प्रदाय : नौवीं शताब्दी के आसपास मैमन के शासनकाल में मोताजिला समुदाय इस्लाम के एक विशिष्ट सम्प्रदाय के रूप में उभर कर सामने आया। इसके संस्थापक अता-अल-गज्जाली थे। ये अपने को शिया और सुन्नी किसी भी सम्प्रदाय से सम्बद्ध नहीं मानते। पहले कभी ये शिया ही थे। इस सम्प्रदाय का एक अतिविशिष्ट सिद्धान्त जो किसी अन्य मुस्लिम सम्प्रदाय में नहीं है, वह है **एक पत्नीत्व का नियम**। इनमें विवाह विच्छेद क़ाज़ी या न्यायाधीश के निर्णय के बिना नहीं होता। इस विचारधारा के लोग बहुत ही कम संख्या में है।[20] इन सभी विचारधाराओं जिनका उल्लेख ऊपर किया गया है, का निर्माण पैगम्बर मोहम्मद के देहान्त के बाद हुआ। उनके जीवनकाल में इस्लाम का एक ही रूप था। ऐसा लगता है कि लोगों ने उस एक रूप को स्वीकार नहीं किया और कुरान एक होते हुए भी इस्लामिक देशों में भी इस्लाम आधारित क़ानून भी अलग-अलग है। देश-काल और परिस्थितियों के मुताबिक समय-समय पर उसमें परिवर्तन होते रहे। इसलिए आज कोई एक शरीयत क़ानून, जो पूरी दुनिया के मुसलमानों पर लागू हो, का दावा नहीं कर सकता है। हाँ, इस गफ़लत में ज़रूर रह सकता है कि ऐसा हो सकता है, परन्तु इस्लाम के विकास के प्रारम्भिक दौर से लेकर आज तक क़ानूनों में परिवर्तन आते रहे हैं।

इस्लाम स्थापित करने हेतु क्रान्ति एक झटके में नहीं आयी, कई बार यह आन्दोलन तेज़ी से उभरा और कई बार भूमिगत भी रहा। यह मात्र धर्म स्थापित करने के लिए क्रान्ति नहीं थी, यह एक राजनीतिक युद्ध भी था, जिसमें आसपास के देशों को सन्धि कर लेने के सन्देश भी भेजे जा रहे थे और राजसत्ता का विस्तार भी हो रहा था। इसी संघर्ष में एक समय ऐसा भी आया था, जब पैगम्बर मोहम्मद इस्लामी राष्ट्रमण्डल (Islamic Commonwealth) के प्रमुख बन गये थे। वे उस समय क़ानून सम्बन्धी विषयों के सर्वोच्च प्राधिकारी तो थे ही। साथ ही सम्पूर्ण मुस्लिम-समुदाय के प्रशासनिक व आध्यात्मिक प्रमुख भी थे। उन्होंने अपने जीवनकाल में सामाजिक तथा राजनैतिक सुधार आन्दोलन को तेज़ किया। इस काम को गति मिली मदीना में। मोहम्मद साहब के देहान्त के बाद उनके मानने वालों के बीच एक प्रश्न उठ खड़ा हुआ, वह यह था कि उनके जैसा कठिन परिश्रमी, कर्मठ,

ईमानदार व्यक्ति, जो कौम की अगुवाई करे, वह कौन होगा। चूँकि आन्दोलन नया था, उसे स्थापित करने हेतु काम किया जाना भी ज़रूरी था, ऐसे में तत्कालिक समस्या उनका उत्तराधिकारी प्राप्त करने की थी। यही वह क्रूर समय भी था, जब मुस्लिम समुदाय, जिसे मोहम्मद साहब ने एकजुट किया था, एक बार फिर बिखरने लगा और समुदाय में फूट पड़ गयी। उत्तराधिकारी के लिए बहुमत चुनाव कराने के पक्ष में था और अल्पमत जिसका यह कहना था कि मोहम्मद का उत्तराधिकारी उनके खानदान से ही होना चाहिए। चुनाव द्वारा उत्तराधिकारी प्राप्त करने के पक्षधरों में सबसे प्रमुख मोहम्मद साहब की छोटी पत्नी आयशा बेगम थीं। चुनाव के पक्ष में रहने वाले लोगों का तर्क यह था कि मोहम्मद साहब ने सारे मुस्लिम-समुदाय की कमान सँभाल रखी थी, उनका उत्तराधिकारी भी ऐसा व्यक्ति होना चाहिए, जो सम्पूर्ण समुदाय को नियन्त्रण में रख सके, इसलिए उनके उत्तराधिकारी को आमजन के समक्ष चुनाव द्वारा ही प्राप्त किया जाना चाहिए। आम सहमति से चुनाव हुआ और मोहम्मद साहब की छोटी पत्नी आयशा बेगम के पिता अबू बकर को मोहम्मद साहब के उत्तराधिकारी के रूप में चुन लिया गया। इस प्रकार अबू बकर इस वर्ग के प्रमुख बनकर प्रथम ख़लीफ़ा कहलाये। मुस्लिम-समुदाय का यह वर्ग, जिसने चुनाव कराया था और अबू बकर को अपना ख़लीफ़ा निर्वाचित किया था, इस्लाम धर्म का सुन्नी सम्प्रदाय कहलाया। इस वर्ग ने अपने समुदाय का नाम 'अहलेसुन्नत जमात'[21] रखा। इस शब्दावली का अर्थ है 'परम्पराओं एवं सभा के पक्षधर'। यह सम्प्रदाय सुन्नी सम्प्रदाय के नाम से लोकप्रिय हुआ, लेकिन दूसरी ओर मुस्लिमों का वह वर्ग भी था जो उत्तराधिकारी के लिए चुनाव कराए जाने के पक्ष में नहीं था, ऐसा विचार रखने वालों में मोहम्मद साहब की पुत्री फातिमा भी थीं। उनका तर्क यह था कि पैगम्बर मोहम्मद की मान्यता मुख्यतः उनके धार्मिक तथा आध्यात्मिक गुणों के कारण थी, इसलिए उनके उत्तराधिकारी में भी ये गुण होने आवश्यक हैं। चुनाव के द्वारा ऐसे गुणों वाला व्यक्ति चुना जाना मुमकिन नहीं है। ये गुण केवल वंशपरम्परा से ही आते हैं और अपने इस विचार को आधार मानते हुए अली, जो मोहम्मद की बेटी फातिमा के पति थे, उन्हें ही उचित उत्तराधिकारी बनने योग्य माना गया। इसी तर्क का पालन करते हुए वंशपरम्परा के सिद्धान्त (succession) के अन्तर्गत इस मुस्लिम-समुदाय ने अली को अपने वर्ग का प्रथम प्रमुख बनाया।[22] मुस्लिम समुदाय का यह अल्पसंख्यक वर्ग इस्लाम धर्म के शिया (शाब्दिक अर्थ—टुकड़ा, दल) सम्प्रदाय के नाम से जाना गया। यह दुनिया भर के मुसलमानों में एक अल्पसंख्यक

समुदाय है, जिनकी आबादी कुल मुस्लिम आबादी का सिर्फ 15 प्रतिशत है। शिया-सम्प्रदाय ने अपने प्रमुख को ख़लीफ़ा न कह कर 'इमाम' कहा और इस प्रकार अली शिया मुस्लिमों के प्रथम इमाम नियुक्त हुए। मोहम्मद साहब की मृत्यु के उपरान्त प्रारम्भ हुआ यह विवाद आज भी जारी है, जिसका प्रारम्भ उत्तराधिकारी चुनने से हुआ था। आज भी मुस्लिम देशों में आपसी विवाद का यह सबसे बड़ा मुद्दा है। जिसके इर्द-गिर्द मुस्लिम देशों की राजनीति टिकी नज़र आती है। समय के साथ इस विभाजन की रेखाएँ गहरी और मोटी होती चली गयी, आगे चल कर जब ख़लीफ़ा और इमाम के पद अलग-अलग हो गये, तो इन दोनों सम्प्रदायों के क़ानूनों में भी अन्तर आ गया। मुस्लिम विधि भी दो प्रमुख शाखाओं सुन्नी विधि और शिया विधि में विभक्त हो गयी। बाद में इन उप-सम्प्रदायों का भी विभाजन हुआ। सुन्नी सम्प्रदाय विभाजन के फलस्वरूप चार उप-सम्प्रदायों में बँट गया, जिसका सीधा परिणाम यह हुआ कि सुन्नियों के क़ानून की चार प्रमुख विचारधाराएँ हो गयीं। इसी प्रकार शिया-सम्प्रदाय भी विभिन्न उप-सम्प्रदायों में विभाजित हो गया और इसमें भी अलग-अलग उप-सम्प्रदायों की क़ानून की अपनी अलग विचारधाराएँ बन गयीं।

मुताह और स्थायी निकाह में अन्तर

मुताह और स्थायी निकाह में कुछ प्रमुख अन्तर इस प्रकार है–

- मुताह एक निश्चित समय के लिए होता है, परन्तु निकाह का समय निश्चित नहीं होता।
- मुताह में पति पत्नी को एक दूसरे की पैतृक सम्पत्ति प्राप्त करने का अधिकार नहीं होता, हाँ, उनसे पैदा बच्चों को यह अधिकार ज़रूर होता है। निकाह में यह अधिकार होता है।
- मुताह में तलाक़ नहीं होता, बल्कि निश्चित समय पूरा होने पर मुताह स्वयं समाप्त हो जाता है। निकाह इस प्रकार समाप्त नहीं होता। इसे समाप्त करने की पहल महिला या पुरुष द्वारा की जाती है और समाप्त करने के कारणों का भी उल्लेख किया जाता है यह न्यायालय द्वारा और न्यायालय के बाहर आपसी सहमति द्वारा गवाहों की उपस्थिति में किया जा सकता है।
- यदि मुताह में सम्भोग नहीं हुआ है, तो भी महिला आधी मेहर प्राप्त करने की अधिकारिणी होती है। यदि सम्भोग हुआ है, तो वह पूर्ण मेहर प्राप्त कर सकती है। यदि महिला समय पूर्व ही सम्बन्ध समाप्त करना चाहे तो पति को उसके

मेहर से कुछ कटौती कर लेने का अधिकार होता है। निकाह में मेहर देना अनिवार्य होता है, उसमें कटौती नहीं की जा सकती।

मुताह विवाह की अनिवार्य शर्तें

मुताह में निम्नलिखित शर्तों का पालन होना ज़रूरी माना गया है—

1. दोनों पक्षकार अर्थात पति-पत्नी सक्षम होने चाहिए। उनका स्वस्थचित्त तथा वयस्क (यौवनावस्था की वय अर्थात पन्द्रह वर्ष का) होना आवश्यक है। किसी अवयस्क का मुताह विवाह उसके अभिभावक भी नहीं करा सकते हैं।[23]
2. असना-अशारिया शिया पुरुष किसी सम्प्रदाय की मुस्लिम महिला, किताबिया, (यहूदी या ईसाई या पारसी) महिला से मुताह कर सकता है।
3. दोनों पक्षकारों की स्वतन्त्र सहमति अनिवार्य है।[24]
4. मुताह विवाह भी प्रस्ताव और स्वीकृति द्वारा ही सम्पन्न होना चाहिए, लेकिन गवाहों का होना अनिवार्य नहीं है। विवाह सम्पन्न होते समय शब्द चाहे मुताह प्रयुक्त हुआ हो या कोई अन्य शब्द प्रयुक्त हुआ हो, परन्तु अस्थायी विवाह सम्बन्ध स्थापित होने का मन्तव्य साफ़ होना आवश्यक है।
5. निकाह की ही भाँति पति-पत्नी के बीच कोई निषिद्ध (जिनसे विवाह की अनुमति नहीं है) सम्बन्ध नहीं होना चाहिए।
6. मुताह में सहवास की निर्धारित अवधि का स्पष्ट उल्लेख आवश्यक है। अर्थात जितने समय तक के लिए मुताह किया जा रहा हो, वह मुताह सम्पन्न होते समय ही तय हो जाना चाहिए। यदि मुताह में अवधि का निर्धारण नहीं हुआ है, तो वह नियमित विवाह अर्थात निकाह मान लिया जाता है। **एस.ए. हुसैन बनाम राजम्मा** (ए.आई.आर. 1977 आन्ध्र प्रदेश 154) के वाद में एक शिया पुरुष हबीबुल्लाह ने राजम्मा (इस्लाम में समपरिवर्तित एक दलित महिला) से मुताह किया था। हबीबुल्लाह की मृत्यु होने पर विधवा राजम्मा उसकी सम्पत्ति की उत्तराधिकारी बनी। इस पर हबीबुल्लाह के भाई हुसैन ने राजम्मा के उत्तराधिकार को इस आधार पर चुनौती दी कि चूँकि राजम्मा मृतक हबीबुल्लाह की मुताह पत्नी थी और मुताह पत्नी को पति की सम्पत्ति का उत्तराधिकार नहीं रहता है। अतः राजम्मा उत्तराधिकार में कुछ भी पाने की अधिकारी नहीं है। न्यायालय के समक्ष एक शिया गवाह ने हबीबुल्लाह

तथा राजम्मा के मुताह की तो पुष्टि की, लेकिन उसकी 'निर्धारित अवधि' बताने में असमर्थ रहा। न्यायालय ने निर्णय में कहा कि यद्यपि इस विवाह में 'मुताह' शब्द का प्रयोग किया गया था, किन्तु इसकी अवधि निश्चित नहीं थी, इसलिए विवाह निकाह माना जायेगा। चूँकि निकाह में विधवा अपने मृतक पति की सम्पत्तियों की उत्तराधिकारी होती है। अत: राजम्मा मृतक, हबीबुल्लाह की सम्पत्तियों की उत्तराधिकारी मानी जायेगी। भारत में मुताह के मामले में न्यायालय का यह फ़ैसला एक नजीर ज़रूर बना। राजम्मा को उत्तराधिकारी बनाया गया। एक स्त्री को इसका लाभ भी मिला। इस फ़ैसले की ऊपरी अदालत में अपील भी नहीं हुई, परन्तु कुछ तकनीकि कारणों से न्यायालय का सम्मान करते हुए इस निर्णय को त्रुटिपूर्ण माना गया। मुताह एक दो दिन का भी हो सकता है या इससे अधिक का भी। ये दोनों पक्षकारों की आपसी सहमति पर निर्भर करता है। महत्त्वपूर्ण बात यह है कि सहवास की अवधि का निश्चित होना, यह अवधि जीवनपर्यन्त की भी हो सकती है, जीवनपर्यन्त का मुताह भी मुताह ही माना जायेगा, क्योंकि इसमें सहवास की अवधि जीवनपर्यन्त तक की निश्चित की गयी है। **शहज़ादा ख़ानम बनाम फक्र जहाँ** (ए.आई.आर. 1953, हैदराबाद 6) के बाद में हैदराबाद उच्च न्यायालय ने निर्णय दिया कि जीवन–पर्यन्त तक के मुताह और ऐसे मुताह, जिसमें अवधि निश्चित नहीं है, में कोई अन्तर नहीं है, अत: जीवनपर्यन्त का मुताह निकाह मान लिया जायेगा। इस वाद के निर्णय आने के बाद समाज में थोड़ा हलचल रही, कुछ सवाल रहे और **फ़ैज़ी** इस सन्दर्भ में अपनी टिप्पणी करते हैं कि जीवनपर्यन्त के मुताह की निकाह से समानता करना एक गम्भीर क़दम उठाना है।[25]

7. मेहर, जो मुताह में प्रतिफल होता है, अवश्य निश्चित होना चाहिए। यदि मेहर (प्रतिफल) की राशि विवाह के समय ही निश्चित नहीं की गयी, तो मुताह विवाह शून्य माना जायेगा।

मुताह विवाह के विधिक प्रभाव

1. सम्भोग विधिसम्मत माना जाता है।
2. मुताह से उत्पन्न सन्तानें धर्मज (वैधानिक) होती हैं। उन्हें अपने पिता तथा माता की सम्पत्तियों का उत्तराधिकारी माना जाता है।

3. मुताह में पति तथा पत्नी परस्पर एक-दूसरे के उत्तराधिकारी नहीं माने जाते। मुताह पति या पत्नी एक-दूसरे की सम्पत्तियों को उत्तराधिकार में प्राप्त नहीं कर सकते हैं।
4. सम्भोग हो चुकने पर पत्नी को मेहर के रूप में तय की गयी धनराशि पूरी पाने का अधिकार है। यदि सम्भोग बिल्कुल नहीं हुआ है, तब भी पत्नी को निश्चित की गयी राशि का आधा प्राप्त करने का अधिकार रहता है।
5. मुताह पत्नी को अपने मुताह पति से भरण-पोषण प्राप्त करने का अधिकार नहीं रहता है, लेकिन अन्य पत्नियों की भाँति मुताह अवधि में मुताह पत्नी भी दण्ड प्रक्रिया संहिता के अन्तर्गत पति से भरण पोषण प्राप्त कर सकती है। (**लड्डन बनाम मिर्जा क्रमर** 1882, कलकत्ता, 736)
6. मुताह का विच्छेद तलाक़ द्वारा नहीं हो सकता। यह निम्न परिस्थितियों में अपने आप समाप्त हो जाता है।
   (क) पति अथवा पत्नी की मृत्यु होने पर।
   (ख) विवाह की निर्धारित अवधि समाप्त हो जाने पर।
   (ग) पति अथवा पत्नी द्वारा निर्धारित अवधि के समाप्त होने से पूर्व ही एक-दूसरे का त्याग कर देने पर।

   यदि मुताह की समय अवधि समाप्त हो जाने से पूर्व ही पति ने पत्नी का त्याग कर दिया हो, तो भी पति को मेहर की पूरी धनराशि अदा करनी पड़ती है। इसे पति द्वारा पत्नी को 'असमाप्त अवधि का दान' **(हिबा-ए-मुद्दत)** माना जाता है। इसके विपरीत यदि निर्धारित अवधि से पूर्व पत्नी ने पति का त्याग किया हो तो पति को असमाप्त अवधि के अनुपात में पूरी धनराशि से कटौती कर लेने का अधिकार रहता है।
7. मुताह के लिए जो समय तय हुआ है, उस पूरी अवधि में एक बार भी सम्भोग न हुआ हो, तो पत्नी को इद्दत पालन करने की आवश्यकता नहीं रहती है। सम्भोग हो चुकने पर इद्दत की अवधि दो मासिक धर्म रहती है। परन्तु विवाह विच्छेद यदि पति की मृत्यु के कारण हुआ है, तो चार माह दस दिन तक की इद्दत आवश्यक मानी जाती है। विवाह विच्छेद के समय यदि पत्नी गर्भवती हो तो इद्दत की अवधि सन्तानोत्पत्ति तक मानी जाती है।
8. निर्धारित अवधि पूर्ण होने के बाद भी यदि पति-पत्नी साथ-साथ रहते रहे और सहवास करते रहे तो न तो उनका विवाह शून्य होगा और न ही इसे निकाह

माना जायेगा। इस हालत में जीवनपर्यन्त तक का मुताह मान लिया जाता है। इसमें भी सन्तानें धर्मज होती है और उन्हें उत्तराधिकारी भी माना जाता है, परन्तु पति पत्नी को परस्पर उत्तराधिकार प्राप्त नहीं होता है। (**शोहरत सिंह बनाम जाफरी बीबी**,1915,24 आई.सी.499 (प्री.का.)

दाम्पत्य अधिकारों की प्रत्यास्थापना (Restitution of conjugal Rights)

वैवाहिक संविदा में दम्पत्तियों को परस्पर एक दूसरे का सहवास प्राप्त करने का विधिक अधिकार अन्तर्निहित रहता है। यदि कोई पक्षकार अकारण दूसरे से पृथक रहने लगे और उसे अपने सहवास से वंचित कर दे, तो पीड़ित पक्षकार न्यायालय में वाद प्रस्तुत कर उस पक्षकार को अपने साथ रहने के लिए बाध्य कर सकता है। इस प्रकार के वाद को दाम्पत्य अधिकारों की पुनर्स्थापना का वाद कहते हैं। ऐसे वाद की सफलता अथवा विफलता प्रतिवादी के पृथक रहने के औचित्य पर निर्भर करता है। प्रतिवादी का बचाव यदि न्यायोचित पाया गया, तो न्यायालय ऐसे वाद को ख़ारिज कर देता है, परन्तु बचाव न्यायोचित न होने पर वाद सफल हो जाता है और प्रतिवादी वादी के साथ रहने के लिए बाध्य होता है। दाम्पत्य जीवन में चूँकि पति का आधिपत्य रहता है। अतः पत्नी को ही अधिकांशतः पति से अलग रहने के लिए मजबूर होना पड़ता है। पति द्वारा दाम्पत्य अधिकारों की प्रत्यास्थापना के वाद में पत्नी निम्नलिखित बचाव ले सकती है–

1. पति द्वारा पत्नी के विरुद्ध पर-पुरुषगमन का मिथ्यारोप।
2. तुरन्त देय मेहर की माँग करने पर उसकी अदायगी न होने पर बशर्ते सम्भोग न हुआ हो। सम्भोग हो चुकने की स्थिति में इस प्रकार के वाद में पति के पक्ष में प्रतिस्थापना की डिक्री पारित करना उचित नहीं रहता, बल्कि यह आदेश उचित माना जायेगा कि मेहर की अदायगी हो जाने पर पत्नी पति के साथ रहे।[26]
3. पत्नी द्वारा यौवनावस्था के विकल्प द्वारा अवयस्कता में सम्पन्न हुए विवाह को निरस्त करने पर। (**अब्दुल करीम बनाम अमीना बीबी,** ए.आई.आर., 1935, मुम्बई, 308)
4. पति के धर्मपरिवर्तन करने पर अथवा उसके द्वारा पैगम्बर मोहम्मद के प्रति अपमानजनक शब्दों का प्रयोग करने पर।[27]
5. पति के जाति बहिष्कृत किये जाने पर।[28]

6. वैध वैवाहिक अनुबन्ध के अन्तर्गत दी गयी शर्तों का उल्लंघन होने पर।
7. पति द्वारा पत्नी के प्रति शारीरिक अथवा मानसिक क्रूरता।

अब मानसिक क्रूरता के मामलों का विस्तार अधिकाधिक होने लगा है तथा विवाह विच्छेद अधिनियम 1939 में दिये गये पत्नी द्वारा विवाह-विच्छेद के क्रूरता के आधार के अतिरिक्त अन्य कारण भी, जो मानसिक असामंजस्य के कारण हों, उस आधार पर भी पत्नी का अलग रहना न्यायोचित माना जा सकता है।[29]

मुताह के स्तम्भ

शिया न्यायशास्त्र इस बात का समर्थन करता है कि अस्थायी विवाह अर्थात मुताह स्थायी विवाह (निकाह) के समान ही है। उसके भी अपने तरीक़े और विधि-विधान है। मुताह विवाह के चार स्तम्भों का उल्लेख इस प्रकार है–

1. **घोषणा और स्वीकृति :** मुताह विवाह एक अनुबन्ध के सभी रूपों को दर्शाता है। अतः इसमें भी घोषणा और स्वीकृति की आवश्यकता होती है। स्थायी विवाह की तरह घोषणा औरत की एक पूर्व शर्त होती है। अल-सय्यद अल-मुर्तदा[30] में यह कहा गया है कि एक ग़ुलाम लड़की इस फार्मूले को लागू कर सकती है कि मैंने तुम्हें अनुमति दी (अबहतू-का) या मैंने तुम्हें क़ानूनी तौर पर स्वीकृत किया (हलालातू-का), अल-मुर्तदा के अतिरिक्त किसी अन्य विद्वान ने ग़ुलाम लड़की के सम्बन्ध में इस तरह की पुष्टि नहीं की है। अल-शाहिद-अल-थानी[31] लिखते हैं मेरे लिए ख़ुद को तीन वाक्यांशों तक सीमित करना ज़्यादा सही लगता है। ज़ाहिरा तौर पर कोई असहमति नहीं है कि महिला अभिव्यक्तियों को जाहिर नहीं कर सकती जैसे–'मैंने आपको अधिकार दिया है या मैंने आपको स्वयं को उपहार स्वरूप दिया है या मैंने किराये पर आप को दिया है या मैंने व्रत की तरह दिया है आपको आदि। पुरुष द्वारा की गयी स्वीकृति प्रस्ताव के अनुरूप होना चाहिए। इसके अलावा विवाह करने वाले व्यक्तियों को अनुबन्ध के योग्य होना चाहिए अर्थात् क़ानूनी रूप से सक्षम होना चाहिए। अनुबन्ध के दौरान महिला या पुरुष स्वयं उपस्थित हों या उनके प्रतिनिधि (वकील) या उनके पिता होने चाहिए। उपरोक्त दिये गये लोगों के अतिरिक्त यदि कोई और विवाह अनुबन्ध करता है, तो यह पूरी तरह से अमान्य और अनधिकृत होगा।
2. **व्यक्ति :** एक आदमी मुस्लिम या किताबिया (पुस्तक के अनुयायी) महिला

के साथ मुताह कर सकता है। किसी अविश्वासी या पैगम्बर के दुश्मनों के साथ मुताह करने की अनुमति नहीं है। एक मुसलमान औरत मुस्लिम मर्द के अलावा किसी अन्य ग़ैर-मुस्लिम के साथ मुताह नहीं कर सकती। यदि किसी आदमी के पास एक आज़ाद और स्थायी पत्नी है, तो वह अपनी पत्नी की अनुमति के बिना किसी दास महिला से विवाह नहीं कर सकता। यदि वह ऐसा करता है, जबकि उसकी अनुमति लम्बित हो, तो यह अनुबन्ध नियम-विरुद्ध और अमान्य होगा। यदि ग़ुलाम महिला किसी अन्य पुरुष के क़ब्ज़े में है, तो मुताह उसके मालिक की अनुमति के बिना पूर्ण नहीं हो सकता। साथ ही मुताह को स्थायी प्रतिबन्ध की सीमाओं के अन्दर क़रार के तौर पर नहीं किया जा सकता और अगर ये प्रतिबन्ध के अस्थायी सीमाओं का पालन करते हैं, तो अनियमितता के उन्हीं क़ानूनों का पालन होगा।

3. **समय अवधि :** (मुद्दत) अस्थायी विवाह में समय-अवधि निरूपित होनी चाहिए इसमें समय सीमा बढ़ाये जाने और घटाये जाने की सम्भावना नहीं रहती। तारीख़ और समय जब से अनुबन्ध प्रारम्भ हो रहा है, इसे अनुबन्ध पत्र (कबीननामा) में स्पष्ट रूप से लिखा जाना चाहिए। ज़्यादातर उलेमा इस बात को कहते हैं कि यदि समय सीमा उल्लिखित नहीं है, तब अनुबन्ध रद्द नहीं होता, बल्कि विवाह स्थायी हो जाता है। ये विद्वान इस बात पर भी बहस करते हैं कि विवाह अनुबन्ध स्थायी हो या अस्थायी? यदि समय सीमा का उल्लेख है, तो वह मुताह का अनुबन्ध ही हुआ, लेकिन यदि इसका उल्लेख नहीं है, तब अनुबन्ध स्थायी विवाह का हुआ। इसलिए जब कभी मुताह समय सीमा दर्ज न होने के कारण अमान्य होता है, तो वह स्थायी विवाह मान लिया जाता है। इस सत्यता के सिद्धान्त का रिश्ता अनुबन्ध से है। एक बार अनुबन्ध पूर्ण होने पर पत्नी मेहर की पूरी रक़म प्राप्त करती है, चाहे पति ने उस समयावधि समाप्त होने से पहले सम्भोग किया हो या न हो। पत्नी मेहर प्राप्त करने की हक़दार होती है, जब तक कि वह अपने पति के साथ रही है और उसने सम्भोग के लिए किसी प्रकार की बाधा उत्पन्न नहीं की है।

इमाम अल-रिदा के अनुसार मुताह अनिवार्य रूप से एक निर्धारित अवधि के लिए निर्धारित चीज़ है। इसके अलावा एक बार इमाम से पूछा गया कि यह सम्भव है कि क्या मुताह एक-दो घण्टे के लिए जायज है। उन्होंने जवाब दिया कोई समय सीमा नहीं है एक या दो घण्टा। अल-शेख-अल-अंसारी

के अनुसार सभी हदीसें मुताह की समय सीमा के अनुबन्ध की समाप्ति और उसको स्थगित करने की अनुमति देती हैं।

4. **मेहर :** अनुबन्ध में मेहर के रूप में ज्ञात सम्पत्ति का उल्लेख होना ज़रूरी है। चाहे वह नकद हो या किसी अन्य रूप में। जहाँ रक़म बढ़ने या घटने की गुंजाइश न हो। सम्पत्ति का ज्ञान प्राप्त करने के लिए यह पर्याप्त है कि महिला उसे देख-समझ सके, लेकिन यह आवश्यक नहीं कि इसे वास्तव में तौला जाए, नापा जाये या गिना जाये। मामले में जिस तरह की ज़रूरत हो, इसे उसी तरह वर्णित किया जाना चाहिए।

   महिला विवाह के शुरुआत में ही अपनी मेहर की जानकारी माँग सकती है आदमी किसी भी परिस्थिति में मेहर वापस नहीं ले सकता, जब तक कि कोई ऐसा कारण अनुबन्ध में न हो जो अनुबन्ध को अवैध ठहराता हो। कई हदीसें इस सम्बन्ध में दर्ज हैं।[32]

3.2—अन्तर्राष्ट्रीय परिदृश्य में मुताह पर जारी विमर्श

इक्कीसवीं सदी में भी मुताह का प्रचलन विश्व के बहुत से देशों में विद्यमान है। इस विषय पर दुनिया भर में बहस भी जारी है। यमनी, सूडानी, अरब, ओमान, ईरान, ईराक, तंजानिया आदि देशों में मुताह के मामले अक्सर सामने आ रहे हैं। तंजानिया सरकार ने 1970 में विभिन्न सम्प्रदाय आधारित समुदायों को यह वैधानिक अधिकार दिया कि वे अपने समुदाय के धार्मिक और सामाजिक मामलों का स्वयं प्रबन्धन करें। इसका प्रभाव यह रहा कि तंजानिया में इथना-अशारी समुदाय में जमातों का चलन प्रारम्भ हो गया और धीरे-धीरे जमात इथना-अशारिया समुदाय का एक राष्ट्रीय स्तर का प्रतिनिधित्व करने वाला समूह बन कर उभरा जो विवाह, तलाक़, विरासत, हिजाब, मुताह आदि प्रश्नों के साथ विभिन्न प्रकार की समाजसेवा के काम में सामने आ गये। 1975 में जमात द्वारा शिक्षित उच्च वर्ग की महिलाओं का एक समूह बनाया गया, जिसका नाम **लेडीज मैनेजमेंट कमेटी** रखा गया, जिसका नियन्त्रण जमात के हाथों में था। उनके आदर्श उस समय के उभरे हुए ईरानी नेता अयातुल्लाह खुमैनी रहे। तंजानिया की राजधानी दार-एस-सलाम की अथना-अशारिया महिलाओं पर खुमैनी का जबर्दस्त प्रभाव रहा। वे कहती है कि खुमैनी से पहले हम सिर्फ़ उपवास (रोजा) और नमाज ही जानते थे, पर खुमैनी ने हमें सिखाया कि इस्लाम क्या है। खुमैनी का प्रभाव इरान, ईराक के अतिरिक्त विभिन्न अफ्रीकी देशों के इथना-अशारी

मुस्लिम पर बहुत अधिक रहा, उनके विश्वास को पुनर्स्थापित करने का काम किया गया।[33]

मुताह की धार्मिक मान्यता होने के बावजूद तंजानिया में बहुत ही कम संख्या में मुताह होता था, बहुसंख्यक शिया इसके बारे में लगभग अनभिज्ञ ही रहे। **रिचा नागर, शहला हैरी** एक रिपोर्ट के हवाले से कहती हैं कि इस्लामिक क्रान्ति के बाद 1979 में ईरान के इस्लामिक शासन ने एक अभियान प्रारम्भ किया, जिसका नाम था **ब्लसिंग ऑफ़ टंप्रेरी मैरिज,** जिसका प्रचार-प्रसार रेडियो, टेलीविज़न, समाचार पत्र और लोगों के बीच जाकर किया गया।[34] उसमें हिजाब के प्रसार के बाद मुताह को प्रचारित किया गया। ये सब कुछ दार-एस-सलाम में जमात की निगरानी में हुआ था, जिनके नियन्त्रण में ग़रीब मुसलमान औरतें थीं। वही की एक नारीवादी पत्रकार फ़ातिमा जाफ़र कहती हैं कि बहुत से अमीर इथना-अशारी मुसलमान अब मुताह कर रहे हैं और उनका घर युद्ध का मैदान बन गया है, परन्तु ग़रीब औरतें जो जमात से विभिन्न प्रकार का लाभ उठाती हैं, वे खुल कर इस मुद्दे पर सवाल नहीं कर पा रही, जब भी उन औरतों ने जमात में जाकर इस पर सवाल उठाया, तो उन्हें कहा गया कि यह ठीक है। एक अन्य ग़रीब महिला रुखसाना बानो, जिनके दूसरे पति ने मुताह कर लिया और वह उसके साथ हिंसक व्यवहार करता है। रुखसाना को अन्त में पति ने तलाक़ दे दिया।[35] यहाँ एक बात और ध्यान देने वाली है कि जिस ईरान के रोल मॉडल को तंजानिया ने अपनाया उस ईरान के फैमिली प्रोटेक्शन लॉ 1967 में मुताह या अस्थायी शादी का ज़िक्र ही नहीं था। बाद के दिनों में राज्य द्वारा फैमिली रिफार्म बिल संसद ने प्रभावी तरीक़े से लागू किया, जिसमें यह कहा गया कि अस्थायी विवाह पूर्ण रूप से प्रतिबन्धित कर दिया गया है।[36]

इसका एक दूसरा पक्ष भी सामने है। कुछ मध्यम और उच्चवर्गीय महिलाएँ, जो इस तर्क को सही स्वीकार करती हैं कि पुरुष अपनी यौन इच्छाओं को नियन्त्रित नहीं कर सकते। वे यह भी कहती हैं कि पुरुष महिलाओं को संरक्षण देते हैं, इसलिए मुताह, विधवा और तलाक़शुदा महिलाओं के लिए अच्छी बात है, उनसे विवाह कर पुरुष महिलाओं को समाज में प्रतिष्ठित स्थान देते हैं। वे महिलाएँ इस बात पर अधिक ज़ोर देती हैं कि पत्नी के अलावा भी पुरुष को अपने यौन आनन्द के लिए सम्बन्ध बनाने की अनुमति है। दार-एस-सलाम की ही एक उच्च शिक्षित परिवार की महिला वहीदा लालजी का कहना है—

इन दिनों केवल अमीर आदमी मुताह कर रहे हैं और उनसे ये अपेक्षा की जाती

है कि वे अपनी मुताह पत्नी और बच्चे की सही देखभाल करें, परन्तु वे ऐसा नहीं कर रहे हैं। वे केवल अपने यौन आनन्द के लिए मुताह कर रहे हैं, लेकिन कम-से-कम वे व्यभिचारी तो नहीं हैं। मुताह की अनुमति हदीस में है।[37]

उपरोक्त तर्क के अतिरिक्त ऐसी महिलाएँ भी हैं, जो इसे वेश्यावृत्ति कहने से भी नहीं डरती और तर्क देती हैं कि कोई पुरुष कैसे किसी महिला को विवाह कर प्रतिष्ठित स्थान देगा। हमें अपने आप समाज में प्रतिष्ठित स्थान प्राप्त है।[38]

ईरानी राष्ट्रपति रफसनजानी ने एक सभा में कहा था कि यौनिकता के बारे में सहज ज्ञान हमे ईश्वर ने दिया है। अपनी यौन इच्छा को स्वयं पूरा करने से परहेज करना है, यह शानदार उपलब्धि नहीं, बल्कि गुनाह और इस्लाम के विरुद्ध है। वे सुझाव देते हैं कि युवा लड़कों और लड़कियों को कुछ दिनों के विवाह के प्राइवेट कॉन्ट्रैक्ट में जाना चाहिए। उनकी इस बात का जवाब वहाँ की एक नारीवादी पत्रिका **जैन-आई-रूज़** (आधुनिक महिला) ने यह कह कर दिया कि ऐसा नहीं लगता कि एक महिला और पुरुष सिर्फ़ अपनी यौन इच्छा की सन्तुष्टि के लिए कुछ समय का विवाह करें। विवाह में प्रेम के स्थान को नज़रअन्दाज नहीं किया जा सकता। इसके अतिरिक्त अनेक मनोवैज्ञानिक, नैतिक, स्थिरता, स्वच्छता सम्बन्धी सवाल भी महिलाओं की यौनिकता से जुड़े हैं। मुताह विवाह में शामिल होने वाली महिला को भरण-पोषण और विरासत का भी कोई अधिकार नहीं है।[39]

मुताह को उत्प्रेरित करने वाले अहम तत्त्व है धर्म, धर्म सत्ता, राज सत्ता और अन्धविश्वास एवं भय। धर्म का हवाला देने के बाद भी यह बात सामने आयी कि मुताह को पैगम्बर मोहम्मद ने अपने जीवनकाल में प्रतिबन्धित कर दिया था। उसके बाद के दौर की राजसत्ता व धर्म सत्ता ने भी मुताह पर सवाल किया और एक बड़े वर्ग ने इसकी पैरवी भी की, परन्तु धर्म सत्ता और राज सत्ता के गठजोड़ में मुस्लिम समुदाय का एक अल्पसंख्यक वर्ग इस बात से असहमत होता रहा कि मुताह को बन्द कर दिया जाये। उनके अपने तर्क भी है, जैसे यदि इसका उल्लेख मुस्लिम की पवित्र पुस्तक कुरान में मिलता है, तो इसे कोई भी व्यक्ति बन्द करने का अधिकार नहीं रखता।

ईरान और तंजानिया में हुई बहस, जिसे राज सत्ता ने भी पूरी तरह पोषित किया, और जड़ों की तरफ़ लौटने की वकालत की। उसके परिणामस्वरूप में मुताह को 1970 के दशक के बाद लगभग पुनर्स्थापित किया हुआ। इस सबके बीच महिलाओं की मिली-जुली प्रतिक्रिया सामने आती रही। धर्मसत्ता से जुड़ी महिलाएँ इसके पक्ष में

पैरोकारी करती रहीं, वहीं एक अन्य समूह की महिलाएँ 21वीं सदी में इसे वेश्यावृत्ति का दर्जा देती रहीं। हम कह सकते हैं कि महिलाओं के संघर्ष से उभरी आवाज़ भी किसी हद तक मुताह के लिए बाधक बनी। इसके अतिरिक्त समाज में महिलाओं और पुरुषों का एक वर्ग तैयार हुआ, जो तर्कशील विवेकवान व महिला अस्मिता के प्रश्न उठाता रहा। ऐसे बहुत से तर्क सामने आये, जिसने समाज पर एक दबाव बनाने का काम भी किया, महिलाओं ने अपने साथ हुई मुताह की घटनाओं को, जिसमें उन्हें धोखे से मुताह में फँसा दिया गया था, खुल कर बताया। इस तर्क-वितर्क, जिसके अनुसार यह कुरान में है या नहीं अथवा शिया-सुन्नी इसे किस प्रकार मानते हैं, महिलाओं की निगाह से भी देखने का समय आया कि उन पर इस प्रकार के विवाह का क्या असर पड़ा, इसी ने एक नयी बहस का प्रारम्भ भी किया।

हम देखें तो, आदिकाल से जब मानव जीवन समाज और सभ्यता में परिवर्तित हो रहा था, तब भी किसी-न-किसी रूप में वेश्यागमन को मान्यता मिली रही। समय के साथ विकसित होते समाज ने कई ऐसे क़दम उठाये, जिससे कई कुरीतियों को नियन्त्रित व समाप्त किया जा सके। नियन्त्रण कितना भी हो मानव अपनी जिज्ञासाओं को शान्त करने के लिए उसे धर्मानुकूल बनाने का प्रयास करता रहा है। मुताह भी उसी का एक प्रकार है। इसी भावना जिज्ञासा को तृप्त करने का एक प्रयास है। राज्य, समाज और धर्म के प्रतिबन्ध के बावजूद इसका उपयोग व दुरुपयोग होता रहा है एवं होता रहेगा। हमारे समाज ने किराये की औरत (मुताह) से लेकर किराये की कोख (सेरोगेसी) और बाद में स्वेच्छाचारी सम्बन्ध (Live-in Relation) का भी सफ़र तय किया है। उसी प्रकार कई देशों ने वेश्यावृत्ति को भी सामाजिक और विधिक मान्यता दी है, तो ऐसे में अपने-अपने तर्कों और विश्लेषणों के साथ मुताह का भी सदुपयोग व दुरुपयोग होता है।

3.3-भारत में मुताह का ऐतिहासिक परिदृश्य

(अरबी-कल्याणम् और शेख़ विवाह के विशेष सन्दर्भ में)

भारत में मुताह का ऐतिहासिक सन्दर्भ क्या है, इसे समझने के लिए ज़रूरी है कि भारत और अरब के ऐतिहासिक रिश्तों को समझा जाये। संस्कृति, सभ्यताएँ, परम्पराएँ व विभिन्न प्रकार के अभ्यास किस प्रकार लम्बा सफ़र तय करते हैं? यह इस बात पर निर्भर करता है कि उन रिश्तों में इंसानी आमद कितनी और किस प्रकार की है। सांस्कृतिक आदान-प्रदान किस प्रकार का है। अरब और भारत के

बीच सम्बन्ध हमेशा से ही बहुत घनिष्ठ रहे हैं। उसी घनिष्ठता में दोनों सभ्यताओं के बहुत से चलन और परम्पराओं का भी आदान-प्रदान होता रहा है। भारत-अरब सम्बन्धों को संक्षिप्त में यहाँ समझना ज़रूरी है–

भारत और अरब के ऐतिहासिक सम्बन्ध

यह जानना महत्त्वपूर्ण है कि भारत और अरब के आपसी सम्बन्धों की शुरुआत इस्लाम से नहीं, बल्कि व्यापार से हुई। इन रिश्तों को इतिहासकार लगभग पाँच हज़ार साल पुराना रिश्ता बताते हैं। हमारी सभ्यता के साथ अरब के रिश्तों को हड़प्पा और मोहनजोदाड़ो के समकालीन माना जाता है। हड़प्पा सभ्यता और दिलमुन सभ्यता के प्रमाण आज भी मौजूद है।[40] विज्ञान और शिक्षा जगत में भी भारत और अरब के सम्बन्ध बहुत घनिष्ठ रहे।

धार्मिक ग्रन्थों से प्राप्त सन्दर्भ भी ऐसा विश्वास करते हैं कि पहला मानव आदम (Adam) सीलोन (श्रीलंका) की ज़मीन पर उतरा और भारत से होता हुआ अरब पहुँचा और अन्ततः वह हउवा (Eve) से अरब के मक्का में मिला। धार्मिक पुस्तकों के स्रोत के मुताबिक आदम भारत के दजना (दक्षिण) में स्वर्ग से उतरा था, उसका पहला क़दम श्रीलंका में पड़ा था, जो विशाल भारत का ही हिस्सा था।[41] ओल्ड टेस्टामेंट में ऐसे बहुत से उदाहरण मिलते हैं, जिसमें भारत और अरब के बीच समुद्रतटवर्ती व्यापारिक सम्बन्धों का हवाला सोलोमन के समय से भी मिलता है।[42]

इस्लाम पूर्व के अरब व्यापारी एक बिचौलिये के तौर पर भरूच, पाण्डिचेरी, यूरोप और अफ़्रीका के बीच के समुद्र को एलेकजेंड्रिया से जोड़ते थे। इंडो-अरब सम्बन्ध राजनीतिक विरोध से नहीं, बल्कि मित्रता से बढ़े। व्यापारियों का इस रिश्ते को बढ़ाने में बहुत ही अहम रोल रहा, इस कारण ही हमारे बीच सांस्कृतिक और बौद्धिक घनिष्ठता बढ़ी।

काज़ी अतहर मुबारकपुरी[43] व मौलाना सैयद सुलेमान नदवी[44] जो हफीज इब्ने हाजर और हफीज स्योती के कामों का और अनेक हदीसों का हवाला देते हुए कहते हैं कि भारतीय वस्तु जैसे सुगन्ध, कर्पूर, अदरक, गहरे लाल रंग, मिर्च, लकड़ी, तलवार और कपड़े बहुतायत से अरब में इस्तेमाल होते थे। यहाँ तक कि पैगम्बर मोहम्मद और उनके साथी भारतीय वस्तुओं को बहुत पसन्द करते थे। अनेक सन्दर्भ भारतीय वस्तुओं के बारे में हदीसों में मशहूर है।

दूसरी तरफ़ बहुत-सी अरबी वस्तुएँ भारत में आयात की जाती थीं। जैसे–ताड़

(Palm) और घोड़े बसरा से मँगवाये जाते थे। श्रीलंका के राजा शराब ईराक से आयात कराते थे। क़ीमती हीरे, जवाहरात और मछलियाँ भी भारत में आयात होती थीं। इसके अतिरिक्त एक और महत्त्वपूर्ण बात यह है कि बहुत से ख्यातिप्राप्त अरब परिवार अभी भी अपने उप-नाम (Sir-Name) में अल-हिन्द लगाते हैं, ये अभी भी बहुतायत से अरबी महिलाओं में प्रयोग किया जाने वाला उप-नाम रहा।[45]

भारतीय, जिन्होंने अरब देशों में भ्रमण किया, उनमें बुद्धिजीवी, वैज्ञानिक, चिकित्सक, खगोलशास्त्री, कलाकार आदि प्रमुख थे। अरब-राष्ट्र का बड़ा बौद्धिक केन्द्र बगदाद था, जो बौद्धिक और सांस्कृतिक गतिविधियों के लिए अत्यन्त ही लोकप्रिय था।[46] बहुत से सिन्धी-मुस्लिम विद्वानों को इस्लामी धर्मशास्त्र सीखने के लिए मक्का भी भेजा जाता था, उसी प्रकार वहाँ से भी अरब मुस्लिम विद्वान भारत आकर गणित, विज्ञान, खगोल विज्ञान, दर्शनशास्त्र आदि सीखते थे।[47] आदान-प्रदान के इस सिलसिले का ही प्रभाव है कि आज भी बहुत से भारतीय शब्द जैसे सन्दल (चन्दन) ताम्बूल (पान), तंजील (नारियल) आदि अरब में बहुत लोकप्रिय और अहुतायत से इस्तेमाल किये जाने वाले शब्द हैं।

भारतीय दर्शन की ऐतिहासिक सत्यता यह भी है कि यहाँ सहनशीलता के साथ सभी धर्म, जाति, वंश, प्रजाति को साथ-साथ फलने-फूलने का अवसर उपलब्ध रहा। भारत और अरब का एक दूसरे पर परस्पर प्रभाव बहुत ही क्रियाशील, घनिष्ठ, बहुआयामी और ऊर्जा से भरपूर रहा। जिसका प्रभाव दोनों स्थानों पर आज भी है।

भारत से इत्र और मसालों के व्यापार का उल्लेख कई बार किया जाता है, जो बहुत पुराना व्यापारिक सम्बन्ध माना जाता है। व्यापार के कारण ही बहुत से अरब व्यापारी भारत के दक्षिण तटीय इलाक़ों में स्थायी और कुछ अस्थायी तौर पर बस गये थे और निरन्तर व्यावसायिक सम्बन्ध क़ायम रहे तथा दोनों ही देश एक दूसरे को प्रभावित भी करते रहे। यह प्रभाव भांषा और संस्कृति के स्तर पर भी रहा। बहुत-सी वस्तुए भारत से अरब में प्रवेश हुई। जो वस्तुएँ भारत से अरब में प्रवेश हुई, उनके उद्‌गम स्थान के रूप में उनमें अल-हिन्द जोड़ा गया। यहाँ की तलवार अरब में बहुत प्रसिद्ध हुई, वे इसे हिन्दी हिन्दवानी और मोहन्नद कहते थे।[48]

छठी-सातवीं शताब्दी तक आते-आते भारत-अरब रिश्ते काफ़ी मज़बूत हो चुके थे। सांस्कृतिक आदान-प्रदान बढ़ने के साथ ही अब भारत में इस्लाम का आगमन भी हो गया था। इस्लाम के आने के बाद सन् 629 में इसी रिश्ते ने पहली मस्जिद की बुनियाद रखी। यह मस्जिद केरल के त्रिशूर ज़िले के मिठाला शहर में बनायी गयी।

कहा जाता है कि यह एक पुराना बौद्ध मन्दिर था, जिसे तोहफ़े में अरब के लोगों को दे दिया गया। इस तथ्य के बारे में कहानियाँ और भी हैं। पैगम्बर मोहम्मद की मृत्यु से भी तीन साल पहले यह मस्जिद बन चुकी थी और चौदह सौ साल पहले बनी यह मस्जिद आज भी कायम हैं। जिसे लोग चेरामन जुमा मस्जिद कहते हैं। जो इस बात की याद दिलाती है कि भारत में हमेशा से ही कितनी तहजीबों और सभ्यताओं का आना-जाना एवं उनमें घुल-मिल जाना और इन्हें स्वीकार किया जाना क़ायम रहा। बताया यह भी जाता है कि उस दौर के अन्तिम चेरा राजा राम वर्मा कुलशेखर थे, जिन्होंने इस्लाम अपनाया। बाद में चेरा राजा चेरामन पेरूमल मक्का तक गये और वहाँ उन्होंने कुछ लोगों से कहा कि वे आकर उनके राज्य में इस्लाम का भी प्रचार-प्रसार करें। उन्हीं के कहने पर मलिक बिन दीनार और मलिक बिन हबीब भारत आये। कहते हैं कि मलिक बिन दीनार ने ही यह मस्जिद बनवायी, हालाँकि इसके शिल्प पर हिन्दू मन्दिरों की भी छाप है। सबसे ख़ास बात यह है कि यहाँ हज़ारों साल से एक दीपक जलता है, जिसमें कभी सभी धर्मों के लोग तेल डालते रहे हैं अर्थात भारत की पहली मस्जिद चेरामन जुमा मस्जिद अब तक अलग-अलग आस्थाओं को जोड़ रही है।[49]

जैसा कि ऊपर बताया गया है कि अरबों और भारतीयों के मध्य व्यापार का रिश्ता सदियों पुराना रहा। अरब के कारोबारी इधर मालाबार के इलाक़े में आकर व्यापार करते थे, जो दक्षिण एशिया और दक्षिण पूर्व एशिया के बन्दरगाहों को जोड़ता था। अरबों ने सिन्ध में अपनी तकनीकि की मदद से कुछ उद्योगों की स्थापना भी की तथा कृषि के क्षेत्र में भी कुछ नयी तकनीकि का प्रयोग किया था। धीरे-धीरे सिन्ध में अरबों की स्थिति काफ़ी महत्त्वपूर्ण हो गयी। बड़ी संख्या में अरब व्यापारी, यात्री, धर्मप्रचारक आये और बस गये। अरब एक व्यापारी समुदाय के तौर पर दक्षिण के विभिन्न हिस्सों में कोंकड़ (महाराष्ट्र), मालाबार (केरला) और दूसरे बहुत से तटीय क्षेत्र आन्ध्र प्रदेश, तमिलनाडु और मैसूर के क्षेत्रों में रहने लगे। लम्बी दूरी और मूल्यवान वस्तुओं के व्यापार ने भी सांस्कृतिक रिश्तों को प्रेरित किया। भारत एक ऐसा देश रहा, जिसमें अनेक सभ्यताएँ समाहित होती गयी।[50]

आठवीं शताब्दी के प्रारम्भ में मुस्लिम, हिन्दू समुदाय के बारे में जानने में बहुत रुचि रखते थे। इस उद्देश्य को पूरा करने के लिए अब्बासी ख़लीफ़ाओं हारुन-अल-रशीद व मामून द्वारा एक शिक्षण संस्थान की भी स्थापना की गयी थी, ताकि अपनी पूर्व विरासत को जाना जा सके। उन्होंने भारत से पण्डितों को

आमन्त्रित किया, जिन्होंने उदारतापूर्वक गणित, औषधि, खगोलशास्त्र, तत्त्वविज्ञान अंथवा अध्यात्म की शिक्षा दी। अरबिक अंक, जिसे दुनिया इस समय जानती है, वह भारतीय दर्शन की ही देन है। 1048 ईस्वी में इस्लामिक विद्वान अल-बैरुनी का भारत आना और उनके लेखन में भी भारत-अरब रिश्तों से सांस्कृतिक योगदान का काफ़ी वर्णन मिलता है। अरबों ने इस्लाम के आने के बाद भारत के बहुत से वैज्ञानिक विचारों का अरबी में अनुवाद भी कराया।[51]

यह रिश्तों की घनिष्ठा की एक छाप रही, परन्तु जब व्यापार के सिलसिले में लम्बे समय तक अरब के लोग भारत में रहने लगे, तब उनके बीच सामान्य शादी-ब्याह के रिश्ते भी क़ायम हुए। कुछ रिश्ते स्थायी रहे, नातेदारियाँ भी क़ायम हुईं, परन्तु इसके साथ ही अरब में इस्लाम पूर्व से ही प्रचलित मुताह का रिवाज भारत के केरल तक आ गया। अरब के लोग बन्दरगाहों पर सामान के आयात निर्यात के सिलसिले में कई-कई महीनों तक अस्थायी तौर पर रुकते, अपने परिवारों से दूर रहते और यहाँ के ग़रीब मुस्लिम परिवारों की लड़कियों से मुताह कर लेते। हम कह सकते हैं कि जितना पुराना अरब और भारत का रिश्ता है, उतना ही पुराना मुताह विवाह का प्रचलन भारत में है, लेकिन यह हमेशा पर्दे में था, परिवार ऐसा करने में शामिल रहे, क्योंकि तटीय इलाक़ों में मुस्लिम ग़रीब थे, यहाँ मेहर की रक़म मामूली थी, परन्तु दहेज का चलन ज़्यादा था। अरबों में मेहर देने का चलन ज़्यादा था और दहेज लेने का चलन नहीं था, यही बड़ा प्रलोभन बना ग़रीब मुस्लिम परिवारों का अरबी विवाह की ओर आकर्षित होने का। परिवारों को एक बड़ी रक़म, जिसकी उन्होंने कभी कल्पना भी नहीं की थी, मेहर के रूप में मिलने लगी। हाँ, इसमें बेटियाँ हमेशा ही प्रताड़ित रहीं, उन्हें अपने पिता की आयु के आदमी से विवाह करना पड़ता, उन्हें भावनात्मक रूप से अकेला व असन्तुष्ट रहना पड़ता, सम्बन्ध भी एक निश्चित समय के लिए ही होता, रिश्ते में भाषा भी एक बड़ी बाधा रहती, वर केवल अरबी भाषा जानता और वधू केवल मलयालम, वे मात्र सम्भोग कर सकते थे, जिसके लिए भाषा की ज़रूरत नहीं थी, वास्तव में यह एक अलग प्रकार का देह व्यापार बन गया।[52] बेटियों की आवाज़ लम्बे अरसे तक बाहर नहीं आ सकी। इसलिए यह कभी मुद्दा ही नहीं बना। लड़कियाँ कई-कई बार मुताह में दी जाने लगीं। भारत की स्वतन्त्रता के बाद से बीते 70 सालों में भी यह सिलसिला यूँ ही चलता आ रहा है। पिछले कुछ सालों में कुछ लड़कियाँ इसके ख़िलाफ़ खड़ी हुईं तब इस पर चर्चा प्रारम्भ हुई अन्यथा धर्म के नाम पर इसे स्वीकृति प्राप्त होती रही।

अरब में आज भी कुरान के नियम के मुताबिक लड़की विवाह सम्बन्ध में जाने के लिए मुँह माँगी मेहर ले सकती है, परन्तु भारत में कुरान के इस नियम का व्यावहारिक रूप में कभी भी प्रयोग नहीं हुआ। कह सकते हैं कि यहाँ की अन्य संस्कृतियों का प्रभाव भारत के मुस्लिम समुदाय पर रहा। शायद इसीलिए कुरान में बताये गये विवाह के नियमों का कभी भी पूर्णरूप से पालन नहीं हो सका। भारत में इसकी शुरुआत ही ग़रीब परिवारों को सपने दिखा कर हुई। अरबों ने केरल के तटीय इलाक़ों में ग़रीब मुसलमानों की स्थिति को भाँपते हुए उन्हें सम्पर्क किया, वे परिवार, जो पहले से ही दहेज की मोटी रक़म न दे पाने के कारण अपनी बेटियों की शादी नहीं कर पा रहे थे, उनकी बेटियों से विवाह किया, उन्हें मेहर में काफ़ी पैसे दिये गये, सोने-हीरे के जेवर और परिवार की आर्थिक मदद की गयी। उनकी बेटियों से मुताह किया, ग़रीबों की ज़िन्दगी में अचानक बड़े बदलाव आ गये। परिवार की आर्थिक स्थिति रातोरात बदल गयी। कुछ दिनों के लिए जन्नत के ख़्वाब में जीने के बाद ज़्यादातर अरब उन लड़कियों को छोड़कर अपने देश चले गये और वही से उनके ख़्वाब हमेशा के लिए ख़त्म हो गये। लड़कियाँ इन्तज़ार करती रहीं और वे कभी लौट कर नहीं आये। ध्यान देने वाली बात यह भी है कि भारत में इस्लाम का प्रचार-प्रसार अरबों के आगमन के कारण ही हुआ, कुरान के आदर्शवाद को भी भारत ने अरबों के जरिये ही ज़ाना, लेकिन साथ-ही-साथ इस्लाम पूर्व की प्रथा मुताह के विवाह भी यहाँ अरबों द्वारा किये जाते रहे। ये विवाह हमेशा से ही बेमेल रहे। जैसे 50 साल का लड़का और 15 साल की लड़की से विवाह कर दिया जाना। अरब से आये लोगों द्वारा भारत की लड़कियों से किया जाने वाला मुताह विवाह ही **अरबी कल्याणम** कहलाया। वर के मूल निवास से जोड़ कर इस विवाह का नाम अरबी कल्याणम रखा गया। अरबी कल्याणम शब्द पूरी तौर पर भारतीय (केरल) है, कल्याणम मूलरूप से संस्कृत का शब्द है, जिसका अर्थ होता है विवाह। केरल में अन्य स्थानों से आने वाले पुरुष, जिन्होंने वहाँ आकर विवाह किया, उसे भी वर के मूल निवास के नाम से ही जाना गया। जैसे—मैसूर कल्याणम, माले कल्याणम, तमिलनाडु कल्याणम, हरियाणा कल्याणम आदि। इस प्रकार के विवाह के मामले आज भी आ रहे हैं। 2013 में भी एक ऐसे ही विवाह का पर्दाफाश हुआ, जब रस-अल-खमह (संयुक्त अरब अमीरात) का निवासी जासिम मोहम्मद अब्दुल करीम ने कोझीकोड की एक नाबालिग लड़की से मुताह किया और दो हफ़्ते का समय बिताने के बाद अपने देश चला गया और वहाँ से फ़ोन पर तलाक़ दे दिया था।

लड़की ने इसका विरोध किया, तभी यह केस प्रकाश में आया। इसी प्रकार एक और मामला मल्लापुरम ज़िले के नीलाम्बर का, जिसमें एक सउदी नागरिक ने चार दिन के लिए विवाह किया और उसके बाद ग़ायब हो गया। इसी प्रकार अनेक मामले ग़ैर-सरकारी तरीक़े से रिपोर्ट किये जाते रहे हैं मलप्पुरम और कोझीकोड ज़िले में हाल के वर्षों में ग़ैर-सरकारी तरीक़े से अरबी कल्याणम के दस से अधिक मामले सामने आये। अरबी कल्याणम आज एक ख़ौफ़ज़दा करने वाला शब्द बन गया है। यह कुप्रथा कोझीकोड, मल्लापुरम, कन्नूर, कासरगोड और यहाँ तक कि राजधानी तिरुवनन्तपुरम जैसी जगहों में भी प्रचलित है। ग़रीब परिवारों की आर्थिक स्थिति में इस विवाह द्वारा चमत्कृत रूप से आये बड़े बदलाव, उनके जीवन स्तर का अचानक से बदल जाना यह आकर्षण का केन्द्र बन गया तथा ऐसे विवाह को ग़रीब समाज में जगह मिलती चली गयी। हाँ, लड़की के बारे में कभी नहीं सोचा गया।

स्थानीय युवाओं के मोटे दहेज की माँग को पूरा करने में अक्षम लड़कियों के माता-पिता कई बार विवाह तय कराने वाले पेशेवरों के झाँसे या समुदाय के बुजुर्गों के दबाव में आकर विदेशी दूल्हों के चक्कर में फँस जाते हैं। परिवारजनों को अपनी बेटी की शादी के लिए राजी करने को और इस प्रकार के विवाह को अंजाम देने के लिए समय के साथ ही दलालों का अवतरण हो गया, जो स्थानीय थे और अरबों के लिए बिचौलिये की भूमिका निभाते, उनसे पैसे कमाते। बिचौलिये स्थानीय ग़रीब परिवारों पर नज़र रखते, दुल्हनों के आगे सुन्दर परिधानों और सोने के गहनों जैसे महँगे उपहारों का अम्बार लगा दिया जाता। ग़रीब की आँखों में चमक लाने के लिए पहले भी इतना काफ़ी था और आज भी। विवाह के बाद ये कुछ दिनों या कुछ हफ़्तों तक हनीमून मनाते और उसके बाद दूल्हा अपनी नवविवाहिता नाबालिग (अधिकतर मामलों में) दुल्हन को लम्बे दुख और आँसुओं के साथ उसके घर छोड़कर चला जाता। कई मामलों में तो गर्भवती लड़की को छोड़ा जाता और बाद में उसे अकेले ही बच्चे की परवरिश करनी पड़ती है। कई लड़कियाँ बाद में अपनी रोजी-रोटी कमाने के लिए वेश्यावृत्ति करने को भी मजबूर हो जाती हैं। वैश्विक शिक्षा और सामाजिक सूचकांक के सराहनीय प्रयास और वृद्धि के बावजूद केरल में वंचित वर्गों की महिलाएँ आज भी **अरबी कल्याणम** जैसी इस कुप्रथा का शिकार हो रही हैं।

प्राथमिक स्त्रोतों से प्राप्त कुछ जानकारी के आधार पर यह भी सामने आया कि केरल में मुस्लिम समुदाय के साथ ही आदिवासियों की नाबालिग लड़कियाँ भी 'सीमापार विवाह' के नाम पर शोषित हो रही हैं। भले ही मुस्लिम लड़कियों

की बनिस्बत उनकी संख्या कम हो, उन्हें बिना उनकी मर्ज़ी के दूसरे देश या दूसरे राज्य से आये लोगों के साथ विवाह कर दिया जाता है और उसके बाद उनका क्या हाल हुआ, इसके बारे में किसी को कोई ख़बर नहीं रहती, राज्य सरकार के पास भी ऐसा कोई आँकड़ा उपलब्ध नहीं होता, जो इसकी सटीक जानकारी दे सके।[53] वे लड़कियाँ फिर कहाँ-कहाँ एवं कितने हाथों को बेची जाती हैं, न भारत में, न ही अरब में, इसका कोई दस्तावेज़ उपलब्ध हो पाता है। मात्र जो केस सामने आता है, उसमें थोड़ी कार्रवाई होने के बाद मामला शान्त। दशकों से चल रहे जागरूकता अभियान तथा ज़मीनी स्तर पर कार्रवाई के बावजूद इसमें सुधार नहीं हो पाया है। इसके अनेक कारण हैं, जिनमें से प्रमुख है धर्म, जिसकी चादर से बाहर ऐसे मुद्दों को खींच कर लाना कठिन होता है, निजी मामला कहकर बहुत कुछ रफ़ा-दफ़ा किया जाना अभी भी जारी है।

कोझीकोड में 'एनआईएसए प्रोग्रेसिव मुस्लिम वुमेंस फोरम' नामक संस्था चलाने वाली ज़ोहरा अरबी कल्याणम के बारे में कहती हैं कि इस प्रकार की शादियाँ समाज के लिए ख़तरा हैं। क़ानूनी ख़ामियों की वजह से यह कुप्रथा आज भी जारी है, जिसका परिणाम यह होता है कि नाबालिग विधवाएँ और माताएँ अपनी बाक़ी की ज़िन्दगी कभी न ख़त्म होने वाले दुख के साथ जीने को मजबूर हैं।

केरल राज्य महिला आयोग की ओर से किये गये एक अध्ययन के अनुसार **मैसूर कल्याणम की नौ हज़ार से अधिक पीड़ितों में से 2,500 को उनके पतियों ने छोड़ दिया था और क़रीब तीन सौ पीड़िताएँ लापता हैं।** इस अध्ययन में पाया गया कि इस तरह के अधिकतर विवाह केरल के मल्लापुरम, त्रिशूर और कोझीकोड ज़िले में हुए।

मलप्पुरम जिले की वी.यू. अमीरा (2016) द्वारा किये गये एक शोध के मुताहबिक, अरबी कल्याणम ने ही मैसूर कल्याणम का रास्ता पक्के तौर पर बनाया, जहाँ से इस प्रकार के दूल्हों का आगमन होने लगा, जो मामूली या बिल्कुल भी दहेज नहीं लेकर विवाह करने के लिए सामने आये, इस मुद्दे पर सन् 2003 में बनी एक स्थानीय फ़िल्म (पद्म ओन्नू ओरू विलापम) में भी इसे दर्शाया गया है कि ऐसे विवाह में लड़की को दोबारा अपने मायके भेजा जाता है दहेज की रक़म लाने के लिए और उनमें से अधिकतर कभी वापस नहीं आतीं, ज़्यादातर लड़कियाँ 18 वर्ष से कम की उम्र की ही होती हैं। उनमें से कुछ ग़ुलाम की तरह काम करती रहती हैं और कुछ को देह व्यापारियों तक पहुँचा दिया जाता है और कुछ को उनके

पतियों की दूसरी पत्नी के तौर पर जबरन समायोजित करा दिया जाता है। मैसूर कल्याणम की ज़्यादातर पीड़िताएँ केरल के वायनाड और मलप्पुरम जिले की हैं, जो ग़रीब खेतिहर मज़दूरों की बेटियाँ हैं। रिपोर्ट के मुताबिक 10 हज़ार से अधिक ग़रीब लड़कियाँ मलप्पुरम ज़िले के निलाम्बर इलाक़े से हैं, जो मैसूर की मलिन बस्तियों तथा कर्नाटक के अन्य शहरों में ब्याह दी गयी हैं और जिनकी तकदीर उन्हें कीचड़ में खींच लायी। कष्ट सहने को तथा उन लोगों के साथ, जिनसे उनका भाषा की समानता के सिवा कुछ भी नहीं। बड़ी और गम्भीर बात यह भी है कि बिना किसी जाँच-पड़ताल के मस्जिद कमेटियाँ इस प्रकार के विवाह को आयोजित करती हैं और उन पर मुहर लगाती हैं, जबकि उनमें से अधिकतर लोगों का पहले से विवाह हुआ होता है और उनके बच्चे भी होते हैं। वी.यू. अमीरा कहती हैं, इस भयावह स्थिति पर सामाजिक कार्यकर्ता और समाज कल्याण संस्थाएँ ज़्यादातर ख़ामोश रहती हैं। इन लड़कियों को कष्टदायी एक अज्ञात खाई में ढकेल दिया जाता है। उनमें से अनेक को वेश्यालयों में बेच दिया जाता है और अनेक अपने घर में ही वेश्यालय खोलने को मजबूर होती हैं। मैसूर कल्याणम खाड़ी देशों से आये पैसे की एक शाखा है, जिसने केरल के लोगों की ज़िन्दगी में एक जादू जैसा किरदार निभाया और अलादीन के चिराग जैसी कहानी है, जिसमें अचानक अमीर हुए अरब के लोगों द्वारा दहेज की माँग को आसमान जितना ऊँचा उठा दिया, जो बिना खाड़ी पृष्ठभूमि वाले परिवारों के लिए दुखों का समुद्र भी बना। ऐसे में मैसूर के दूल्हे बिना दहेज की माँग के सामने आ गये, जो परिवारों के लिए तो राहत, लेकिन लड़की के लिए कभी न ख़त्म होने वाले आँसू बन गये। वह परिवार, जिन्हें अपनी दो-तीन बेटियों की शादी करनी है, वे लड़के की पृष्ठभूमि के बारे में कभी जाँच-पड़ताल नहीं करते और उसका नतीजा यह रहा कि उनमें से अधिकतर चोर, दलाल और पाकेटमार निकले।[54]

केरल के कुछ मामले जब रिपोर्ट किये गये, मैसूर कल्याणम के मामले भी सामने आने लगे, तंग गलियों से निकलते हुए ये मामले अख़बारों की सुर्ख़ियाँ बनने लगे, तो इसका केन्द्र केरल से बदल कर आन्ध्र प्रदेश के हैदराबाद पहुँच गया। यहाँ इसका नाम शेख-विवाह (Shekh marriage) या कॉन्ट्रेक्ट मैरिज पड़ गया। सब कुछ वैसा ही होता रहा बस नाम में तब्दीली आ गयी। केन्द्र बदला लेकिन लड़कियों का भविष्य नहीं। हैदराबाद में शेख़ मैरिज का सिलसिला भी कोई नया नहीं है। हैदराबाद के निज़ाम-उल-मुल्क की पूर्व राजशाही थी, जिसका विस्तार तीन

वर्तमान भारतीय राज्यों आन्ध्र प्रदेश, कर्नाटक और महाराष्ट्र में था। निज़ाम-उल-मुल्क, जिसे अक्सर संक्षेप में सिर्फ़ निज़ाम ही कहा जाता है और जिसका अर्थ उर्दू में क्षेत्र का प्रशासक होता है, हैदराबाद रियासत के स्थानीय सम्प्रभु शासकों की पदवी को निज़ाम कहा जाता था। निज़ाम 1719 से हैदराबाद रियासत के शासक थे और आसफ़ जाही राजवंश से सम्बन्धित थे। 1798 से हैदराबाद, ब्रिटिश भारत की रियासतों में से एक रहा, सात निज़ामों ने लगभग दो शताब्दियों 1719 से 1948 तक हैदराबाद पर शासन किया, लेकिन उसने अपने आन्तरिक मामलों पर अपना नियन्त्रण बनाये रखा था। इसी का प्रभाव कह सकते हैं कि विशेष रूप से सातवें निज़ाम मीर ओस्मान अली खान ने यमन के सैनिकों को अपनी फ़ौज में बड़े पैमाने पर रखा। ये अंगरक्षक के तौर पर भी बेहतर साबित हुए। निज़ाम का उन पर अटूट विश्वास था, ये सैनिक बहुत परिश्रमी, निष्ठावान, मूल्यवान तथा वफ़ादार थे। ये सैनिक ख़ासकर यमन के हद्रामौत (Hadramout) इलाक़े के थे, इन्हें हदरामी कहा जाता था। ये लोग चाउश समुदाय के थे। चाउश मूलतः तुर्की थे, जो ऑटोमन साम्राज्य में सेना अधिकारी के रूप में काम करते थे, जो अक्सर महलों की सुरक्षा का काम भी करते थे। ये हैदराबाद के बाहरी इलाक़ों में बैरेकों में रहते थे, ये बैरेक ही अब बारकस कहलाता है।[55] निज़ामशाही समाप्त होने के बाद भी लगभग तीन लाख यमनी मूल के भारतीय चाउश समुदाय हैदराबाद और आन्ध्र प्रदेश के अन्य शहरों एवं गुजरात, महाराष्ट्र तथा कर्नाटक के विभिन्न हिस्सों में बस गये।[56] इसने यहाँ स्थायी तौर पर बसने के साथ ही इस्लाम पूर्व अरब की यह परम्परा मुताह विवाह यहाँ भी जारी रखा। अरब में कई पत्नियों को रखना आम चलन है, वे अपने देश में विवाहित होने के बाद भी यहाँ की लड़कियों से कॉन्ट्रैक्ट मैरिज करते रहे, यहाँ भी ग़रीब मुस्लिम समुदाय ही इस प्रथा का शिकार हुआ और यह प्रथा हैदराबाद में आज भी जारी है। कह सकते हैं कि इस समय मुताह का सबसे बड़ा केन्द्र हैदराबाद ही है।

निष्कर्ष के तौर पर हम यह कह सकते हैं कि अध्ययन का महत्त्व इस बात में निहित है कि इस कुप्रथा के इतिहास को समझते हुए वर्तमान तक इसके सफ़र को देखा और समझा जाये तथा इस पर नियन्त्रण लगाने का प्रयास हो। मुस्लिम महिलाएँ जहाँ एक ओर अपने स्त्री अधिकारों से वंचित हैं तो दूसरी ओर तथाकथित धर्म के नाम पर भी उनका तरह-तरह से शोषण हो रहा है। मुसलमान औरतों के लिए यह बात बिल्कुल बेमानी हो जाती है। जब धर्म के नाम पर अनेक प्रथाओं का दंश

झेल रही वे औरत सवाल उठाती हैं तो फ़ौरन ही वैचारिक रूप से ख़त्म हो चुके ज़िन्दा ताबूत में तब्दील धर्मगुरु जो कौम की हर तरह से रहनुमाई का दावा करते हैं। ये कहने लगते हैं कि मुताह, हलाला, तीन तलाक़, मिसियार का ताल्लुक तो इस्लाम से है ही नहीं। यदि यही सच था, जिसे एकबारगी माना भी जाये तो पहले कभी उन्होंने इस ग़ैर-इस्लामी प्रथा पर रोक क्यों नहीं लगायी? अरबी कल्याणम को भी धर्मगुरुओं का पूरा समर्थन हासिल रहा, वे पितृसत्ता को पोषित करते हुए अपने समर्थकों को पुण्य पथ पर रहने के नाम पर बहुविवाह को भी समर्थन देते हैं और महिलाओं के मस्तिष्क को इस प्रकार तैयार कर देते हैं कि वे इन बातों को सही मानने लगती हैं। वे यहाँ तक कहते हैं कि बहुविवाह का समर्थन किया जाना चाहिए। क्यों किया जाना चाहिए, इसके बारे में यू.वी. अमीरा अपने अध्ययन में लिखती हैं कि क्योंकि जब पत्नी मासिक-धर्म से होती है, तब पति को तकलीफ़ झेलनी पड़ती है। बहुविवाह के समर्थन में पति उत्तेजित हैं, मासिक धर्म के समय सम्भोग से वंचित रहने की पीड़ा उसे महसूस होती है, जबकि महिलाएँ एक आह के साथ फँसी हुई हैं। वास्तव में धार्मिक नेताओं के जो अपने समुदायों में प्रभावशाली है तथा जो अपने स्वार्थ को पूरा करने के लिए धार्मिक सिद्धान्तों का पालन करते है। पितृसत्ता की असहिष्णुता और संकीर्णता की लपटों को भड़काते हैं, दूसरी ओर इन्होंने मुस्लिम महिलाओं को संकीर्णता, पितृसत्ता और धार्मिक रीति-रिवाजों के जाल में जकड़ दिया है।

मुस्लिम महिलाओं को यह सीखना होगा कि पर्दे के भीतर आँसू बहाने से अच्छा है कि अपने दिमाग़ पर डाले गये पितृसत्ता के पर्दों को उतार फेंकें और अपनी ख़ुद की पहचान को बाहर लायें। भले ही उसे नुकसान हो, पर उन्हें अपने विचारों का दम नहीं तोड़ना चाहिए, अपने संघर्ष को कमज़ोर नहीं करना चाहिए, उसे समर्पण करना बन्द करना चाहिए और उसके लिए उन्हें चेतना के साथ दृढ़ होना होगा। समय और समाज ने उनके साथ अब तक क्या किया है, इसे देखना होगा। धार्मिक गुरुओं की सनक और कल्पना के हिसाब से जीवन जीना बन्द करना होगा।

सन्दर्भ

1. **इमाम :** शिया समुदाय ने अपने प्रमुख को इमाम कहा। इनके अनुसार इमाम को प्रशासनिक-प्रमुख के साथ-साथ धार्मिक अधिष्ठाता भी माना जाता है। इमाम की नियुक्ति मोहम्मद साहब के पुरुषवंशजों में से की गयी। शिया समुदाय के अन्तर्गत इमाम का अस्तित्व अपरिहार्य है : ख़लीफ़ा-पद की तरह इसे समाप्त नहीं किया जा सकता है। शिया समुदाय की सामान्य धारण है कि बारहवें इमाम अभी परोक्ष रूप में विद्यमान हैं।

2. **ख़लीफ़ा :** सुन्नी सम्प्रदाय ने अपने समुदाय के प्रमुख को ख़लीफ़ा नाम दिया : ख़लीफ़ा के लिए चुनाव होता था। सुन्नियों के मतानुसार उनके समुदाय का प्रमुख (ख़लीफ़ा) धार्मिक-अधिष्ठाता न होकर केवल प्रशासनिक-प्रमुख होता था। उसका कार्य शरीयत के क़ानून को मात्र प्रशासित करना ही हुआ करता था। ख़लीफ़ा प्रथा सन् 1924 ई. में समाप्त हो गयी थी।
3. फ़ायदा उठाना (सुन्नी इसे दुनियावी ज़िन्दगी का फ़ायदा उठाना मानते हैं। औरत का फ़ायदा उठाना नहीं)
4. लुत्फ उठाना।
5. अरेबिक इंग्लिश लेक्सिकॉन, ई.डब्ल्यू. लेन, लन्दन, 1863, पृ. 2688
6. आठवें शिया इमाम।
7. इमाम जाफर अथवा इमाम जाफर अल-सादिक अथवा अल-सादिक छठे शिया इमाम थे।
8. कुरान (तर्जुमा अब्दुल्लाह यूसुफ अली)।
9. वसाएल अल-शिया, तेहरान, xiv, 452
10. कुरान (तर्जुमा अब्दुल्लाह यूसुफ अली)
11. इस्लाम में महिलाओं का सबलीकरण, प्रकाशक : विमेंस रिसर्च एंड एक्शन ग्रुप, मुम्बई, 2009, पृ. 103
12. उपरोक्त।
13. द प्रिंसिपल्स ऑफ़ मोहम्मडन ज्यूरिसप्रूडेंस, प्रकाशक : के लॉ रिपोर्ट्स (केएलआर) लाहौर, 1926, पृ. 7
14. एक तरफ़ कुरान की आयत 4:3 है, जो इस बात पर ज़ोर देती है कि अन्याय न होने पाये, दूसरी ओर कुरान की आयत 4:24 है, जिसका उल्लेख आगे किया जा चुका है, जो शिया मतानुसार मुताह की इजाज़त देती है। ये बातें आपस में बहुत विरोधाभासी हैं। पूरी तरह समझ में नहीं आती। मानव गरिमा के प्रश्न धार्मिक पुस्तकों से नहीं स्वविवेक से ही तय हो सकते है, विशेष कर स्त्री गरिमा के प्रश्न।
15. **कुरान :** सूरा 4 आयत 3
16. **कुरान :** सूरा 4 आयत 129
17. इस्लाम में महिलाओं का सबलीकरण, प्रकाशक : विमेंस रिसर्च एंड एक्शन ग्रुप, मुम्बई, 2009, पृ. 104
18. सन्दर्भ पुस्तक सनन-अल-दरम, द टेडीशंस ऑफ़ अल-दरम, vol. 2 64 (1966)
19. आर.के. सिन्हा : मुस्लिम विधि, vol. 5, पेज न. 62, प्रकाशक : सेंट्रल लॉ एजेंसी, इलाहाबाद, 2006. डॉ. आर.के. सिन्हा : मुस्लिम विधि, vol. 5, पृ. 62, प्रकाशक : सेंट्रल लॉ एजेंसी, इलाहाबाद, 2006
20. आर.के. सिन्हा : मुस्लिम विधि, vol. 5, पेज न. 62, प्रकाशक : सेंट्रल लॉ एजेंसी, इलाहाबाद, 2006; डॉ. आर.के.सिन्हा : मुस्लिम विधि, vol. 5, पृ. 19-24, प्रकाशक : सेंट्रल लॉ एजेंसी, इलाहाबाद, 2006
21. हजरत मोहम्मद के प्रवचन, शिक्षा, मार्गदर्शन को सुन्नत के अनुसार इसे मोहम्मद की परम्पराओं और सभाओं का पक्षधर भी कहा जाता है।
22. मोहम्मद की निकटतम सम्बन्धी न तो उनकी बेटी फातिमा और न ही पत्नी आशया को उत्तराधिकारी बनाया गया। इससे यह स्पष्ट होता है कि औरत का स्थान मर्द के बराबर नहीं था।
23. इस बिन्दु पर कि अभिभावक अवयस्क का मुताह करा सकते हैं कि नहीं विद्वानों के अलग अलग विचार है। कुछ विद्वान यह भी लिखते हैं कि नाबालिग से मुताह की आज्ञा उसके पिता या दादा द्वारा दी जा सकती है और नाबालिग का भी मुताह हो सकता है।

24. इस बिन्दु पर भी विद्वानों में मतभेद है, ऐसा भी कहा जाता है कि ग़ुलाम महिला का मुताह या निकाह भी उसके मालिक की मर्ज़ी से कराया जा सकता है।
25. **फैज़ी :** आउटलाइंस ऑफ़ मोहम्मडंस लॉ, सं. iv पृ. 120
26. **मुल्ला :** प्रिंसिपल ऑफ़ मोहम्मडन लॉ, सं. xviii पृ. 314
27. तैय्यब जी, मुस्लिम लॉ, सं. iv पृ. 104
28. मुताह विवाह का प्रारम्भ अरब से होता है, जहाँ जाति व्यवस्था नहीं थी, ऐसा लगता है कि जाति की शर्त जोड़कर इसका भारतीयकरण किया गया है तथा जो यह भी साबित करता है कि शरीयत का क़ानून पूरी दुनिया के मुसलमानों में एक सा नहीं है।
29. आर.के. सिन्हा : मुस्लिम विधि, vol. 5 पृ. स. 61-65, प्रकाशक : सेंट्रल लॉ एजेंसी, इलाहाबद 2006
30. शिया विद्वान।
31. मस्लिक-अल-अजम (ए कमेंट्री ऑन शरीया) तेहरान।
32. वसाएल-अल-शिया, तेहरान, 482-483, हदीस 1-2
33. रिचा नागर : रिलीजन, रेस, एंड द डिबेट ओवर मुताह इन दार-एस-सलाम, पृ. सं. 676, वर्ष 1993, प्रकाशन : फेमिनिस्ट स्टडीज़ डॉट इन, अवलोकन 16.7.2018
34. उपरोक्त (सन्दर्भ : शहला हेरी, लॉ ऑफ़ डिज़ायर : टेंप्रेरी मैरिज इन शिया-ईरान सिरेकस यूनिवर्सिटी (अमेरिका) प्रेस 1989
35. उपरोक्त।
36. **कोनिना मण्डल :** कॉनसेप्ट ऑफ़ मैरिज अमंग मुस्लिंस : ए स्टडी ऑन मुताह मैरिज, प्रकाशन : इंटरनेशनल जर्नल ऑफ़ लॉ एंड लीगल ज्यूरिस्प्रूडेंस स्टडीज़, ISSN : 2348-8212 : वाल्यूम 3 इशू 1
37. शहला हेरी, लॉ ऑफ़ डिज़ायर : टेम्प्रेरी मैरिज इन शिया–ईरान सिरेकस यूनिवर्सिटी (अमेरिका) प्रेस 1989
38. उपरोक्त।
39. **कोनिना मण्डल :** कॉनसेप्ट ऑफ़ मैरिज अमंग मुस्लिम्स : ए स्टडी ऑन मुताह मैरिज, प्रकाशन : इंटरनेशनल जर्नल ऑफ़ लॉ एंड लीगल ज्यूरिस्प्रूडेंस स्टडीज़, ISSN : 2348-8212 : वाल्यूम 3 इशू 1
40. वोहरा, एन.एन. हिस्ट्री, कल्चर एंड सोसाइटी इन इंडिया एंड एशिया, शिप्रा पब्लिकेशंस, दिल्ली, 2003, पृ. 2
41. इलियास, एम.एच. कल्चरल कोंटोअर्स ऑफ़ इंडिया-वेस्ट एशिया रिलेशंस, सेंचुरी पब्लिकेशंस, नयी दिल्ली, 2007, पृ. 2 व एकराम, शेख़ मो., आबे कौसर, फिरोज संस लिमिटेड, पाकिस्तान, 1968, पृ. 19
42. नदवी, सैयद सुलेमाऩ *अरब-ओ-हिन्द के ताल्लुकात,* दारूल मुसन्नफीन आजमगढ़, यू.पी., पृ. 1-2
43. मुबारकपुरी, काज़ी अतहर : अरब-ओ-हिन्द अहदे रिसालत में, जमाल प्रिंटिंग प्रेस, दिल्ली, 1982, पृ. 31
44. नदवी, सैयद सुलेमाऩ अरब-ओ-हिन्द के ताल्लुकात, दारूल मुसन्नफीन, आजमगढ़, यू.पी., पृ. 71-72
45. उपरोक्त।
46. हित्ती, पी.के. हिस्ट्री ऑफ़ द अरबस, पालग्रेव मैक्मिलन, न्यूयॉर्क, 2002, पृ. 210-212
47. अहमद, मक्बूल, इंडो-अरब रिलेशंस, आईसीसीआर, पॉपुलर प्रकाशन, मुम्बई, 1969, पृ. 6

48. अल-हिन्द, द मेकिंग ऑफ़ इंडो-इस्लामिक वर्ल्ड, वाल्यूम-1, ब्रिल एकेडमिक पब्लिशर्स, बोस्टन, 2002, पृ. 144-145
49. भारत माँ के झोले से, 27 मई, 2016, एनडीटीवी रिपार्ट प्रस्तुतीकरण विनोद दुआ।
50. अहमद, मक्बूल, इण्डो-अरब रिलेशंस, आईसीसीआर, पॉपुलर प्रकाशन, मुम्बई, 1969, पृ. 7
51. वोहरा, एन.एन हिस्ट्री, कल्चर एंड सोसाइटी इन इंडिया एंड एशिया, शिप्रा पब्लिकेशंस, दिल्ली, 2003, पृ. 2
52. अमीरा, यू.वी., मैच मेड इन हेल : अरबी कल्याणम एंड मैसूर कल्याणम इन केरला विद रिफरेंस टू द मूवीज सुरुमयित्ता कन्नूकल एंड पद्म ओन्नू ओरू विलापम, मई 2016, प्रकाशित इंटरनेशनल ई जर्नल लिटरेरी एक्सप्लोरेशंस आरएसआईआरजेएलई, ग्वालियर।
53. उपरोक्त।
54. उपरोक्त।
55. हैदराबाद : निज़ामशाही का इतिहास, hhtp:// en.wikipedia.org, search date 4-2-2019, (SA-3.0 के अधीन सामग्री)
56. Embassy of India, sana's website: ww.eoisanaa.org (january, 2016) and http:// hindi.wendunia.com/article/women

मुताह की वैधता : स्त्रोत एवं आयाम

इस्लामी इतिहास पर प्रकाश डालें तो यह ज्ञात होता है कि मुताह का चलन न सिर्फ़ इस्लाम के शुरुआंती दौर में मौजूद था, बल्कि इस्लाम पूर्व के अरब समाज में भी दृढ़ता के साथ प्रचलन में था। इसका उल्लेख पिछले अध्याय में भी किया जा चुका है। पैगम्बर मोहम्मद के जीवनकाल में शिया-सुन्नी विभाजन नहीं था अर्थात मुसलमान एक ही समुदाय था और वहाँ मुताह विवाह पाया जाता था।

मुताह के प्रचलन के साथ ही इसकी वैधता और सामाजिक मान्यताओं पर विवाद भी काफ़ी लम्बे समय से रहा है। दोनों समुदायों में आज तक इस विषय को लेकर मतभेद है, न केवल भारत वरन् विश्व के लगभग सभी मुस्लिम देशों में इस विषय पर निरन्तर विमर्श जारी है।

उपरोक्त विषय पर ये दोनों ही समुदाय अर्थात शिया व सुन्नी सहमति रखते हैं कि इस्लाम के आरम्भिक काल में इसकी अनुमति थी, लेकिन किन कारणों से इसकी अनुमति थी और किन कारणों से इस को प्रतिबन्धित किया गया, इस पर दोनों ही समुदायों के अपने-अपने तर्क है–

मुताह की वैधता को समझने के लिए यह आवश्यक है कि दोनों समुदायों के धार्मिक विद्वानों द्वारा दिये गये उनके मत अथवा दृष्टिकोण को समझा जाये–

शिया समुदाय का मुताह पर मत/दृष्टिकोण

शिया समुदाय का यह मत अथवा दृष्टिकोण है कि *इस्लाम में मुताह की इजाज़त है*। इस सम्बन्ध में यह समुदाय कुरान से जो दलील पेश करता है, उसमें **प्रथम स्त्रोत है कुरान की आयत न. 4:24**[1] है।

۞ وَٱلْمُحْصَنَٰتُ مِنَ ٱلنِّسَآءِ إِلَّا مَا مَلَكَتْ أَيْمَٰنُكُمْ ۖ كِتَٰبَ ٱللَّهِ
عَلَيْكُمْ ۚ وَأُحِلَّ لَكُم مَّا وَرَآءَ ذَٰلِكُمْ أَن تَبْتَغُوا۟ بِأَمْوَٰلِكُم مُّحْصِنِينَ
غَيْرَ مُسَٰفِحِينَ ۚ فَمَا ٱسْتَمْتَعْتُم بِهِۦ مِنْهُنَّ فَـَٔاتُوهُنَّ أُجُورَهُنَّ
فَرِيضَةً ۚ وَلَا جُنَاحَ عَلَيْكُمْ فِيمَا تَرَٰضَيْتُم بِهِۦ مِنۢ بَعْدِ ٱلْفَرِيضَةِ ۚ
إِنَّ ٱللَّهَ كَانَ عَلِيمًا حَكِيمًا ﴿٢٤﴾

अर्थात : इस आयत में एक अंश यह भी लिखा है कि जिनका तुम आनन्द लेते हो, उन्हें उनकी नियत अथवा तय मज़दूरी दो। इसमें कोई बुराई नहीं है नियत बँटवारे या भाग करने पर दोनों का सहमत होना। अल्लाह सब कुछ जानता है—वह सर्वज्ञानी है।

सभी शिया उलेमा और कुछ सुन्नी उलेमा का कहना है कि यह आयत-विशेष रूप से शब्द **ऐसी पत्नियाँ जिनका आप आनन्द लेते हैं (इस्ताम्तातुम)**—मुताह की अनुमति को सन्दर्भित करती हैं। शिया समुदाय ने इस बिन्दु को सिद्ध करने के लिए कई दलीलों अथवा तर्कों को पेश किया है—

उस समय जब पैगम्बर मोहम्मद का मक्का में बहुत विरोध हो रहा था और उन्होंने मक्का छोड़कर मदीना में काम करने का फ़ैसला लिया, वह (AH/622 to 632) दस साल का समय बहुत महत्त्वपूर्ण था, जिनमें बहुत से बदलाव एवं परिवर्तन भी हुए। जब पैगम्बर मोहम्मद ने शुरुआती दौर में मदीना में रहना प्रारम्भ किया, उपरोक्त आयत (4:24) उस समय प्रकट हुई बतायी जाती है। उस समय मदीना के पुरुष एक निर्दिष्ट राशि के बदले सीमित समय के लिए महिलाओं से भोग या आनन्द लेने की माँग करते थे। इसके प्रकटन से इस आयत में एक मौजूदा स्थिति की पुष्टि हुई और इस बात पर ज़ोर दिया गया कि पुरुषों को सहमत हुई राशि से जुड़े अपने वादों को पूरा करना चाहिए। मदीना में इस रिवाज को एक प्रकार की अस्थायी शादी के रूप में देखा जाता था और इसे **इस्तिम्ता** शब्द से सन्दर्भित किया जाता था, वही शब्द कुरान की आयत में नियोजित है—भले ही शब्द का शाब्दिक अर्थ **फ़ायदा लेना** या **आनन्द लेने** के लिए है। इसलिए कुरान की आयत के अर्थ को उस समय के पारम्परिक उपयोग के सन्दर्भ में समझा जाना चाहिए, क्योंकि कुरान की टिप्पणी और इस्लामी न्यायशास्त्र के विज्ञान में अच्छी तरह से जाना जाता है, कुरान सभी अधिनियमों और क़ानूनी नुस्ख़ों में लोगों के पारम्परिक उपयोग का अनुसरण करती

है। यदि कोई उस समय के पारम्परिक अर्थ के अलावा कुरान में किसी शब्द को समझना चाहता है, तो उसे ऐसा करने के लिए एक मज़बूत कारण देना चाहिए।

आयत का सन्दर्भ यह भी बताता है कि यह अस्थायी शादी का उल्लेख है। पूर्व की आयतों में कुरान महिलाओं के प्रति अन्याय का निषेध करती है। जिन महिलाओं के साथ विवाह का निषेध है, उनकी सूची भी दी गयी है। उससे सम्बन्धित आयत (4:23) निम्न प्रकार है–

द्वितीय स्त्रोत; कुरान : सूरा 4 आयत 22

وَلَا تَنكِحُوا مَا نَكَحَ آبَاؤُكُم مِّنَ النِّسَاءِ إِلَّا مَا قَدْ
سَلَفَ ۚ إِنَّهُ كَانَ فَاحِشَةً وَمَقْتًا وَسَاءَ سَبِيلًا ﴿٢٢﴾

अर्थात : ...और उन महिलाओं से निकाह न करें, जिनसे आपके पिता ने निकाह किया है...।

कुरान की आयत 4:23 में कुरान उन महिलाओं की सूची देती है, जो पुरुषों के लिए निषिद्ध है। यह ख़ून के रिश्तों से पैदा सात प्रकार में विभाजित है और सात अन्य कारणों से है, जिसका संक्षिप्त उल्लेख इस प्रकार है।

कुरान : सूरा 4 आयत 23

حُرِّمَتْ عَلَيْكُمْ أُمَّهَاتُكُمْ وَبَنَاتُكُمْ وَأَخَوَاتُكُمْ
وَعَمَّاتُكُمْ وَخَالَاتُكُمْ وَبَنَاتُ الْأَخِ وَبَنَاتُ الْأُخْتِ
وَأُمَّهَاتُكُمُ اللَّاتِي أَرْضَعْنَكُمْ وَأَخَوَاتُكُم مِّنَ
الرَّضَاعَةِ وَأُمَّهَاتُ نِسَائِكُمْ وَرَبَائِبُكُمُ اللَّاتِي فِي
حُجُورِكُم مِّن نِّسَائِكُمُ اللَّاتِي دَخَلْتُم بِهِنَّ فَإِن لَّمْ
تَكُونُوا دَخَلْتُم بِهِنَّ فَلَا جُنَاحَ عَلَيْكُمْ وَحَلَائِلُ
أَبْنَائِكُمُ الَّذِينَ مِنْ أَصْلَابِكُمْ وَأَن تَجْمَعُوا بَيْنَ
الْأُخْتَيْنِ إِلَّا مَا قَدْ سَلَفَ ۗ إِنَّ اللَّهَ كَانَ غَفُورًا
رَّحِيمًا ﴿٢٣﴾

अर्थात : आपके लिए आपकी माताएँ और बेटियाँ, बहनें, फुफियाँ, खालाएँ, भाई की लड़कियाँ और बहन की लड़कियाँ हैं, सास और वे लड़कियाँ, जिनका पालन-पोषण किया हो, गोद में खिलाया हो, जिनके साथ लिंग प्रवेश व यौन सम्बन्ध (दखूल, जमा) न बनाया हो, तुम्हारे बेटों की बीवियाँ और दो बहनों को जमा करना निषिद्ध है...।

आपके लिए वह वैध है, जो उस सब से परे है। दूसरे शब्दों में कोई भी महिला जो इन 15 श्रेणियों में से सम्बन्धित नहीं है, उसकी अनुमति है।

कुरान की ही 4:24 की आयत के एक अंश में यह भी लिखा है कि तुम पर शौहर वाली औरतें हराम की गयी हैं, लेकिन वह जो तुम्हारी मिल्कियत में आ जायें, अर्थात जिनके तुम मालिक बन जाओ, चाहे वह शौहर वाली हो या नहीं, वह हराम नहीं है। अल्लाह ने तुम पर फ़र्ज़ कर दी है।[3] इसी आयत के एक अंश में यह भी लिखा है कि जिनसे तुम फ़ायदा उठाओ, इन्हें इनका तय किया हुआ मेहर दे दो। इसे भी शिया मुताह के सम्बन्ध में प्रयोग करते हैं, क्योंकि स्थायी विवाह फ़ायदा उठाना नहीं होता, वह दो पक्षों के बीच में भावनात्मक, शारीरिक, सामाजिक, आर्थिक और पारिवारिक करार होता है। यहाँ शब्द फ़ायदा उठाना मुताह विवाह की ओर इंगित करता है।

يُرِيدُ ٱللَّهُ لِيُبَيِّنَ لَكُمْ وَيَهْدِيَكُمْ سُنَنَ ٱلَّذِينَ مِن قَبْلِكُمْ
وَيَتُوبَ عَلَيْكُمْ ۗ وَٱللَّهُ عَلِيمٌ حَكِيمٌ ﴿٢٦﴾

अर्थात : अल्लाह आपके लिए स्पष्ट करना चाहता है और आपको उन लोगों के रीति-रिवाजों से मार्गदर्शन कराना चाहता है, जो आपके पहले थे और आपकी ओर मुड़ना चाहता है, तौबा कुबूल करना चाहता है। अल्लाह सर्व-ज्ञाता है, सर्व-ज्ञानी है।

कई कहावतें पैगम्बर मोहम्मद के साथियों और उनके अनुयायी लोगों से सम्बन्धित हैं, जिन्होंने (अल-ताबीउन) शिया दृष्टिकोण की पुष्टि करते हुए कहा कि इस अध्याय की आयत 24 मुताह से सम्बन्धित है। इब्न अब्बास और उनके साथियों में से कई ने कहा है, 'अब्बासिद ख़लीफ़ाओं के पूर्वज, इब्न मसूद, इस्लाम स्वीकार करने वाले पहले लोगों में से एक और उबेय्य बी. काब खुलासा करने

वाले लेखकों में से एक माने जाते हैं कि तो उनमें से **जिनका आप एक निर्दिष्ट अवधि तक** (इला अजल मुसम्मा) **का आनन्द लेते हैं**। यह स्पष्ट रूप से इंगित करता है कि आयत मुताह को सन्दर्भित करती है। उदाहरण के लिए यह सम्बन्धित है कि इब्न अब्बास से मुताह के बारे में पूछा गया था। उन्होंने जवाब दिया–क्या आपने सूरा 'निसां' नहीं पढ़ा है?' उनके प्रश्नकर्ता ने जवाब दिया–'मैंने बेशक पढ़ा है।' उन्होंने कहा–"क्या आपने नहीं पढ़ा? तो उनमें से जिनका आप एक निर्दिष्ट अवधि तक आनन्द लेते हैं..."

उन्होंने जवाब दिया–"मैंने आयत इस तरह नहीं पढ़ी।" इब्न अब्बास ने तब कहा–"मैं ईश्वर की क़सम खाता हूँ, ईश्वर ने इसे इसी प्रकार प्रकट किया है और उन्होंने इस कथन को दो बार दोहराया।"[4]

मजमा अल-बयान में अल तबारसी, कुरान के प्रसिद्ध शिया समालोचक ने शियाई तर्कों को संक्षेप में प्रस्तुत किया है–इस आयत में **आनन्द** शब्द का अर्थ मुताह की शादी से है अर्थात एक तय मेहर और एक निर्धारित अवधि के लिए विवाह। यह राय इब्न अब्बास से सम्बन्धित है और इस्माइल बी. अब्द अल-रहमान अल-सुद्दी (d.744-45) और सईद बी. जुबेर अल-असदी (713-14) के कई अनुयायियों से सम्बन्धित है। **इस्तिम्ता और मुताह** का शाब्दिक अर्थ **आनन्द** है, शरीयत की भाषा में वे अस्थायी विवाह के अनुबन्ध को सन्दर्भित करते हैं, ख़ासकर जब इनके बाद **महिला** शब्द आता है। इसलिए आयत का अर्थ है–**जब भी आप एक महिला से मुताह का करार करते हैं, तो आपको उसे, उसकी मज़दूरी का भुगतान करना चाहिए**।[5]

भारत में शिया समुदाय में बहुप्रचलित और घर-घर पढ़ी जाने वाली पुस्तक **तोहफतुल अवाम** (2000) में मुताह के सवाल पर कहा गया है कि जब शौहर अपनी पत्नी की तरफ़ आकर्षित होता है, ऐसा है कि जैसे उसने अल्लाह के रास्ते में जिहाद के लिए तलवार खींची हो, जब वह सम्भोग करता है तब पेड़ के पत्तों की तरह से उसके गुनाह गिरते हैं। जब गुस्ल (स्नान) करता है तब गुनाह से पाक हो जाता है। इसके आगे उलेमाओं के फतवों पर आधारित इस किताब के संकलनकर्ता और अनुवादक डॉ. सय्यद अली इमाम जैदी लिखते हैं, जो शख़्स मुताह करे उम्र में एक बार तो वह जन्नत वाले लोगों में से होगा। उन्हीं के अनुसार दूसरी हदीस में फ़रमाया गया है कि अज़ाब (पाप) नहीं किया जायेगा, उस मर्द और औरत पर जो कि मुताह करे, मगर औरत पाक दामन (पवित्र) हो, मोमिन हो, उससे मुताह करे और मुद्दत (समय) और मेहर तय करे।[6]

मुताह निकाह के तरीक़े का भी पुस्तक इस प्रकार उल्लेख करती है–

मत्तअतो नफ़्सा मोवक्केलाती मिन मोवक्केलेका फ़िल मुद्दातिल मआलूमाते बिल मबलाग़िल मअलूम।

अर्थात : मुताह में दिया मैंने अपनी मोवक्केला (पक्षकार) की जात को तुम्हारे मुवक्किल के वास्ते निश्चित समय और निश्चित मेहर की रक़म पर।

उसके बाद मर्द का वकील बिना देरी किये कहे–

कबिल्तुम मुताहआता लेमोवक्केली फ़िल मुद्दातिल मअलूमाते बिल मबलेग़िल मअलूम।

अर्थात : कुबूल किया मैंने, मुताह को अपने मुवक्किल के वास्ते निश्चित समय और निश्चित मेहर की रक़म पर।

इसके अलावा बिना वकील के भी अपने आप मुताह निकाह पढ़ लेने का भी तरीक़ा उपलब्ध है।

किताब इस बात की भी पैरवी करती है कि मुताह करना मुसलमान या अहल-ए-किताब यानी यहूदी या नसरानी औरत से ठीक है और बुतपरस्त (मूर्तिपूजक) और नासबी और खारजी औरत से ठीक नहीं है। किसी की कनीज़ (दासी लौंड़ी या बाँदी) से बिना इजाज़त उसके आका (मालिक) के मुताह ठीक नहीं है और अगर निकाह की हुई औरत (अर्थात अपनी पत्नी) की भांजी या भतीजी से निकाह या मुताह करें तो उपर्युक्त पत्नी की इजाज़त की ज़रूरत है। (कुरान भांजी, भतीजी से विवाह को निषिद्ध मानती है, परन्तु अन्य धार्मिक पुस्तकें इसे मान्यता देती हैं) लेखक इस बात को भी रखता है कि इस्लाम में जायज चीज़ को जायज तरीक़े से हासिल करने अर्थात यौन इच्छा पूर्ति के लिए निकाह की शर्त लगायी गयी है और निकाह पढ़ लेने के बाद औरत मर्द पर हलाल हो जाती है।[7]

इसी प्रकार एक अन्य चर्चित पुस्तक **तौज़ीहुल मसाइल** अनुवादक सै.मो. हामिद रिज़वी लिखते हैं कि जिस औरत से मुताह किया गया है, वह यदि गर्भवती हो जाये तब भी ख़र्च का हक़ नहीं रखती।

आगे वह यह भी लिखते हैं कि लड़की इस क़द्र छोटी न हो कि मर्द उसकी लज़्ज़त न उठा सके।[9]

सुन्नी समुदाय का मुताह पर मत/दृष्टिकोण

सुन्नी मुताह पर अपना पृथक मत रखते हैं और ऐतिहासिक दस्तावेज़ों के आलोक में अपना तर्क प्रस्तुत करते हैं–

जैसा कि ऊपर संकेत किया गया था कि सुन्नियों का मानना है कि इस्लाम की शुरुआत में मुताह की अनुमति थी। उदाहरण के लिए प्रसिद्ध सुन्नी धर्मशास्त्री फ़ख्र अल-दीन अल-रज़ी अपनी टिप्पणी में लिखते हैं कि पहले-पहल मुताह की अनुमति थी। पैगम्बर मोहम्मद ने मक्का को एक 'छोटा तीर्थ' (उमरा) बनाया और मक्के की महिलाओं ने इस अवसर पर अपने आपको तैयार किया। पैगम्बर मोहम्मद से कुछ साथियों ने अपनी पत्नी से लम्बे वक़्त तक अलगाव के बारे में शिकायत की और पैगम्बर ने उन्हें जवाब दिया–फिर जाओ और इन महिलाओं का आनन्द (इस्तिम्ता) लो।[10]

वे सुन्नी जो यह मानते हैं कि ऊपर उल्लिखित कुरान की आयत (4:24) वास्तव में मुताह की अनुमति का उल्लेख करती है। यह भी मानते हैं कि बाद में कुरान की अन्य आयतों द्वारा इस आयत को रद्द (नस़्ख) कर दिया गया। वे अपनी बात को साबित करने के लिए दो तर्क पेश करते हैं, **कुरान की अन्य आयतें, मुताह पर प्रतिबन्ध लगाने वाले हजरत उमर का धर्मोपदेश**, बदले में शिया प्रत्येक तर्क को ख़ारिज करते हैं।

शिया द्वारा कुरान से सन्दर्भित आयतों पर सुन्नी मत

सुन्नियों का कहना है कि सूरे निसां की जिस आयत (4:24) से शिया मुताह को साबित कर रहे हैं, हमें उस आयत को विस्तार से समझना चाहिए।

कुरान : सूरा 4 आयत 24

فَمَا ٱسْتَمْتَعْتُم بِهِۦ مِنْهُنَّ فَـَٔاتُوهُنَّ أُجُورَهُنَّ فَرِيضَةً

तुम इन औरतों में से जिनसे फ़ायदा उठाना चाहो, इन्हें इनका मोकर्रर किया हुआ मेहर दे दो।

अगर इस आयत के अर्थ और आशय पर ग़ौर किया जाये तो मालूम हो जायेगा कि इस आयत का निकाह मुताह से दूर-दूर तक सम्बन्ध नहीं है, क्योंकि अल्लाह ताला ने सूरे निसां की उपरोक्त आयत नम्बर (4:23) में उन औरतों की सूची (फेहरिस्त) बयान कर दी है, जिनसे निकाह हराम है।

और एक आयत में यह भी कहा है कि इन औरतों से निकाह मत करो जिनसे तुम्हारे पिता ने निकाह किया है।

उपरोक्त आयत में इस बात की दलील है कि शिया द्वारा मुताह के लिए इसे पेश करना उचित नहीं है। इसका सम्बन्ध किसी भी प्रकार मुताह से नहीं है।

सुन्नी मतावलम्बी एक और तर्क रखते हैं कि वे कहते हैं कि कुरान की एक आयत यह भी कहती है कि तुममें से जिस किसी को आज़ाद मुसलमान औरतों से शादी करने की ताक़त न हो तो वह मुसलमान लौंड़ियों से, जिनके तुम मालिक हो अपना निकाह कर लो अर्थात अल्लाह मुसलमानों को निकाह का हुक्म दे रहे हैं इससे यह बात जाहिर होती है कि अगर इस आयत से निकाह के अलावा कोई और मक़सद होता तो इसकी तरकीब दी जाती, जबकि ऐसा बिल्कुल नहीं है, आख़िर मुताह का अर्थ यहाँ कहाँ से निकल आया?

फमाअस्तम्ताकुम बिहि मिनहुन्ना से अर्थ मुताह नहीं निकाह शरई से है।

'**अन्तबतगू बीअम्वालिकुम मुहसेनीन**' यानी तुम मेहर अदा कर बुरे कामों से बचने के लिए निकाह करना चाहते हो। अतः **फअहतुहुन्ना फलीज्यातुं** इनका मेहर अदा कर इनसे शादी कर लो।

कुरान में बहुत-सी जगहों पर शब्द (तम्ता) का उल्लेख आया है, मगर हर जगह इससे निकाह का मतलब नहीं है, बल्कि अलग-अलग जगहों पर इस शब्द का पृथक्-पृथक् अर्थ है।

अज्हबतुम तैइबातोकुम फिह हयातिकुम दुनिया वस्तम्ताकुहुम बीहा।

इस दिन काफ़िरों से कहा जायेगा, तुमने अपनी नेकियाँ दुनिया की ज़िन्दगी में ही बर्बाद कर दीं और तुम इनसे फ़ायदा उठा चुके।

यहाँ **इस्तिम्ता** से तात्पर्य यह है कि तुमने दुनिया-ए-ज़िन्दगी में दुनिया-ए-माल से ख़ूब फ़ायदा उठा लिया है। यहाँ पर **इस्तिम्ता** शब्द से अर्थ दुनिया की नियामतों से फ़ायदा उठाना है, इससे निकाह का मतलब नहीं है।

वइस्तम्तकू बिखलाकेहिम

यहाँ खलाक का अनुवाद दुनियावी हिस्सा भी किया गया है यानी तुम्हारी तकदीर में दुनिया का जितना हिस्सा लिख दिया गया है, वह इस्तेमाल कर लो जिस तरह तुमसे पहले लोगों ने अपना हिस्सा इस्तेमाल किया और फिर उनकी मृत्यु हो गयी। यहाँ इस्तिम्ता से अर्थ निकाह नहीं, बल्कि लाभ उठाना है।

वल्लजीना कफअलू यतामताऊना वयाकुलूना कमा ताकोरू अलअंअमू

और जो लोग काफ़िर हैं, वे दुनिया का ही फ़ायदा उठा रहे हैं और चौपायों को खा रहे हैं।

यहाँ भी तम्ता से अर्थ दुनिया का फ़ायदा उठाना है।

बहरहाल, इस बारे में कुरान की बहुत-सी आयतें हैं जिन्हें गिनवाना सम्भव नहीं है, बल्कि मक़सद यह है कि हमको यह बात ठीक प्रकार से समझ में आ जाये कि शब्द मुताह से कुरान में हमेशा निकाह मुताह का अर्थ नहीं लिया गया है, बल्कि इस शब्द को कुरान में विभिन्न प्रकार से प्रयोग किया गया है, जिसका उल्लेख ऊपर किया जा चुका है।

इसी प्रकार कुरान में एक शब्द **अजर** का उल्लेख किया गया है, शिया इसका अर्थ निकाह मुताह लगाते हैं और सुन्नी इस शब्द का अर्थ मेहर से लेते हैं।

फमाअस्तम्ताकुम बिहिम मिन्हुन्ना फहातुहुन्ना उजूलाहुन्ना फली ज़ातुं (कुरान सूरे निसां 4:24)

इसलिए तुम जिन औरतों से निकाह शरई के जरिये फ़ायदा उठाओ, इन्हें इनका मुकर्रर किया हुआ मेहर ज़रूर दे दो।

यहाँ कुरान की एक और आयत का उल्लेख किया जा सकता है, जो ज़िना अथवा व्यभिचार या परस्त्रीगमन न करने की बात कहती है। आयत इस प्रकार है–

कुरान : सूरा 17 आयत 32

وَلَا تَقۡرَبُواْ ٱلزِّنَىٰٓۖ إِنَّهُۥ كَانَ فَٰحِشَةٗ وَسَآءَ سَبِيلٗا ٣٢

अर्थात कुरान की आयत नम्बर (17:32) भी सुन्नी की मुताह के विरोध में दी गयी दलील का समर्थन करती हैं क्योंकि इसमें परस्त्रीगमन न करने के लिए कहा गया है।

सुन्नी मत के अनुसार कुरान की एक आयत **(कुरान 4:12)** के अनुसार–

कुरान : सूरा 4 आयत 12

अर्थात : आयत का अंश कहता है कि **और तुम्हारे लिए आधा जो तुम्हारी पत्नियाँ छोड़ती हैं...**अर्थात यहाँ विरासत (inheritence) की बात हो रही है, पत्नियों की सम्पत्ति का आधा पति को मिलेगा अर्थात पति-पत्नी एक दूसरे से विरासत लेते हैं। दूसरी तरफ़ हर कोई इस बात से सहमत है कि मुताह में विरासत **शामिल नहीं है। इसलिए ये बातें विरोधाभासी मालूम पड़ती हैं।**[11]

حُرِّمَتْ عَلَيْكُمْ أُمَّهَٰتُكُمْ وَبَنَاتُكُمْ وَأَخَوَٰتُكُمْ
وَعَمَّٰتُكُمْ وَخَٰلَٰتُكُمْ وَبَنَاتُ ٱلْأَخِ وَبَنَاتُ ٱلْأُخْتِ
وَأُمَّهَٰتُكُمُ ٱلَّٰتِىٓ أَرْضَعْنَكُمْ وَأَخَوَٰتُكُم مِّنَ
ٱلرَّضَٰعَةِ وَأُمَّهَٰتُ نِسَآئِكُمْ وَرَبَٰٓئِبُكُمُ ٱلَّٰتِى فِى
حُجُورِكُم مِّن نِّسَآئِكُمُ ٱلَّٰتِى دَخَلْتُم بِهِنَّ فَإِن لَّمْ
تَكُونُوا۟ دَخَلْتُم بِهِنَّ فَلَا جُنَاحَ عَلَيْكُمْ وَحَلَٰٓئِلُ
أَبْنَآئِكُمُ ٱلَّذِينَ مِنْ أَصْلَٰبِكُمْ وَأَن تَجْمَعُوا۟ بَيْنَ
ٱلْأُخْتَيْنِ إِلَّا مَا قَدْ سَلَفَ ۗ إِنَّ ٱللَّهَ كَانَ غَفُورًا
رَّحِيمًا ﴿٢٣﴾

2. मुताह को प्रतिबन्धित करने वाले ख़लीफ़ा उमर का ख़ुतबा (धर्मोपदेश)

एक प्रसिद्ध उपदेश में दूसरे ख़लीफ़ा उमर ने निम्नलिखित शब्दों के साथ मुताह पर प्रतिबन्ध लगा दिया–**पैगम्बर के समय दो मुताह का रिवाज था (अर्थात अस्थायी विवाह और मुताह अल-हज), लेकिन मैं उन दोनों को निषिद्ध करता हूँ और जो कोई भी ऐसा करेगा उसे संगसारी (पत्थर मारना) की सज़ा दूँगा।**

अल-रज़ी ने उमर के शब्दों की सुन्नी व्याख्या को यह कहकर संक्षेप में प्रस्तुत किया कि यह शब्द उमर द्वारा एक सभा में बोले गये थे और किसी ने विरोध नहीं किया था। इसलिए स्थिति इस प्रकार रही होगी–या तो (1) सभी जानते थे कि मुताह निषिद्ध है, इसलिए वे चुप रहे या (2) वे सभी जानते थे कि इसकी अनुमति थी, फिर भी वे लापरवाही से चुप रहे और उमर को शान्त करने के लिए या (3) वे नहीं जानते थे कि यह निषिद्ध है या इसकी अनुमति है, इसलिए वे चुप रहे क्योंकि

उनके लिए मामला अभी स्पष्ट किया गया था और उनके पास विरोध करने का कोई कारण नहीं था।

अल-रज़ी यह भी कहते हैं कि हो सकता है उमर की सभा में मौजूद लोगों को मुताह की अनुमति है या यह निषिद्ध है इसका पता ही न हो, वे कहते हैं, वैसे यह बात बहुत बेतुकी मालूम पड़ती है। अगर हम मान लें कि मुताह की अनुमति थी, तो लोगों को अपने रोजमर्रा के जीवन में उस तथ्य का ज्ञान होना चाहिए, जैसे कि सभी लोग विवाह के बारे में जानते थे। अल-रज़ी आगे कहते हैं कि सभा में मौजूद लोग इसलिए भी चुप रहे होंगे, क्योंकि वे सभी जानते थे कि मुताह को पहले ही निरस्त कर दिया गया था।

शिया अल-रज़ी के तर्कों का जवाब इस प्रकार देते हैं—उमर का उपदेश यह दर्शाता है कि पैगम्बर के जीवनकाल में मुताह की अनुमति थी। उमर ने इस प्रतिबन्ध के लिए ख़ुद को जिम्मेदार ठहराया है, क्योंकि वह यह दिखाना चाहते हैं कि वे अपने विचार व्यक्त कर रहे थे। **अल्लामा मुर्तजा मतहरी** यह कहते हैं कि ख़लीफ़ा उमर द्वारा मुताह पर रोक का आदेश सियासी था। क़ानूनी या शरई नहीं था। उस समय बहुत से नव-मुस्लिम तैयार हो रहे थे, अन्य कौमों से हाथ मिलाकर अपने साम्राज्य का विस्तार हो रहा था, ऐसे में अपनी छवि को बनाने का भी प्रश्न हो सकता है।

मुताह के विषय में उमर के इस कथन का कि मुताह करने वाले को मैं संगसारी की सज़ा दूँगा, को शिया उलेमा यह कह कर विरोध करते हैं कि इस कारण से किसी को पत्थर मारने की सज़ा नहीं दी जा सकती, क्योंकि शरई नज़रिये से पत्थर मारने की सज़ा केवल तभी हो सकती है, जब किसी पुरुष द्वारा परस्त्रीगमन किया गया हो और उसके साथ व्यभिचार (ज़िना) किया गया हो। अत: इस क़ानून को बनाने के लिए उमर के पास कोई आधार नहीं था।[12] अहले हदीस के मशहूर आलिम लाहौर निवासी हैदर ज़मान हैदराबादी के हवाले से पुस्तक—हम मुताह क्यों करते हैं? में एक बात कही गयी है कि मुताह करने पर कोई हद-शरई नहीं है, शरीयत में मुताह पर सज़ा नहीं रखी गयी है, फिर मुताह को व्यभिचार (ज़िना) क्यों कहा जा सकता है, जबकि व्यभिचार की सज़ा संगसारी है।[13]

मुताह पर प्रतिबन्ध लगाने पर उमर के दो कथनों के बारे में शियाओं का तर्क निम्न है—यदि उनका निषेध 'स्वतन्त्र निर्णय' (इज्तिहाद) पर आधारित था, तो यह निराधार है, क्योंकि सभी उलमा सहमत हैं कि स्वतन्त्र निर्णय को कुरान या हदीस में कभी जगह नहीं मिल सकती।

उमर के **स्वतन्त्र निर्णय** के सम्बन्ध में, समकालीन शिया उलेमा में से एक का तर्क है—उमर ने अपना निर्णय पूरी तरह से अपनी पहल पर और पैगम्बर के शब्दों के सीधे विरोधाभास में किया हो सकता है या उन्होंने ख़ुद पैगम्बर द्वारा जारी किये गये निषेध पर अपने फ़ैसले को आधारित किया हो सकता है। यदि पहला मामला सच है, तो उमर का फ़ैसला आधारहीन है, जैसा कि ऊपर उल्लेख किया गया है। दूसरा मामला सच नहीं हो सकता है, क्योंकि कई साथियों ने इस बात की गवाही दी है कि पैगम्बर के जीवनकाल के दौरान और उनकी मृत्यु के समय तक मुताह की अनुमति थी।

आम तौर पर शियाओं का तर्क होता है कि यदि उमर का निषेध पैगम्बर के शब्दों पर आधारित होता तो अन्य साथियों को इसके बारे में पता होता। पैगम्बर के लिए यह कैसे सम्भव है कि मुताह की मनाही कर दी गयी है, फिर भी अपने शेष जीवन के दौरान, अबू बक्र की ख़िलाफ़त की अवधि और उमर की ख़िलाफ़त की शुरुआत तक, निषेध सभी के लिए अज्ञात बना रहा सिवाय उमर के? इसके अलावा अगर उसका निषेध पैगम्बर के शब्दों पर आधारित था, तो उन्होंने इसका श्रेय स्वयं के बजाय उन्हें क्यों नहीं दिया?

अल-रज़ी इन तर्कों का जवाब यह दावा करके देता है कि उनमें से कोई भी उसके मूल दावे को ख़ारिज नहीं करता है। उनमें से कोई भी यह साबित नहीं करता कि जब उमर ने अपना उपदेश दिया था, तब मुताह को पहले से ही निरस्त नहीं कर दिया गया था। क्या उमर एकमात्र व्यक्ति थे, जिन्होंने पैगम्बर को उस पर प्रतिबन्ध लगाने की बात सुनी थी या क्या दूसरों ने भी सुना था? शायद कुछ साथियों ने पैगम्बर से निषेध को सुना था और फिर भूल गये थे, लेकिन जब उमर ने एक बड़ी सभा में निषेध का उल्लेख किया, तब सभी को पता था कि वे सच बोल रहे हैं, इसलिए वे चुप रहे।

अन्त में इस विषय पर एक और सुन्नी दृष्टिकोण उल्लेख करने योग्य है। हदीस के अनुसार उमर मुताह पर प्रतिबन्ध लगाने का श्रेय पैगम्बर को देते हैं। ख़ुद को नहीं। इसलिए यह सम्भव है कि यहाँ हमारे पास उनके शब्दों का सटीक उद्धरण नहीं, बल्कि संक्षिप्त व्याख्या है। अगर हम शियाओं का दावा स्वीकार कर भी लेते हैं कि ये वास्तव में उमर के सटीक शब्द हैं, तो यह स्पष्ट है कि उनके शब्दों से **मैं उन दोनों को वर्जित करता हूँ।** उनका मतलब था, **मैं तुम्हारे लिए उनकी स्थिति स्पष्ट कर रहा हूँ।** या **मैं पैगम्बर के विचार को अमल में ला रहा हूँ**, क्योंकि

यह न्यायशास्त्र के विज्ञान में अच्छी तरह से ज्ञात है कि निषेध और अनुमति देने के लिए अक्सर उसे ज़िम्मेदार ठहराया जाता है, जो क़ानून को स्पष्ट करता है।[14]

मुताह पर प्रमुख हदीसें[15] क्या कहती हैं–

सहीह बुखारी : हदीस की इस पुस्तक को सुन्नी समुदाय में नम्बर एक की हदीस का दर्जा प्राप्त है। अब्दुल्लाह बिन मसऊद की रिवायत है कि हम पैगम्बर मोहम्मद के साथ जंगों में जाया करते थे, जहाँ हमारी बीवियाँ हमारे साथ नहीं होती थीं। हमने पैगम्बर से पूछा कि हम अपने यौन अंगों को काट कर फेंक न दें? उन्होंने हमें ऐसा करने से मना किया, फिर हमें इजाज़त दी कि औरतों से किसी कपड़े वग़ैरह के बदले में कुछ समय के लिए निकाह कर लिया करें। दूसरे नम्बर की हदीस जिसे सुन्नी समुदाय में बहुत मान्यता है। जिसका नाम है सहीस मुस्लिम, इसमें भी इस बात की पुष्टि की गयी है। (खण्ड 4, पृष्ठ 130)

जाबिर बिन अब्दुल्लाह और सलमा-बिन-अकवा का बयान है कि हम एक लश्कर में थे कि हुज़ूर (पैगम्बर मोहम्मद) का फरिश्ता वह शख़्स हमारे पास आया और इसने कहा कि तुम्हें इजाज़त दी गयी है कि अब तुम मुताह कर सकते हो। (सहीह बुखारी पृ. 727)

सलमा बिन अकवा की रिवायत है कि हुज़ूर ने फ़रमाया कि जो मर्द और औरत आपस में करार कर लें तो तीन रातों तक इनकी मआशरत (सहवास) की मियाद होनी चाहिए, इसके बाद अगर वे चाहें तो इस अवधि को बढ़ा लें और अगर चाहें तो अलग हो जायें। (सहीह बुखारी पृ. 727)

सहीह मुस्लिम में इस रिवायत के बारे में ये शब्द हैं कि हुज़ूर (पैगम्बर मोहम्मद) की मुनादी करने वाले ने यह ऐलान किया कि तुम लोगों को मुताह करने की इजाज़त दी गयी है। (सहीह मुस्लिम पृ. 450)

एक दूसरी रवायत यह भी है कि हुज़ूर ने ख़ुद तशरीफ लाकर मुताह की इजाज़त का ऐलान फरमाया। (सहीह मुस्लिम पृ. 451)

पैगम्बर ने जंग औतास वाले साल तीन दिन के लिए मुताह की इजाज़त दी थी। (सहीह मुस्लिम पृ. 451)

सहीह मुस्लिम में यह भी रिवायत अबू अलज़बीर के हवाले से है कि मैंने जाबिर बिन अब्दुल्लाह को कहते सुना कि हम लोग अक्सर एक मुट्ठी जौ या आटे के बदले मुताह करते रहे हैं।

इस्लाम के प्रारम्भिक दौर से लेकर पैगम्बर के अन्तिम जीवनकाल तक कई बार अनुमति मिली और कई बार इसे प्रतिबन्धित किया गया। अन्त में सुन्नी विचारधारा के लोग कहते हैं कि मुताह को बाद में कयामत तक के लिए प्रतिबन्धित कर दिया गया। उनका कहना है कि बद्र (सन् 624) की लड़ाई के वर्ष में पैगम्बर ने इसे मना किया फिर से और जब सन् 630 में मक्का को जीत लिया। उस समय इसकी अनुमति दी, लेकिन केवल तीन दिनों की अवधि के लिए। फिर इसे हमेशा के लिए प्रतिबन्धित कर दिया।

इब्न अल-अरबी प्रसिद्ध सूफी ने लिखा था। चूँकि इस्लाम की शुरुआत में इसकी अनुमति दी गयी थी, फिर खैबर की लड़ाई में मना किया गया, फिर अवतास के युद्ध में फिर से अनुमति दी गयी। अन्त में प्रतिबन्धित किया गया और प्रतिबन्धित ही रहा। इस्लाम में क़िबला (प्रार्थना की दिशा)–जिसे अन्तिम रूप दिये जाने से पहले दो बार निरस्त किया गया था–के अपवाद के साथ किसी अन्य क़ानून को इतनी बार नहीं बदला गया।

अल-कुर्तुबी बताते हैं कि अन्य लोगों ने, जिन्होंने मुताह से सम्बन्धित परम्पराओं का अध्ययन किया है, का कहना है कि इसके क़ानून को सात बार बदला गया था। वह कई प्रामाणिक हदीस के लिए स्रोत के रूप में मुस्लिम सहीह को सन्दर्भित करते हैं, जो यह बताती है कि मुताह की स्थिति कैसे बदली।

अल-कुर्तुबी अबू जाफर अल तहवी का उल्लेख इस प्रकार करते हैं कि हदीस में से कोई भी, जिसे बिना शर्त के मुताह की अनुमति के सन्दर्भ में उद्धृत किया गया है, वास्तव में बिना शर्त नहीं हैं, क्योंकि वे निर्दिष्ट करते हैं कि मुताह की अनुमति केवल यात्राओं के दौरान थी। पैगम्बर का अन्तिम निषेध, जो मक्का पर विजय के बाद हुआ, उसने पिछले सभी अवसरों को शामिल किया जिन पर मुताह की अनुमति थी। हदीस के प्रशंसकों में से कोई भी नहीं कहता है कि पैगम्बर ने मुताह की अनुमति तब दी थी, जिस समय वे और उनके साथी अपने घरों में रह रहे थे और यात्रा नहीं कर रहे थे।

यह भी तथ्य है कि मक्का के लोगों में मुताह का रिवाज या चलन व्यापक रूप से था। इस प्रकार पैगम्बर ने मक्का में मुताह पर प्रतिबन्ध लगा दिया, ताकि लोग ये समझ सकें कि वे अपने पूर्व रिवाज को जारी नहीं रख सकते है।

शियाओं ने उपरोक्त हदीसों पर अपनी टिप्पणी इस प्रकार दी है–

मुताह निषिद्ध है। दिखाने वाली हदीस उन हदीसों के साथ विरोधाभास में है, जो दिखाते हैं कि इसकी अनुमति थी। वे उन हदीस के साथ भी टकराव में हैं, जो

दिखाते हैं कि पैगम्बर, अबू बक्र और उमर के समय मुताह की अनुमति जारी रही, जब तक कि उमर ने इस पर प्रतिबन्ध नहीं लगा दिया। कई हदीसें इसकी अनुमति को स्थापित करती हैं–

- मुताह की अनुमति को इंगित करने वाली हदीस उसे प्रतिबन्धित बताने वाली हदीस की संख्या में कहीं ज़्यादा हैं।
- हर कोई इस बात से सहमत है कि कुछ समय मुताह की अनुमति दी गयी थी। यह संकेत देने वाली हदीस असली है, लेकिन जो यह संकेत देती है कि वह प्रतिबन्धित थी, उनके लिए यह बात लागू नहीं होती। इसलिए एक आम सहमति (इज्मा) की बात इस अर्थ में की जा सकती है कि एक समय में सभी मुस्लिम इस बात पर सहमत थे कि मुताह की अनुमति दी गयी थी, हालाँकि बाद में असहमति पैदा हुई। सही मार्ग को चुनने के लिए, हम राय पर ख़ुद को आधारित नहीं कर सकते हैं, लेकिन हमें उस पर पकड़ रखनी चाहिए, जिसके बारे में हम निश्चित हैं। इसलिए हमें यह निष्कर्ष निकालना चाहिए कि मुताह की अभी भी अनुमति है, जब तक कि हमें इसके विपरीत कुछ पता नहीं है।
- जो हदीस मुताह पर प्रतिबन्ध लगाने का इशारा करती है, स्वयं में संदिग्ध है। जब हमें पता चलता है कि इमामों द्वारा स्थापित शिया के निर्विवाद तत्त्वों में से एक मुताह की अनुमति है, तो अली वर्णित कोई भी हदीस जो बताती है कि मुताह मना है, प्रामाणिक नहीं हो सकती है। कोई व्यक्ति जिसने बिना किसी सवाल के यह माना कि मुताह की अनुमति है, तो वह उस हदीस को वर्णित नहीं करेगा, जो पैगम्बर से निषिद्ध है। कई मौक़ों पर अली ने उमर के मुताह पर प्रतिबन्ध को काटछाँट दिया। उनका कथन अगर उमर ने मुताह पर पाबन्दी नहीं लगायी होती, तो अपराधियों के अलावा कोई परस्त्रीगमन नहीं करता। यह काफ़ी जाना माना है और इसकी सत्यता पर किसी ने सवाल नहीं उठाया।
- जो लोग यह स्वीकार करते हैं कि मुताह निषिद्ध है, उन्होंने अपने प्रमाणों में से एक के तौर पर समुदाय की सर्वसम्मति का दावा भी किया है। वे कहते हैं कि जब उमर ने मुताह पर प्रतिबन्ध लगाया था, तब इब्न अब्बास को छोड़कर सभी साथी पैगम्बर के साथ थे। उन्होंने इसके बारे में अपनी राय अपने जीवन के अन्त दौर में बदली। इस दावे के जवाब में शिया इंगित करते हैं कि सर्वसम्मति को मुताह के प्रतिबन्ध के एक वैध प्रमाण के रूप में स्वीकार नहीं किया जा सकता है और किसी भी तरह से यह तथ्य कि शियाई इमाम–पैगम्बर के परिवार–जो इस्लाम के स्तम्भ हैं, सभी सहमत हैं कि मुताह

की अनुमति है, यह सच दिखाते हैं कि वास्तव में कोई आम सहमति नहीं थी। इसके अलावा, पहले से ही शिया ने मुताह की अनुमति पर सहमति व्यक्त की है। इस हद तक कि इस नज़रिये को हमेशा शियावाद की विशेषताओं में से एक के रूप में देखा गया है। इस तथ्य को देखते हुए, सर्वसम्मति का दावा करना व्यर्थ है। इसके अतिरिक्त जैसा कि हमने ऊपर देखा है, पैगम्बर के कई उत्कृष्ट साथियों और उनके अनुयायियों ने कहा कि मुताह की अनुमति थी। अन्त में यह दावा कि इब्न अब्बास ने अपने जीवन के अन्त में मुताह के बारे में अपना नज़रिया बदल दिया, कभी पुष्ट नहीं हुआ। अगर यह साबित करना भी होता, तो व्यक्ति आम सहमति का दावा केवल तभी कर सकता है, अगर हम निश्चित हों कि कोई भी इस नज़रिये के विरोध में नहीं था कि मुताह निषिद्ध है; जबकि हम जानते हैं कि वास्तव में विरोधियों की संख्या काफ़ी बड़ी थी। संक्षेप में शियों का निष्कर्ष है, यह दिखाने के लिए कोई वास्तविक सबूत नहीं है कि मुताह की अनुमति नहीं है और जब हदीस की जाँच की जाती है, तो इस निष्कर्ष पर पहुँचने की सम्भावना है कि न केवल इसकी अनुमति है (मुबाह), बल्कि इसकी सिफ़ारिश भी की गयी है (मुस्ताहब्ब)।[16]

क़ानून की चार सुन्नी विचारधाराओं की राय

जैसा कि पूर्व के अध्याय में बताया जा चुका है कि सुन्नी विचारधारा में भी चार उप-विचारधाराएँ अथवा स्कूल हैं। हनफी स्कूल, मलिकी स्कूल, शफई स्कूल और हनबली स्कूल। क़ानून के ये चारों सुन्नी दर्शन इस बात से सहमत हैं कि अस्थायी विवाह अमान्य है। ऐसे विवाह अनुबन्ध जो एक समयावधि का निर्धारण करते हैं, उन्हें इन चारों विचारधाराओं में स्थान नहीं दिया गया है। उक्त चारों सुन्नी स्कूल इसका आधार यही मानते हैं कि पैगम्बर मोहम्मद ने अपने जीवनकाल में मुताह को प्रतिबन्धित कर दिया था।

शफई दर्शन का कहना है कि भले ही अनुबन्ध से निर्धारित अवधि पति या पत्नी का जीवन-काल हो, तो अनुबन्ध अभी भी अमान्य है, क्योंकि विवाह के अनुबन्ध में मृत्यु के बाद भी इसका प्रभाव जारी रहने की आवश्यकता होती है। एक विवाह जो इस शर्त के साथ अनुबन्धित होता है कि यह तब समाप्त हो जाता है, जब पति या पत्नी में से कोई एक मर जाता है, इसका अर्थ यह होगा कि विवाह का प्रभाव मृत्यु होने पर समाप्त होगा।

हनफियों ने भी इस बात को कहा है कि अगर आदमी यह कहे कि **मैं तुम से कयामत के समय तक के लिए विवाह करूँगा** तो हम फिर इसे मुताह या

अस्थायी विवाह नहीं कह सकते। वास्तव में इस करार का अर्थ हमेशा के लिए है। अगर शादी का अनुबन्ध करने के लिए पति की मंशा केवल कुछ समय के लिए महिला के साथ का आनन्द लेना है, तो इसे अमान्य कहा जायेगा।

शिया न्यायिक तर्क

शिया मुताह को हमेशा ही बहुत महत्त्व का मानते आये हैं और इसे शरई क़ानून के रूप में जीवित रखने की कोशिश भी करते हैं। शियाई क़ानून को अक्सर क़ानून के इथना-अशारी या जाफ़री दर्शन के रूप में जाना जाता है, क्योंकि वास्तविकता में छठे इमाम **जाफ़र अल-सादिक** इसके संस्थापक हैं। इसलिए मुताह के विषय में उनकी बातों में से कुछ को उद्धृत करना उचित है। उनके अनुसार **मुताह कुरान की सूरतों में स्वीकृत है और पैगम्बर के सुन्ना का हिस्सा बन गया।** इमाम जाफ़र ने कुरान पर सन्दर्भित आयत (4:24) को मुताह के आधार के रूप में माना है। उन्होंने कहा आयत मुताह की अनुमति साबित करती है।

एक बार चार सुन्नी दर्शनों में से एक के संस्थापक और इमाम जाफ़र के छात्र अबू हनीफा ने इमाम से मुताह के बारे में पूछा, तो उन्होंने जवाब दिया–"आपका मतलब कौन से दो मुताह से है?" अबू हनीफा ने जवाब दिया–"मैंने आपसे पहले ही हज के मुताह के बारे में पूछा है, इसलिए मुझे शादी के मुताह के बारे में बतायें।" इमाम ने कहा, अल्लाह महान है! क्या आपने कुरान नहीं पढ़ा है?" " ...तो उनमें से जिनका आप आनन्द लेते हैं, उन्हें उनकी तय मज़दूरी दें। (4:24)"

इमाम जाफ़र ने मुताह को एक अलौकिक (Divine) दया माना, जिससे लोगों को व्यभिचार और ईश्वर के प्रतिशोध से बचाया गया। कुरान की आयत के बारे में–'जो भी दया के द्वार ईश्वर बन्दे के लिए खोलता है, उसे कोई नहीं रोक सकता।' इमाम ने कहा, 'मुताह उस दया का हिस्सा है।'

इमाम जाफ़र ने कहा–"मुझे यह पसन्द नहीं है कि एक आदमी अस्थायी रूप से शादी किये बिना इस दुनिया को छोड़ दे, भले ही वह एक ही अवसर पर हो।"

शियाओं ने अबू जाफ़र मोहम्मद अल तुसी को धर्म में बड़े (शेख़ अल-ताइफा) बुलाया, क्योंकि वे शियाई न्यायशास्त्र (अल-फ़िक़्र अल इस्तिदलाली) के संस्थापक हैं। दूसरे शब्दों में वे शिया क़ानून को एक व्यवस्थित आधार देने वाले पहले व्यक्ति थे। हम इस अध्याय का समापन मुताह पर उनके विचारों के सारांश के साथ कर सकते हैं। वे लिखते हैं कि शिया के मुताह पर विचार करने के कारण इस प्रकार हैं–

1. शिया समुदाय की सर्वसम्मति।
2. कुरान की आयत (4:3) के एक अंश में लिखा है कि 'ऐसी महिलाओं से शादी करें, जो आपको अच्छी लगती हैं!' क्योंकि मुताह एक तरह की शादी है, लेकिन जिसे पुरुष अपनी सम्पत्ति को ख़र्च कर करना चाहता है।

कुरान : सूरा 4 आयत 3

وَإِنْ خِفْتُمْ أَلَّا تُقْسِطُوا فِي الْيَتَامَىٰ فَانكِحُوا مَا طَابَ لَكُم مِّنَ النِّسَاءِ مَثْنَىٰ
وَثُلَاثَ وَرُبَاعَ ۖ فَإِنْ خِفْتُمْ أَلَّا تَعْدِلُوا فَوَاحِدَةً أَوْ مَا مَلَكَتْ أَيْمَانُكُمْ ۚ ذَٰلِكَ أَدْنَىٰ
أَلَّا تَعُولُوا ﴿٣﴾

3. कुरान के शब्द **तो उनमें से जिनका आप आनन्द लेते हो, उन्हें उनकी तय मज़दूरी दो।** (4:24)। शब्द इस्तिम्ता (आनन्द) जब तक कि अन्यथा सन्दर्भित न हो, अस्थायी विवाह का प्रतीक है।
4. इब्न मसऊद के कुरान संस्करण, जो उपरोक्त आयत में 'एक निर्दिष्ट अवधि के लिए' शब्द जोड़ता है।
5. इस बात पर कोई असहमति नहीं है कि इस्लाम की शुरुआत में मुताह की अनुमति दी गयी थी। इसलिए जो लोग दावा करते हैं कि आयत को समाप्त कर दिया गया था, उन्हें अपनी बात साबित करनी चाहिए।
6. जिस सिद्धान्त से चर्चा शुरू होनी चाहिए, वह यह है कि मुताह की अनुमति है। यह मना है, इस बात को साबित किया जाना चाहिए।
7. मुताह के विषय में उमर हमें बताते हैं कि पैगम्बर के समय में मुताह की अनुमति दी गयी थी अर्थात यह इस्लाम धर्म का एक हिस्सा था। इसका सबूत प्रदान किया जाना चाहिए कि यह अब ऐसा नहीं है।[17]

इस्लामिक विद्वान **ग़ाफिल अंसारी** अपने तर्क में शिया व सुन्नी दोनों की ही बातों को ख़ारिज करते हैं। वे इस बात पर सॅवाल उठाते हैं कि मुस्लिम समुदाय में उभरा पेशवा पुरोहित वर्ग फिरकाबन्दी में बुरी तरह फँस गया और विभाजित होता चला गया। वे कहते हैं कि हदीसों की प्रामाणिकता सन्दिग्ध है, जो भी प्रमाण हदीसों के हवाले से दिये जाते हैं, वे भी सन्दिग्ध हैं। शिया सुन्नी दोनों ने अपने द्वारा तैयार किये गये दस्तावेज़ों को साबित करने का प्रयास किया। सुन्नी ने फिंकह हनफी से

इमाम अबू हनीफा और शिया ने फिकह जाफ़री के इमाम जाफ़र सादिक को इसमें शामिल किया। इधर, सहाबा (पैगम्बर मोहम्मद के साथियों) और आइम्मा मासूमीन (समकक्ष सहाबा) को इसमें जोड़ लिया। इन दोनों पर कोई आँच न आये, इसके लिए हदीसों से सारा मनगढन्त दावा मोहम्मद की आज्ञा से जोड़ दिया, जिसका प्रमाण नहीं मिलता है। शरीयत के नाम पर घोर बेईमानी की गयी। मुस्लिम साहब इमाम बुखारी के साथी थे, जिनकी मृत्यु 260 हिजरी में हुई। मुस्लिम के जरिये हदीसों का डाटा कलेक्शन इस्लाम के उदय के 250 वर्ष बाद हुआ, जिन्होंने कई लाख हदीसों में से 7422 हदीसों को संकलित किया, जिसे एक दूसरे से सुनी सुनाई बातों के आधार पर लिखा गया है, यह **इल्मी फ्राड** है, जो भ्रमित करने वाला है। इसके आधार पर कही गयी बातों को सत्य मान लेना धोखा देने जैसा है। ये हदीसें अक्ल की कसौटी पर खरी नहीं उतरतीं, ये काल्पनिक दास्तानों जैसी ही लगती हैं जिन्हें अल्लाह रसूल के नाम से पेश किया गया है। यह कहते हुए वे मुताह को ख़ारिज करते हैं।

सुन्नी के तर्क अपनी जगह हैं, जो मुताह को ख़ारिज करते हैं। उनका ज़ोर यह साबित करना है कि मुताह हराम है। इसे चलन में नहीं रखा जा सकता। इसे साबित करते हुए कुछ सुन्नी विद्वान किताब भी लिख चुके हैं। देखने में यह भी आता है कि ये दोनों ही समुदाय एक दूसरे पर हमलावर ही रहते हैं, परन्तु सुन्नी इस बात का तर्क प्रस्तुत नहीं कर पाते कि वे मुताह ख़ारिज कर उसी के समान समयबद्ध विवाह मिसियार के चलन को क्यों स्वीकार करते हैं। मुताह और मिसियार में कोई फ़र्क़ नहीं है। ऐसा मालूम पड़ता है कि इस्लाम ने विवाह बन्धन से पहले यौन सम्बन्ध को रोक दिया। इसीलिए मुताह या मिसियार जैसे चलन बने रहे और दोनों को धार्मिक आधार पर साबित करने के लिए दोनों ही समुदाय अपने-अपने तर्क प्रस्तुत करते रहे।

यदि शिया के तर्क को माना जाये तो वे कुरान की सूरतों से साबित करते हैं कि मुताह की अनुमति कुरान में है और अपने तर्क को पुरजोर तरीक़े से पेश करते हैं तो इस आधार पर तो यह भी कहा जा सकता है कि वेश्यावृत्ति को उस समय ही कुरान ने वैधता प्रदान कर दी थी।

सन्दर्भ

1. कुरान पारा न. 4 आयत न. 24 पर अंकित (ww.wuran360.com से प्राप्त किया गया है।)
2. मुराता सचीको (2015), **टंप्रेरी मैरिज इन इस्लामिक लॉ**, प्रकाशक : क्रिएट स्पेस इंडिपेंडेंट

पब्लिशिंग प्लेटफार्म ISBN 978-1-5191-4192-7 पृ. 46-47

3. युद्ध में जीत होने पर औरतें भी अन्य सामानों की तरह, जिसे माले गनीमत कहते हैं, ले ली जाती थीं और वे योद्धाओं में बाँट दी जाती थीं। इसमें उन औरतों की इच्छा-अनिच्छा का कोई प्रश्न ही नहीं होता था। उन्हें मालिक की इच्छा पर या तो किसी को बेच दिया जाता था या फिर शादी स्थायी या अस्थायी करा दी जाती थी या मालिक उन्हें स्वयं रख लेता था।
4. मुराता सचीको (2015), **टंप्रेरी मैरिज इन इस्लामिक लॉ**, प्रकाशक : क्रिएट स्पेस इंडिपेंडेंट पब्लिशिंग प्लेटफार्म ISBN 978-1-5191-4192 पृ. 46
5. उपरोक्त पृ. 49
6. जैदी, अली इमाम सय्यद, (अनुवादक) **तोहफतुल अवाम**, (2000) प्रकाशक : निज़ामी प्रेस बुक डिपो, विक्टोरिया स्ट्रीट, लखनऊ, पृ. 190
7. नसरानी, नासबी और ख़ारिजी हज़रत अली के जमाने में तीन उप-समुदाय (फिरके) होते थे, उनकी औरतों के बारे में कहा गया है।
8. जैदी, अली इमाम सय्यद, (अनुवादक) **तोहफतुल अवाम**, (2000) प्रकाशक : निज़ामी प्रेस बुक डिपो, विक्टोरिया स्ट्रीट, लखनऊ, पृ. 190-191
9. रिजवी हामिद मो. सै. **तौज़ीहुल मसाइल**, प्रकाशक : तब्लीगाते ईमानी, ईमान फाउंडेशन, नजफी हाउस, मुम्बई (1997) पृ. 451 व 443
10. मुराता सचीको (2015), **टंप्रेरी मैरिज इन इस्लामिक लॉ**, प्रकाशन : क्रिएट स्पेस इंडिपेंडेंट पब्लिशिंग प्लेटफार्म ISBN 978-1-5191-4192-7 पृ. 49
11. मुता की हक़ीक़त : उस्मान बिन मोहम्मद अल्खमीस, अनुवाद : फज़ल अल रहमान रहमानी अल्नदवी (फाज़िल-जामिया इस्लामिया मदीना मुनव्वरह) kutubistan.blogspot.com search date 15-12-2018
12. मुराता सचीको (2015), **टंप्रेरी मैरिज इन इस्लामिक लॉ**, प्रकाशक : क्रिएट स्पेस इंडिपेंडेंट पब्लिशिंग प्लेटफार्म ISBN 978-1-5191-4192-7 पृ. 52
13. अब्दुल करीम मुश्ताक : **हम मुताह क्यों करते हैं?** प्रकाशक अब्दुल करीम मुश्ताक पृ. 30
14. मुराता सचीको (2015), **टंप्रेरी मैरिज इन इस्लामिक लॉ**, प्रकाशक : क्रिएट स्पेस इंडिपेंडेंट पब्लिशिंग प्लेटफार्म ISBN 978-1-5191-4192-7, पृ. 53-54
15. **हदीस** का शाब्दिक अर्थ है—बात, वाणी और ख़बर। 40 वर्ष की उम्र में अल्लाह के सन्देशवाहक नियुक्त किये जाने के समय से देहान्त तक पैगम्बर मोहम्मद ने जितनी बातें कहीं, दूसरों को बतायीं, जो काम किये तथा जो काम आपके समक्ष किया गया तथा जिनसे आपने अपनी सहमति जतायी, उन्हें हदीस कहा जाता है। इसे कई खण्डों में संकलित किया गया है।
16. मुराता सचीको (2015), **टंप्रेरी मैरिज इन इस्लामिक लॉ**, प्रकाशन : क्रिएट स्पेस इंडिपेंडेंट पब्लिशिंग प्लेटफार्म ISBN 978-1-5191-4192-7, पृ. 61
17. उपरोक्त पृ. 64

स्त्री गरिमा और मुताह : एक विश्लेषण

पूर्व के अध्यायों में हमने मुताह की अवधारणा, इतिहास, वैधानिकता पर शिया-सुन्नी मतों का विश्लेषण, हदीस व क़ानून से प्राप्त तर्कों पर चर्चा की। हमारा उद्‌देश्य यह साबित करना बिल्कुल नहीं है कि मुताह पर सुन्नी मत सही है अथवा शिया मत। किसके पास कितने तर्क हैं, अपनी बात को साबित करने के लिए। हमने पाठकों के सामने उनके स्वयं के विश्लेषण के लिए दोनों ही तर्कों को रख दिया है। हमारे अध्ययन के केन्द्र में स्त्री है। जिसने मुताह से गुज़रते हुए अपने जीवन के पन्ने खोल कर समाज के सामने रख दिये, जिसका उल्लेख अगले अध्याय में किया गया है। उन घटनाक्रम के दौरान वह किस मनो-सामाजिक स्थिति से गुजरी, किस पीड़ा को उसने सहा, उसे किस प्रकार धोखा देकर मुताह में फँसाया गया। महिला के पूरे जीवन पर उसका क्या असर रहा आदि को समझा है।

सिमोन द बोउआर[1] ने लिखा है, "औरत पैदा नहीं होती, बनायी जाती है। औरत बनायी जाती है, उसके बाद उसके लिए कुछ क़ानून, नियम, क़ायदे भी बना दिये जाते हैं, जिसके इर्द-गिर्द घूमने के लिए वह बाध्य हो जाती है। आदिम काल से लेकर आज तक यही देखने को मिल रहा है। वे नियम भी इतनी होशियारी से गढ़े जाते हैं कि औरत उसे अपने जीवन का हिस्सा मान ले, उसे यह कभी एहसास न हो कि उसके साथ कुछ ग़लत हो रहा है। इतिहास इस बात का गवाह है और वर्तमान सामने है, जिसमें हम आज भी देख सकते हैं कि व्यवस्था पर पुरुष का न सिर्फ़ अधिकार बरकरार है, बल्कि वे व्यवस्था पर हावी भी है। उसने महिला को कुछ देना कभी नहीं चाहा।" यू.एन. वोमेन की एक ताजा रिपोर्ट के मुताबिक पूरे विश्व में मात्र 24 प्रतिशत महिलाएँ संसद में प्रतिनिधित्व कर रही हैं। अशोका यूनिवर्सिटी के त्रिवेदी सेंटर फॉर पॉलिटिक्स के एक अध्ययन के मुताबिक भारत में मात्र 13 प्रतिशत महिलाएँ संसद में प्रतिनिधित्व कर रही हैं। भारत में महिला आरक्षण बिल संसद में

महिलाओं को 33 प्रतिशत आरक्षण देने की पैरवी करता रहा। उस बिल का 25 वर्षों तक लम्बित रहना और जब पास भी हुआ तब आधे-अधूरे तरीके से। इसका सबसे पुख्ता उदाहरण है। आदिम युग के वर्गविहीन समाज में महिला-पुरुष मिलकर काम करते थे। जैसे कुछ इतिहास के पलों या कुछ आधुनिक समाजवादी व्यवस्थाओं जैसे एकाध अपवादों को छोड़कर, व्यवस्था पर पुरुष के इसी एकाधिकार के कारण पुरुष ने इतना सोचा कि महिलाओं के सोचने की प्रक्रिया पर भी हावी हो गया और जब भी समाज का कोई भी के हिस्सा अपने या दूसरे के भले या बुरे के बारे में सोचने तक के लिए पाबन्द कर दिया जाता है, उसी दिन से उसकी ग़ुलामी शुरू हो जाती है और ऐसा ही कुछ महिलाओं के साथ हुआ यानी उनके लिए सोचने के भी दरवाजे बन्द हो गये। व्यवस्था ने महिला को अनुयायी ही बनाये रखा। अगर कभी-कभार सोचने की हिम्मत भी की, तो उनकी सोच और उनकी इच्छाएँ दिल से बाहर नहीं आ सकीं, क्योंकि चारों तरफ़ मनो-सामाजिक बन्दिशों का पहाड़ था।

अतीत से लेकर वर्तमान तक मानव ने अपने विकास में जो कुछ भी हासिल किया, उसमें महिला और पुरुष का मिला-जुला प्रयास है, लेकिन महिलाओं के प्रयासों को समाज द्वारा नज़रअन्दाज़ किया गया और पुरुष प्रधान समाज उसे अपने मुताबिक ढालने में ही लगा रहा। यही कारण है कि महिलाओं का अतीत न केवल भारत में वरन दुनिया के अधिकांश हिस्सों में कष्टकारी-बन्धनकारी ही रहा है। उन्हें हीनता से देखने का नज़रिया रहा है। इन कष्टों, बन्धनों, हीनताओं के जनक रहे हैं वे विचार जो महिलाओं पर धीरे-धीरे थोपे जाते रहे। इन विचारों ने हर जगह अपनी पैठ बना ली। धर्म में, संस्कृति में, व्यवहार में, शास्त्रों एवं धर्म ग्रन्थों में, सामाजिक संस्थानों में, सत्ता में, घर और बाहर। इस प्रकार के विचार एवं आचार-व्यवहार कहीं दुनिया में अधिक पैठ बना ले गये तो कहीं कम, लेकिन कुल मिलाकर तस्वीर का पूरा हिस्सा धुँधला ही रहा। क़ैद में बन्द एक परिन्दे की मानिन्द। उसे जीने के लिए खाना पानी मिलता रहा, लेकिन खुले आकाश में उड़ने का मौक़ा नसीब नहीं हुआ। उसे जीवन सीमाओं से घिरा हुआ मिला। इस दशा को गढ़ने में मुख्य भूमिका रही, समाज के उस आधे हिस्से के नेतृत्वकारी वर्ग की जो पितृसत्तात्मक व्यवस्था को मज़बूत करता रहा है। जिसका एकाधिकार आर्थिक परिसम्पत्तियों, सामाजिक, राजनीतिक व्यवस्था पर रहा है। इसने अपनी ताक़त, सामर्थ्य, चालबाज़ी के बल पर ऐसे नियम-क़ायदे बनाये, जिससे महिलाओं की दशा और उनके प्रति पुरुषों के बन्धनकारी विचारों ने समाज में अपनी पैठ बना ली।

पितृसत्ता की पहरेदारी के कारण ही पूरे विश्व में स्त्री उत्पीड़न की लगभग एक-सी सार्वभौमिक परम्परा रही है तो दूसरी तरफ़ उससे मुक्ति की लगभग एक-सी तड़प और अकुलाहट भरी संघर्ष कथा। इस सम्बन्ध में **वर्जीनिया वुल्फ, सीमोन द बोउवार, महादेवी वर्मा व जर्मेन ग्रीयर** का नाम लिया जाना अपरिहार्य है। **वर्जीनिया वुल्फ** मानती है कि पितृसत्तात्मक व्यवस्था के स्त्रीविषयक वचनों को शक की निगाह से देखा जाना चाहिए, क्योंकि वे **भावना के लाल प्रकाश में लिखी गयी उक्तियाँ हैं, सत्य के श्वेत प्रकाश में नहीं।** सीमोन द बोउवार वर्जीनिया वुल्फ से पूरी तरह सहमत हैं कि अब तक औरत के बारे में पुरुष ने जो कुछ भी लिखा, उस पर शक किया जाना चाहिए, क्योंकि लिखने वाला **न्यायाधीश और अपराधी दोनों है।** महादेवी वर्मा कहती हैं कि समाज ने स्त्रियों को जीविकोपार्जन का साधन निकृष्टतम स्तर का दिया। उसे पुरुष के वैभव की प्रदर्शनी और मनोरंजन का साधन बनकर ही जीना पड़ता है। वे क्षुब्ध हैं कि क्यों स्त्री शून्य के समान पुरुष की इकाई के साथ सब कुछ है, परन्तु उससे रहित कुछ नहीं। जर्मेन ग्रीयर स्त्री की पराधीनता के लिए पुरुष की आत्मकेन्द्रित स्वार्थी मानसिकता पर प्रहार करती हैं। चूँकि पितृसत्तात्मक व्यवस्था पुरुष के अहम, अधिकार, सत्ता और सम्मान के विस्तार का रूपक है। अतः वे इस षड्यन्त्रकारी एवं पाखण्डपूर्ण व्यवस्था का हिस्सा बनने के बजाय, इसे ध्वस्त कर देना चाहती है।[2]

स्त्री के ख़िलाफ़ एक और व्यवस्था काम करती है। वह है राजनीति और धर्म का गठजोड़। यह गठजोड़ हमेशा ही राजनीति के लिए लाभदायक होता है। इस गठजोड़ के नतीजे हम समय-समय पर देखते रहते हैं। दुनिया भर से इसके उदाहरण हमें देखने को मिलते हैं। आयरलैंड में भारतीय दन्त चिकित्सक **डॉ. सविता हालप्पनवार** की मृत्यु इस कारण हुई कि डॉ. सविता के पेट में पल रहा बच्चा असमान्य था और वह गर्भपात कराना चाहती थी, परन्तु गाल्वे यूनिवर्सिटी अस्पताल ने उन्हें इसकी इजाज़त नहीं दी। कारण, आयरलैंड एक कैथोलिक देश है। कैथोलिक धर्म के अनुसार गर्भपात करना या कराना गैरक़ानूनी है। विश्व के सभी धर्मों के नियम-क़ायदे अनुदार और कट्टर ही हैं। 14 मार्च, 2019 ईरानी मानवाधिकार कार्यकर्ता **नसरीन** को एक ईरानी अदालत ने 33 साल की जेल और 148 कोडों की सज़ा सुनायी। कारण नसरीन अनिवार्य हिजाब के विरोध में आन्दोलन का नेतृत्व कर रही थीं। उनके आन्दोलन को देश की सुरक्षा के लिए ख़तरा बताया गया। पत्रकार **गौरी लंकेश** को इसलिए मार डाला, क्योंकि वे धार्मिक उन्माद के ख़िलाफ़ क़लम चला रही थीं। अफ़ग़ानिस्तान के हेलमन्द की **सब-इंस्पेक्टर निगार**

और पाकिस्तान के **खैबर पख्तून ख़्वां प्रान्त की सादिया** और **मलाला यूसुफ ज़ई** को कट्टरवादियों ने अपने निशाने पर लिया। बांग्लादेश की लेखिका **तस्लीमा नसरीन** पर धार्मिक कट्टपन्थियों द्वारा हमला और उन्हें मुल्क से बाहर निकाल दिया जाना भी इसी के उदाहरण हैं। बांग्लादेश में 20 सालों से सरकारें बदल रही हैं, लेकिन तस्लीमा नसरीन अपने देश में दाख़िल नहीं हो सकतीं। ईरान की एक महिला **कुर्रतुल एन ताहिरा** को इसलिए मार डाला गया कि उसने कहा कि कुरान में लिखा है कि मोहम्मद आख़िरी नबी होंगे, लेकिन मैं तो नादिया (महिला नबी) हूँ। उसके बारे में तो कुरान कोई बात करती नहीं, इसलिए नादिया तो हो ही सकती है। (30 जून, 2016 **तहलका** पत्रिका)

सन् 2015 केरल के प्रसिद्ध सबरीमाला मन्दिर के त्रावणकोर देवाश्वम बोर्ड के अध्यक्ष प्रयार गोपालकृष्णन ने मीडिया से कहा था, "महिलाओं की पवित्रता की जाँच के लिए कोई मशीन होनी चाहिए। माहवारी आने की उम्र अर्थात 15 से 50 वर्ष तक की महिला को मन्दिर में प्रवेश की मनाही थी।" उच्चतम न्यायालय ने सभी उम्र की महिलाओं को मन्दिर में प्रवेश की अनुमति दी, परन्तु राज और धर्म सत्ता के इसी गठजोड़ ने आज भी महिलाओं को मन्दिर में प्रवेश करने से रोक रखा है। वे उच्चतम न्यायालय का आदेश तक मानने को भी तैयार नहीं हैं। महिलाओं पर लगातार हमले किये जा रहे हैं। केवल गोपालकृष्ण ही नहीं, दुनिया के सभी बड़े धर्म हमेशा से ही पुरुषों को स्त्री से बचने के निर्देश देते रहे हैं। सातवीं सदी के कवि सेमुरीदास का कहना है कि यहूदी के लिए औरत सबसे बड़ा पाप है और पुरुष उससे इच्छा और आवश्यकता से जुड़ा है। यहूदी औरतों को तलाक़ लेना आज भी बहुत मुश्किल होता है। पुरुष तलाक़ ही नहीं देता, ऐसी औरतें बन्दिनी या अगूना कहलाती हैं। परम्परावादी समाज उन्हें दबा कर रखता है तथा वे किसी अन्य पुरुष से मिल भी नहीं सकतीं। इरिका चेरनाफ्सकी ने एक रिपोर्ट बीबीसी और अल-जज़ीरा के लिए तैयार की थी, जिसमें एक अगूना औरत शोहाना का मामला उठाया गया था। 125 ई. पूर्व मनुस्मृति कहती है कि मर्द को फुसलाना औरत की आदत है और समझदार पुरुष कभी इसके साथ बिना सुरक्षा के नहीं रह सकता। बाइबिल में वर्णित आदम और ईव की कहानी में पुरुष को औरत के संसर्ग से बचने के लिए कहा गया है। इस्लाम धर्म भी मासिक धर्म के समय औरत को अपवित्र मानता है।

दूसरी तरफ़ गुवाहाटी के कामाख्या देवी की तब पूजा करना पुरुषों के लिए सबसे पवित्र है, जब वे रजोधर्म में होती हैं। हमें इस सच्चाई को भी स्वीकार करना होगा कि जिसे हमने धार्मिक परम्परा मानकर इतने पवित्र और अपवित्र की रेखाएँ

खींच दी जाती हैं। वे वास्तव में सामन्ती परम्पराओं के अवशेष हैं, जो धर्म का मुखौटा ओढ़ कर हम तक चले आये हैं, क्योंकि धर्म में कोई वैज्ञानिक तर्क नहीं, बल्कि आस्था है। सामन्तवाद स्त्री के हर प्रकार के इस्तेमाल में विश्वास रखता है, उसे अधिकार देने में नहीं।

समाज आज भी स्त्री स्वतन्त्रता से घबराया है। वह शोर मचाने लगता है। अफ़ग़ानिस्तान और पाकिस्तान में लड़कियों के स्कूलों को मोर्टरों से उड़ा दिया जाना, इमराना को तीन तलाक़ का विरोध करने पर उसके केस की धज्जियाँ सड़कों पर उड़ाना, शायरा बानों ने तीन तलाक़ रोकने की अर्जी जब न्यायालय में डाली तब उसे और शायरा के समर्थन में आने वाली महिलाओं को धमकी दी जाने लगी। इमराना को ससुर द्वारा बलात्कार करने के बाद घर छोड़ने के लिए मजबूर होना पड़ा। ये सब धर्म और राज सत्ता के गठजोड़ के ही उदाहरण हैं।

औरतों को मवेशी में परिवर्तित करने के लिए ऐसे क़ानून भी मौजूद हैं। हुदूद क़ानून इसका एक उदाहरण है। 1981-82 में पाकिस्तानी तानाशाह जियाउल हक ने हुदूद क़ानून लागू किया। हुदूद क़ानून के अनुसार व्यभिचार की सज़ा सौ कोड़े मारना है। (कुरान की सूरत 24, आयत 2, पारा न. 18)

अर्थात : जिनाकार (व्यभिचारी) औरत और मर्द में से हर एक को सौ कोड़े लगाओ, इन पर अल्लाह की शरीयत की हद जारी करते हुए तुम्हें हरगिज तरस न खाना चाहिए, अगर तुम्हें अल्लाह पर और कयामत के दिन पर ईमान हो इनकी सज़ा के वक़्त मुसलमानों की एक जमात मौजूद होनी चाहिए।

एक अन्तर्राष्ट्रीय संगठन **वुमेन लिविंग अंडर मुस्लिम लॉ** की एक रिपोर्ट के अनुसार अभी भी विश्व के 16 देशों में व्यभिचार के आरोप में संगसार कर देने (पत्थरों से मार कर मार डालना) की सज़ा बरकरार है। सूडान, मलेशिया, यमन, संयुक्त अरब अमीरात, सोमालिया, सऊदी अरब, कतर, पाकिस्तान, ब्रुनेई, ईरान, नाइजीरिया, मौरिटेनिया आदि से इस क़ानून की शिकार हुईं महिलाओं की ख़बरें अक्सर आती रहती हैं। अवैध सम्बन्धों के जुर्म में ईरानी महिला **शेख़ मोहम्मदी अश्तिआनी** (43) को उसके नाबालिग बेटे के सामने 99 कोड़े मारे गये। बीबीसी न्यूज ने 23 अगस्त, 2010 को इसकी पुष्टि की। एमनेस्टी इंटरनेशनल की रिपोर्ट भी बताती है कि 2006 में ईरान ने छह लोगों को संगसारी की सज़ा दी थी। 23 अगस्त 2010 को **द वीक** में छपी ख़बर के मुताहबिक अफ़ग़ानिस्तान की विधवा महिला **बीबी सनोबर** को दो सौ कोड़े मार कर मार डाला गया। 2002 में नाइजीरिया का एक चर्चित मामला सामने आया था **अमीना लावाल** का, जिसे व्यभिचार के जुर्म

में पत्थर मार कर मार डाला गया था। अक्तूबर, 2008 में सोमालिया की युवती **आयशा इब्राहीम** को अवैध सम्बन्धों के कारण एक हज़ार लोगों के सामने पत्थर मारे गये थे।

रोहिणी अग्रवाल कहती हैं कि धर्म का पुरुषवादी स्वरूप पितृसत्तात्मक व्यवस्था के हाथ को मज़बूत करने का महत्त्वपूर्ण घटक है। विश्व की सभी संस्कृतियों में धर्म का नियन्त्रण अभिजात तन्त्र एवं सवर्ण पुरुषों के हाथ में ही रहा है। जिन्होंने अपने हितों के अनुकूल समाज को विविध वर्णों, वर्गों, जातियों, क़बीलों में विभक्त कर स्त्रियों एवं छोटी कही जाने वाली जातियों के लिए आचार संहिता का निर्माण किया। रीति-रिवाज, वृत-त्योहार, वैवाहिक अनुष्ठान, स्त्री पुरुष को लेकर परम्परागत अवधारणाएँ हैं। सभी सामान्यत: धर्मग्रन्थों द्वारा निष्पादित होते हैं, जो अपनी मूल प्रकृति में पुरुषवादी हैं। धर्म आस्था को भय में बदलने का कारखाना है। जहाँ अध्यात्म के नाम पर कर्मकाण्ड और पाखण्ड का सिलसिला व्यक्ति को पलायनवादी, भाग्यवादी, यथास्थितिवादी बनाकर ज्वलन्त समस्याओं को सही परिप्रेक्ष्य में देखने का विवेक और बोध छीन लेता है।

धर्म ग्रन्थों द्वारा स्त्री को हीन मानने का, जो संस्कार सदियों से दिया जाता रहा है, उसे तमाम वैचारिक क्रान्तियों के बाद आज भी ख़ारिज करना कठिन प्रतीत होता है। चर्च जब तक शक्तिशाली रूप में राजसत्ता के साथ रहे, औरतों की स्थिति बदतर ही रही। चर्च ने हमेशा ही ऐसा काम किया, जिसने अन्य विवादों को जन्म दिया वो है स्त्री-पुरुष के बीच अत्यन्त प्राकृतिक एक स्वाभाविक सम्बन्धों को नकारना यह अव्यावहारिक, अवैज्ञानिक एवं अमानवीय दृष्टि का सूचक है। इन्हीं वैचारिक आधारों के कारण 21वीं सदी में भी आयरलैंड में रोमन कैथोलिक चर्च ने गर्भपात की स्वीकृति नहीं दी और न ही गर्भनिरोधक उपकरणों के उपयोग की इजाज़त। इसका प्रभाव हमने 2017 तक देखा। मध्य युग में स्त्रियों और दासों पर जबर्दस्त अत्याचार के उदाहरण मिलते है। स्त्रियों को चाबुक से मारना यूरोप के देशों विशेषकर इंग्लैंड और जर्मनी में पिछले सौ सालों तक आम बात थी। पति द्वारा पत्नी को कोड़े से मारना प्रेम का प्रतीक था। जर्मनी में नौकरों के सामने पति अपनी पत्नी के गुप्तांग पर कोड़ों से मारता था इसके पीछे का धार्मिक अन्धविश्वास था कि ऐसा करने से प्रजनन में आसानी होती है इस अन्धविश्वास को पोप-पादरियों का समर्थन प्राप्त था। बेल्जियम में बंगेस के एक पादरी वोनेलिअस (1550-60) ने महिलाओं को नंगा कर उनके गुप्तांगों पर कोड़े मारने का उल्लेख किया है, इस कृत्य को उक्त पादरी स्त्रियों के लिए मुक्ति का मार्ग बताता था।

चर्च की दृष्टि में पुरुष की तुलना में हीन होने के कारण स्त्री को चर्च की पूर्ण सदस्यता का अधिकार भी नहीं दिया गया। स्त्रियाँ धर्माचार्य (क्लर्जी), धर्माधिकारी (बिशप) धर्मपाल आदि पदों को प्राप्त नहीं कर सकतीं। पोप की पदवी पर आसीन होने की बात तो कल्पना से बाहर है। इसके पक्ष में यह तर्क दिया जाता है कि ईसा मसीह के सारे-के-सारे बारह पट्ट शिष्य (एपोस्टल) पुरुष थे। ईसा मसीह चाहते तो स्त्री को पट्ट शिष्य बना सकते थे, पर उन्होंने ऐसा नहीं किया।

तेरहवीं से सोलहवीं सदी तक विधर्मी, जादूगरनी और डायन के आरोप में चर्च के आदेश से लाखों स्त्रियों को मौत के घाट उतारा गया।

ईसाई धर्म की नींव स्त्री के रक्त से सींची गयी है, तो दूसरी तरफ़ धर्म के भीतर उनकी स्थिति को कैसे देखा गया–बाइबिल के अनुसार औरत का जन्म पुरुष की पसली से हुआ, वह पुरुष के अधीन रहने को बाध्य है। पुरुष जब और जैसे चाहे उससे सम्भोग करे। उसकी तुलना दास, बैल, गदहे आदि से की गयी है।

ओल्ड टेस्टामेंट (4/1) में एक ज़िक्र है कि बूर्ज ने रूथ को ख़रीदा था यानी स्त्री की ख़रीद को धार्मिक सहमति मिली हुई थी। टेन कमांडेंट्स (एक्सोडस, 20/17) में पत्नी, नौकर, नौकरानी, बैल और गधे को एक श्रेणी में रखा गया है। डेंटोरोनोकी (22/2/29) में लिखा है कि विवाह के बाद अगर पता चले कि पत्नी अक्षत यौवना नहीं है, तो उसे पिता के घर के सामने पत्थरों से मारा जाये। इस नियम को बाद में इस्लाम ने भी अपनाया और आज तक इस्लाम के तहत बदचलनी के लिए पत्थरों से मारे जाने की सज़ाएँ कई इस्लामी देशों में दी जाती हैं। जिसका उल्लेख ऊपर किया जा चुका है।

ईसाइयों के न्यू टेस्टामेंट में भी स्त्री के प्रति रुख कोई उदार नहीं है। जेनेसिस (11/22) के अनुसार आदम की सुषुप्तावस्था में उसकी रीढ़ की हड्डी से ईव अर्थात स्त्री को बनाया गया, क्योंकि आदमी को उसकी आवश्यकता हुई।[3]

हिन्दू धर्म में भी महिलाओं के लिए गर्व करने लायक कुछ भी नहीं दिखाई पड़ता। वैदिक युग के बाद से नारी एक वस्तु में तब्दील होती चली गयी। उसके स्वतन्त्र अस्तित्व को कभी स्वीकार ही नहीं किया गया। पुरुषों के भोग-विलास के लिए वेश्यालयों और गणिकालयों की व्यवस्था भी ग्रयी थी, जिसमें साधारण पुरुष ही नहीं देवताओं, भगवानों को भी स्त्री के भोग की बेशुमार छूट दी गयी। यौन सम्बन्धों को लेकर सारी वर्जनाएँ और प्रतिबन्ध केवल नारी जाति पर लगे। यहाँ भी नारी की तुलना कुत्ते, शूद्र और चाण्डाल से की गयी। शतपथ ब्राह्मण में (3/2/4/6) कहा गया है कि यज्ञ के समय कुत्ता, शूद्र और नारी की ओर नहीं देखना चाहिए।

मैत्रायणी संहिता (3/8/3) और तैत्तिरीय संहिता (6/5/8/2) में स्पष्ट लिखा गया है कि नारी अशुभ है। पति की मृत्यु के उपरान्त पत्नी को पति की चिता में जला देना चाहिए। ऐसा उदाहरण दुनिया के किसी दूसरे मुल्क में देखने को नहीं मिलता है। धर्म के नाम पर अनेक प्रथाएँ जारी हैं, जो औरत को अपमानित करती रही हैं। इन्हीं में से एक है देवदासी प्रथा। मिस्र, बेबीलोन, यूनान, सीरिया, रोम की प्राचीन संस्कृतियों में इससे मिलती-जुलती प्रथाओं की जानकारी मिलती है और सदियों पहले उनका नाश हो गया। दक्षिण के भव्य मन्दिरों से इस प्रथा का गहरा सम्बन्ध है।

शंकराचार्य ने औरत के आठ दोष गिनाये हैं–झूठ, अस्थिरता, छल, मूर्खता, लालच, अपवित्रता, क्रूरता और अशिष्टता। इन्हीं दोषों का वर्णन कूटनीतिज्ञ चाणक्य ने भी अपनी पुस्तक चाणक्यनीति के दूसरे अध्याय में किया है।

महाभारत काल तक नियोग-प्रथा प्रचलित थी। विवाहिता स्त्री पर-पुरुष से सम्बन्ध स्थापित कर सन्तान उत्पन्न कर सकती थी। कुँआरी कन्या को भी नियोग से सन्तान उत्पन्न करने की छूट थी। धर्म, मरुत और इन्द्र के समागम से कुन्ती ने युधिष्ठिर, भीम और अर्जुन को एवं अश्विनी कुमारों के समागम से माद्री ने नकुल और सहदेव को जन्म दिया। पाण्डु और उसके भाई धृतराष्ट्र का जन्म भी ऋषि के नियोग से हुआ था।[4]

स्त्रियों के लिए जब शिक्षा के अधिकार का सवाल उन्नीसवीं सदी में पहली बार उठा और बंगाल, महाराष्ट्र के समाज सुधारकों राजा राममोहन राय, ईश्वरचन्द विद्यासागर, ज्योतिबा फुले आदि ने स्त्री शिक्षा के लिए विद्यालय खोलने की बात की तो धर्माचार्यों ने इसे धर्म पर आघात बताया था। ऐसी स्थिति से गुज़रती हुई औरत समाज के साथ आज भी टकरा रही है और सभी अमानवीय परम्पराओं को जड़ से ख़त्म करने की पैरवी में लगी है।

इस्लाम के उदय के समय अरब में महिलाओं की स्थिति अत्यन्त दयनीय थी, इस्लाम ने उन्हें इस अवस्था से उबारा। इस्लाम के उदय के साथ यह बात निःसन्देह कही जा सकती है कि इस्लाम का उदय क्रान्तिकारी रूप में हुआ, जिसमें स्त्रियों एवं वंचित उपेक्षित वर्ग को बराबरी देने की कोशिश की गयी, लेकिन यह बात भी ध्यान देने की है कि यह बराबरी का दर्जा सिर्फ़ इस्लाम स्वीकार करने वालों तक ही सीमित था। ग़ैर धर्मावलम्बियों, ग़ुलामों तथा ग़ुलाम स्त्रियों के लिए नहीं। हजरत मोहम्मद ने अपने कुशल नेतृत्व में अरब में बँटे हुए छोटे-छोटे क़बीलों को एक सूत्र में बाँधने की कोशिश की। पहली बार भाईचारा, समानता और स्त्रियों के अधिकार

की बात कही। उस समय स्त्रियों को मिले तलाक़ व सम्पत्ति में अधिकारों के कारण उनकी स्थिति में बहुत सुधार भी आया और तत्कालीन यहूदी व ईसाई समाज की महिला से मुस्लिम महिला की स्थिति कुछ हद तक बेहतर हो गयी। यह भी कहा जा सकता है कि इस्लाम एक नया धर्म था। पूर्व की स्थिति उसके सामने थी, इसलिए महिलाओं की स्थिति को भी बदलने का प्रयास वहाँ हुआ, लेकिन पूरी तरह से बराबरी आ जाये, ऐसा हो पाना न सम्भव था, न स्वीकार्य।[5]

कुरान के सूर: बकर की आयत नम्बर दो में कहा गया है कि औरतों का हक़ मर्दों पर वैसा ही है, जैसा कि मर्दों का हक़ औरतों पर। यह कहना बड़ी बात है, परन्तु इसी आयत के अन्त में यह भी लिखा है कि मर्दों को औरतों पर फजीलत (श्रेष्ठता) है। इसका अर्थ यह हुआ कि जैसे अन्य धर्मों में औरतों को मर्दों से हीन माना गया वैसे ही इस्लाम में भी।

इसी तरह मुस्लिम धर्म ग्रन्थ कुरान के सूरा बकर दो की आयत 222 में स्त्री को उसके पति द्वारा चरने के लिए तैयार खेत कहा गया। तो **बहिश्त की कुंजी** पुस्तक में स्त्री को कुछ नसीहतें दी गयी हैं कि "आपके पति आपको जैसा चलाना चाहें, आप उसी तरह चलिए और वे जैसा भी करें, आप उसी में सन्तुष्ट रहें। किसी भी काम में और किसी भी बात में उनके ख़िलाफ़ मत जाइए तथा जिसका पति पागल, जाहिल या बेवकूफ़ है, तो भी उसे आसमान का चाँद मानना चाहिए। उसके पैरों तले सिर झुकाकर ज़िन्दगी काटने से ही बहिश्त (स्वर्ग) का अमन-चैन भोग सकेंगी।"

सूर: निसां चार की आयत 34 में कहा गया है–मर्द औरतों पर हाकिम और मुसल्लत (आच्छादित) है। इसीलिए ख़ुदा ने किसी को, किसी से अफज़ल (उत्तम) बनाया है और इसलिए भी कि मर्द अपना माल ख़र्च करते हैं, तो जो नेक बीवियाँ हैं, वे मर्दों के हुक्म पर चलती है और उनके पीठ पीछे ख़ुदा की हिफ़ाज़त और आबरू की ख़बरदारी करती है और जिन औरतों के बारे में तुम्हें मालूम हो कि सरकशी (अवज्ञा) करने लगी हैं, तो पहले उनको ज़ुबानी समझाओ, अगर न समझे तो फिर उनके साथ सोना छोड़ दो, अगर इस पर भी न माने तो मारो-पीटो और अगर फरमाबरदार (आज्ञाकारिणी) हो जाये, तो उन्हें तकलीफ़ देने का कोई बहाना मत ढूँढ़ो। बेशक ख़ुदा सबसे ऊँचा और जलीलुल क़द्र (ऊँची इज़्ज़त वाला) है।

निकाह के लिए स्त्री की रजामन्दी की बात कुरान में कही गयी है, जो अनिवार्य भी है, पर युद्ध में हासिल हुई स्त्री से उनकी मर्ज़ी के बग़ैर, यहाँ तक कि यदि वह शौहर वाली यानी विवाहिता है, तब भी पुरुष यानी मुसलमान को उससे विवाह की अनुमति दी, क्योंकि ऐसी स्त्री को माले-ग़नीमत माना गया है। बात यही ख़त्म नहीं

होती। पत्नियों के मामले में तो चार की सीमा निर्धारित कर दी, लेकिन लौंड़ी यानी रखैल रखने की कोई सीमा नहीं रखी। पुरुष चाहे तो चार पत्नियों के अलावा कई लौंड़ियाँ रख सकता है। एक बात यह भी जानना ज़रूरी है कि माले-ग़नीमत में आयी औरत निकाह करेगी या कनीज बन कर रहेगी। यह चुनाव औरत का नहीं, उसके मालिक का होता था। यहाँ भी बराबरी की बात को ख़ारिज किया गया है।

सूरः नूर 102 की आयत के अनुसार–बदकारी करने वाली औरत और बदकारी करने वाले मर्द, बदकारी का आरोप सिद्ध होने पर दोनों को ही मुसलमानों की जमात के सामने सौ-सौ कोड़े मारे जायें।

बदकारी साबित करने के लिए चार चश्मदीद लोगों की गवाही आवश्यक है। यहाँ भी भेदभाव बरता गया है कि चारों गवाह मर्द और मुसलमान होने चाहिए। सूरः निसां 4 की आयत 15 में बदकार औरत, मर्द की सज़ा में फ़र्क़ किया गया है। इसमें लिखा है–"मुसलमानो! तुम्हारी औरतों में जो बदकारी कर बैठें, उन पर अपने लोगों में से चार आदमियों की गवाही लो। अगर वे उनकी बदकारी की गवाही दें, तो उन औरतों को घरों में बन्द रखो, तब तक, जब तक कि मौत उनका काम तमाम न कर दे या ख़ुदा उनके लिए कोई रास्ता पैदा न कर दे।"

इसी आयत में आगे लिखा है–"जो मर्द तुममें से बदकारी करे, तो उसको ईज़ा यानी कष्ट दो, फिर अगर उससे तौबा कर ले और भले बन जाये, तो उनका पीछा छोड़ दो। बेशक ख़ुदा तौबा कुबूल करने वाला और मेहरबान है।[6]

स्त्री के लिए ख़ुदा क्या रास्ता निकाले, यह स्पष्ट नहीं है, पर मर्द अगर तौबा कर ले और भला बन जाये, तो उसके गुनाहों की माफ़ी स्पष्ट है।

अगर हम ग़ौर करें तो पिछले 1400 वर्षों से कुरान और हदीस में लिखी बातों की इतनी सारी और इतने ढंग की व्याख्या की गयी और सब में एक और बात जो साफ़ नज़र आयी औरतों का स्थान सिमटता गया, मुस्लिम समाज के भीतर भी कई उप-विचारधाराएँ पनपती गयीं। इन विभिन्न स्कूलों का बनना ही इस बात का संकेत देता है कि लोगों ने अपने-अपने ढंग और ज़रूरतों के हिसाब से धर्म की व्याख्या की, नियम क़ायदे बनाये, क़ानून बनाये। दुनिया भर के लगभग 52 इस्लामी मुल्कों में एक क़ानून का न होना भी इस बात का संकेत है कि देशकाल और परिस्थितियों के हिसाब से क़ानूनों का निर्माण होता रहा और अधिकतर देशों में शरीयत क़ानून सिमटते गये और यूरोपियन क़ानूनों का प्रभाव बढ़ता रहा।

धर्म के नाम पर कई अन्य ऐसी आचारसंहिताएँ बनायी गयीं, जिन्होंने औरतों को असहनीय कष्ट दिये, बोहरा मुस्लिम उप-सम्प्रदाय में औरतों का **खतना** किया

जाता है, जिसे भी धार्मिक आचारसंहिता का अंग माना जाता है, जिसका पालन धार्मिक कर्तव्य है। भारत में आज भी अफ्रीकी देशों की तरह खतना प्रथा जारी है, जिस पर सरकार ने अभी तक रोक नहीं लगायी है। मोलवियों के कड़े विरोध के बावजूद 1960 में मिस्त्र ने इस बर्बर प्रथा पर रोक लगायी। कई अन्य देशों ने भी रोक लगाने की पहल की। साथ ही संयुक्त राष्ट्र संघ ने भी इसके ख़िलाफ़ प्रस्ताव पास किया।

हलाला जैसी अमानवीय प्रथा भारतीय मुस्लिम समाज में आज भी जारी है। मुताह जैसी प्रथा पर भी हमारे देश में अभी तक रोक नहीं लगायी गयी है।

मुताह पर किये गये अध्ययन के दौरान हमने महिलाओं से सम्पर्क किया। यह जानने के लिए कि क्या आज भी मुताह की घटनाएँ हो रही हैं। इस पड़ताल में हमें बहुत से अनुभवों की प्राप्ति हुई।

सम्पर्क किये गये घटनाक्रम का विश्लेषण

हमने 41 प्रकरणों का अध्ययन किया। हमने इन्हें तीन श्रेणियों में बाँटा है। 1—मुताह के वे मामले, जो पुलिस के संज्ञान में हैं। 2—मुताह के वे मामले जो पुलिस के संज्ञान में नहीं हैं। 3—मुताह के वे मामले जो सापेक्षिक रूप से सफल कहे गये।

सम्पर्क किये गये घटनाक्रम की संख्या

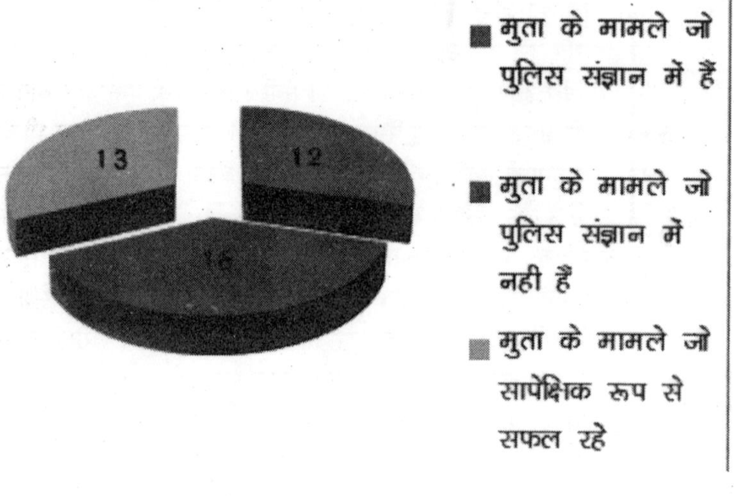

शिक्षा का स्तर : सम्पर्क किये गये केस में 20 उत्तरदाता अशिक्षित थे, 13 लड़कियाँ प्राइमरी पास थीं, एक लड़की हाई स्कूल, एक इंटरमीडिएट और छह लड़कियों की शिक्षा के बारे में जानकारी नहीं मिल सकी। उनमें से कुछ ने सिर्फ़ कुरान की पढ़ाई घर में की थी। शिक्षा के बारे में लड़कियों ने बताया कि पढ़ने की उनकी इच्छा बहुत थी, वे न सिर्फ़ पढ़ना, बल्कि नौकरी भी करना चाहती थीं, परन्तु घर के हालात और माहौल के कारण वे शिक्षा प्राप्त नहीं कर सकीं। अशिक्षा का मूल कारण अभिभावकों का अशिक्षित होना, ग़रीबी और बालिका शिक्षा के प्रति उदासीनता भी है।

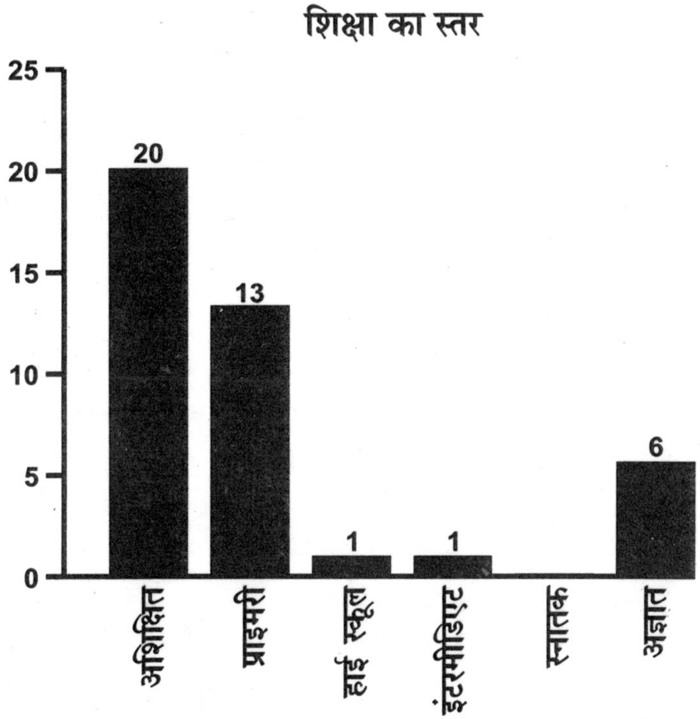

परिवार का व्यवसाय

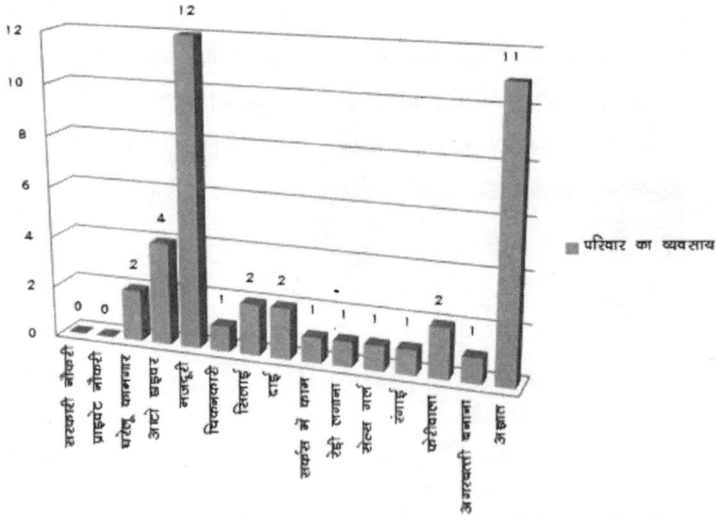

परिवार का व्यवसाय : उत्तरदाताओं के परिवार में कोई भी सरकारी नौकरी में नहीं था। ज़्यादातर महिलाएँ घरों में झाड़ू-पोछा लगाती हैं। इसके अलावा सिलाई, चिकनकारी, अगरबत्ती बनाना, दाई का काम, रंगाई आदि करती हैं। पिता मज़दूरी करते हैं या फेरी लगाते हैं अथवा ऑटो चलाते हैं। आर्थिक रूप से सभी परिवार कमज़ोर मिले।

परिवार का आकार : यह भी देखने को मिला कि प्रत्येक उत्तरदाता का परिवार बड़ा था। 3 से 7 सदस्यों वाले 54 परिवार, 8 से 11 सदस्य वाले पाँच परिवार, 12 से 15 सदस्य वाले 17 परिवार, 16 से 19 सदस्यों वाले दो परिवार थे। 22 परिवारों में सदस्य संख्या के बारे में इसलिए नहीं पता चल सका या तो वे केस बहुत पुराने थे या फिर पुलिस के रिकॉर्ड से लिये गये थे, जिनमें परिवार के सदस्यों की संख्या का उल्लेख नहीं था। परिवार का आकार बड़ा होने के कारण परिवार में कई प्रकार के असन्तोष भी देखने को मिले। जैसे–पिता द्वारा घर छोड़ कर चले जाना, काम न करना, नशे की लत, जुआ खेलना, भाई का ज़िम्मेदारी के प्रति उदासीन रहना, अत्यधिक क़र्ज़ का बोझ, बहनों कशिक्षा, रोजगार, शादी-ब्याह आदि पर ध्यान न देना, परिवार में लड़ाई-झगड़े आदि।

परिवार का आकार

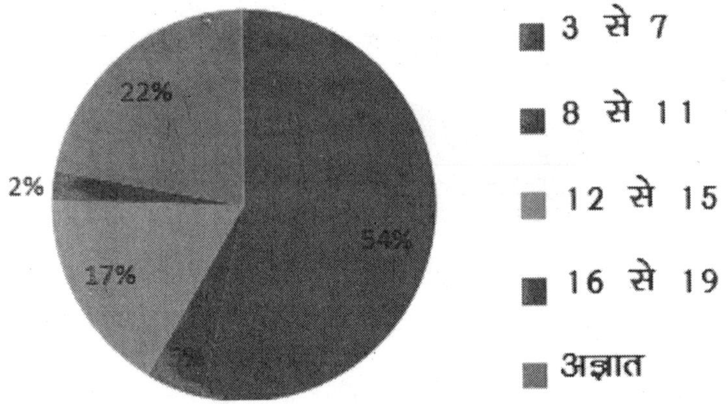

निकाह के वक़्त लड़की की उम्र

मुताह के केस में एक बात देखने को और मिली, वह यह कि मर्द हमेशा छोटी उम्र की लड़कियों से ही मुताह करना पसन्द करते हैं। चाहे सन् 1980 के पहले के केस, जिन्हें सफल केस कहा गया, उसमें भी 70 से 80 साल के पुरुष ने 13-14 साल की लड़की के साथ विवाह किया और उसे अपनी दूसरी, तीसरी या चौथी पत्नी बनाया। लड़कियों को जहाँ भी दिखाने के लिए शेख़ के सामने पेश किया गया, उनमें शेख़ की प्राथमिकता छोटी उम्र की लड़की को चुनना ही था। यहाँ भी हमने देखा कि 10 से 14 आयु की 19, 15 से 17 आयु की 59, 18 से 25 आयु की 10, 26 से 30 आयु की दो और 10 लड़कियों की सही आयु के बारे में ज्ञात नहीं हो सका। भारत का क़ानून लड़की के विवाह की आयु को 18 वर्ष मानता है, जबकि शरीयत क़ानून 15 वर्ष या यौवनावस्था को लड़की के विवाह की सही आयु मानता है। मुस्लिम पारिवारिक क़ानून से अभी भी उसे हटाया नहीं गया है। चयनित केस में बहुत से मामले ऐसे भी हैं, जो 15 और 18 से भी कम आयु के हैं।

निकाह के वक्त लड़की की उम्र

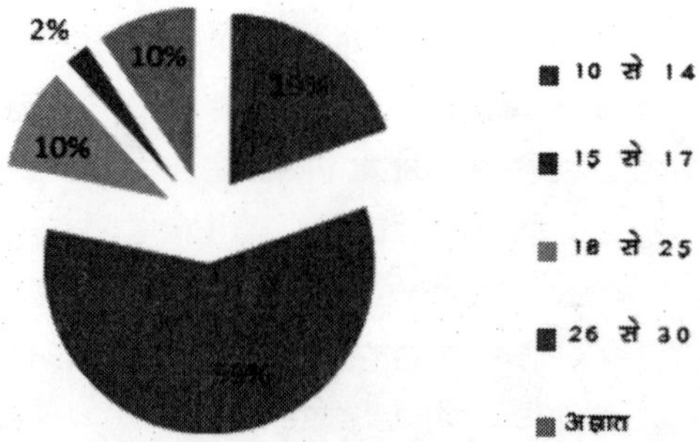

निकाह के वक़्त आदमी की उम्र : निकाह मुताह कहें या कॉन्ट्रैक्ट विवाह के लिए जो भी पुरुष सामने आये, उनमें वही पुरुष थे, जिनकी युवावस्था ख़त्म हो चुकी थी और जिनकी पहले से ही एक, दो या तीन बीवियाँ भी थीं। 20 से 30 आयु वर्ग के केवल पाँच, 31 से 40 आयु के भी पाँच, 41 से 50 की आयु वाले 27, 51 से 60 आयु के 24, 61 से 70 के बीच के 27 और 71 से 80 की आयु वाले के दो आदमी शामिल थे।

निकाह के वक्त आदमी की उम्र

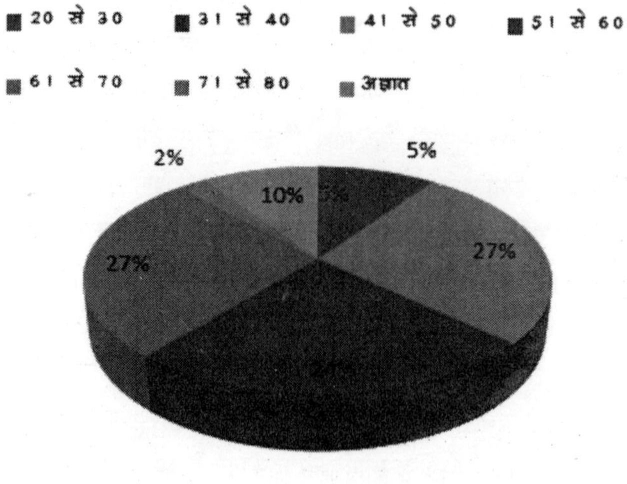

मेहर की रक़म : उत्तरदाता ने अपने अर्थों में परिवार को दी गयी राशि को हमें मेहर ही कहा, लेकिन यह राशि मेहर न होकर ख़रीद की रक़म ही मालूम

पड़ती है। जिसे लड़की के परिवार वालों ने लेकर लड़की को एक नियत समय के लिए किसी व्यक्ति को निकाह में दिया था और उसी रक़म को प्राप्त करने के लिए अभिभावक बार-बार अपनी लड़कियों को किसी-न-किसी व्यक्ति को देते रहे। इस्लाम में मेहर की रक़म देने का जो चलन है, वह इस प्रकार का तो नहीं, मेहर लड़की को दी जाती है, न कि लड़की के निकाह के बदले उसके माता-पिता को। अत: इसे मेहर कहा जाये या ख़रीद की रक़म, यह विचार का बिन्दु है। अधिकतम रक़म जो मुताह के बदले में परिवार को प्राप्त हुई, वह भी दो लाख से अधिक नहीं है और कई मामलों में ज़ेवर देकर लड़की से मुताह किया गया है। सात केसों में मात्र 5 से 10 हज़ार रुपये दिये गये, 10 हज़ार से 30 हज़ार रुपये में 12 लड़कियों का मुताह करा दिया गया, 30 से 50 हज़ार रुपये प्राप्त कर 17 लड़कियों को शेख़ों के हवाले कर दिया गया। 50 से 80 हज़ार रुपये देकर पाँच घरों ने, 80 हज़ार से एक लाख रुपये लेकर 22 ने, एक लाख से दो लाख रुपये लेकर सात परिवारों ने अपनी लड़कियों को बूढ़े शेखों के हवाले कर दिया। परिवार के सदस्यों ने स्वयं भी दलाल की भूमिका निभायी।

मेहर की रकम

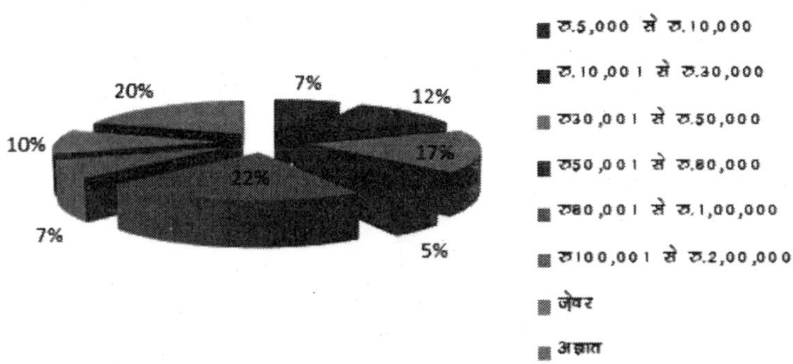

हिंसा का तरीक़ा : महिलाओं ने अपने अनुभव को हमारे साथ साझा किया। उन्होंने बताया कि उन्हें विभिन्न प्रकार की हिंसा का सामना भी करना पड़ता था। वे महिलाएँ जो अभी भी उस रिश्ते में हैं, उन्होंने भी कहा कि यह केवल समझौता है, वे जायें तो कहाँ जायें। उन्हें उनके परिवार वाले एटीएम मशीन ही समझते हैं। उनके पास कोई विकल्प ही नहीं है। महिलाओं ने हिंसा के तरीक़े के बारे में बताया

कि उन्हें हंटर से मारना, खाना न देना या दिन में केवल एक बार खाना देना, बहुत अधिक काम कराना, स्तन काट देना, योनि में हाथ डाल देना, यौन उत्तेजक दवाएँ खाकर हिंसक व्यवहार करना, यौन सम्बन्ध बनाने में नाकाम रहने पर मार-पीट करना आदि। कई मामलों में महिलाओं को मार कर लाश को फ्रीज़ में छिपा दिया गया। मुताह ने निकल का भागी एक महिला फरजाना ने बताया कि अरब में न जाने कितनी महिलाएँ मारी जा रही हैं, यहाँ से ब्याह कर ले जाने के बाद वे दूसरों के हाथों बेची जा रही हैं। इसका हमारे पास कोई रिकॉर्ड नहीं है।

हिंसा का तरीक़ा

- हंटर से मारना
- फाँसी से लटका कर हत्या
- 24 घण्टे में एक बार खाना देना
- खर्चा/वेतन न देना
- अत्याधिक श्रम/खेतों में काम कराना
- धोखे से शादी एवं तलाक़
- मायके वालों से मिलने न देना
- बच्चा छीन लेना
- स्तन काट देना
- बार-बार गर्भपात कराना
- जान से मारने की धमकी
- योनि में हाथ डाल देना
- यौन उत्तेजक दवाइयाँ खाकर हिंसा करना
- खिड़की से कूदकर जान देना
- जबरन शादी

तलाक़ का तरीका : मुताह अथवा कॉन्ट्रैक्ट विवाह की समाप्ति पर पाँच लोगों ने ज़ुबानी एक बार में तलाक़ दे दिया, 12 लड़कियों से निकाह के समय ही धोखे से सादे काग़ज़ पर दस्तख़त या अँगूठे का निशान ले लिया गया, जिसे उन्होंने तलाक़नामे में तब्दील कर दिया था, सात को फ़ोन पर तलाक़ दिया गया, तीन को डाक से तलाक़नामा भेजा गया, 17 लड़कियों को धोखे से मायके भेज कर सम्पर्क तोड़ दिया गया, सात लड़कियों को गर्भवती होने पर तलाक़ दे दिया गया, दो लड़कियों को मुताह का अनुबन्ध समाप्त होने पर वापस कर दिया गया,

दो ने खुला लिया, 10 लड़कियों के तलाक़ का तरीक़ा ज्ञात नहीं हो सका और अन्य 32 लड़कियों के मामले सापेक्षिक रूप से सफल माना गया। उनका तलाक़ नहीं हुआ। किसी केस में पति की मृत्यु अधिक आयु होने के कारण विवाह के कुछ समय बाद ही हो गयी, अन्य कई मामलों में लड़कियाँ अन्य मुताही पत्नियों के साथ गुजर-बसर कर रही हैं। महत्त्वपूर्ण बात समझने की यह है कि अरब देशों में न तो जुबानी तलाक़ होता है और न ही फ़ोन पर तीन तलाक़ का चलन है। ऐसे तलाक़ वहाँ पूर्णतः प्रतिबन्धित है। यह रिवाज भारत का है। इस विवाह को आयोजित करने वाले काज़ी और दलाल के कारण ही ऐसा हो पाना सम्भव है। यह पूर्णतः भारतीय तरीक़ा जिसका प्रयोग अरबी देशों के व्यक्तियों ने ग्रहण किया और लड़कियों को तलाक़ दे कर रिश्ते से फरार हो गये।

तलाक़ का तरीक़ा

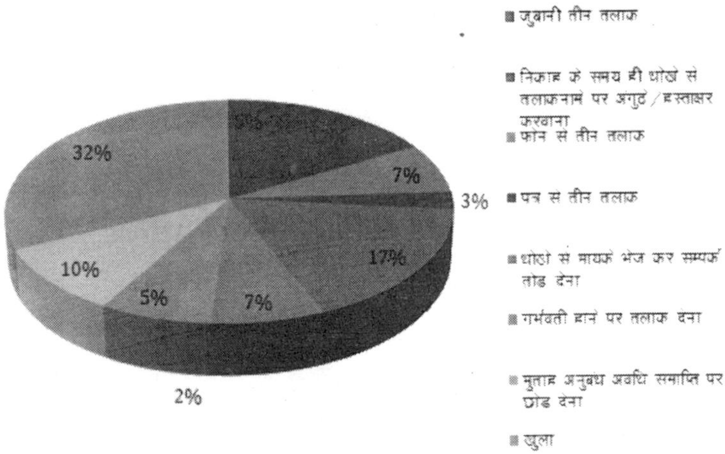

दलाल : जहाँ पुरुष दलाल 65 प्रतिशत थे, वहीं महिला दलालों का प्रतिशत 35 था। महिलाएँ ज़्यादातर मामलों में इलाक़े की लड़कियों पर नज़र रखती थीं, जो परिवार ग़रीब है, उनके घर आना-जाना, रिश्ता क़ायम करना और उन्हें भरोसे में लेती थीं और पुरुष दलाल, जिनमें ऑटो ड्राइवर प्रमुख हैं, वे कस्टमर लाते हैं, यह सारा काम बहुत ही झट-पट तरीक़े से किया जाता है। दलाल के घर में ही या लड़की के घर में ही निकाह कर वहीं रहने का प्रबन्ध भी किया जाता है। महिला और पुरुष दलालों को त्वरित कमाई इस पेशे में हो जाती है। कई मामलों में माँ-बाप

के अतिरिक्त लड़की के नज़दीकी रिश्तेदार जैसे फुफी, चाची, सौतेली माँ, दादी, मामा, पड़ोसी आदि ने दलाल की भूमिका निभायी। क़ाज़ी को लेकर आना, पेशगी रक़म लड़की के परिवार को देना, काग़ज़ों पर दस्तख़त कराना आदि काम पुरुष दलाल काज़ी से मिल कर करते हैं।

दलाल

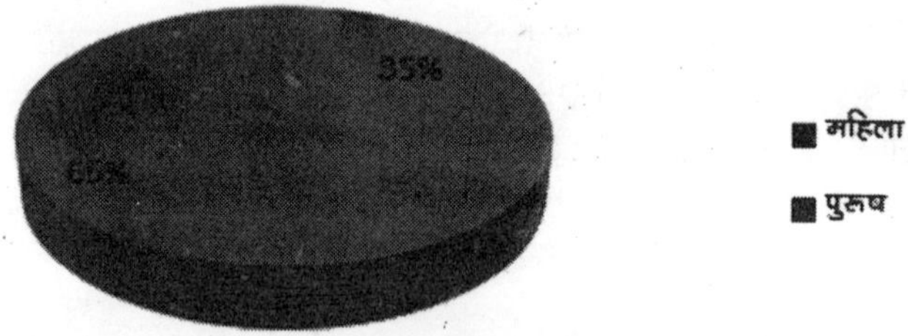

इनमें एक बात यह भी देखने को मिली कि दस्तावेज़ों में यह कहा जाता है कि मुताह शिया समुदाय में होता है, सुन्नी इसका विरोध करते हैं, लेकिन अध्ययन में पाया गया कि ज़्यादातर मुताह के मामले सुन्नी समुदाय के ही थे। बहुत कम केस शिया समुदाय के थे। मुताह की शिकार अधिकतर लड़कियों को यह पता नहीं था कि उसकी शादी एक निश्चित समय के लिए ही हो रही है, लेकिन परिवार को पूरी जानकारी थी। अरबी भाषी से विवाह करने में दोनों के बीच भाषा एक बड़ीं बाधा रहती है, एक को अरबी नहीं आती, दूसरे को हिन्दी या उर्दू नहीं आती। कई मामलों में देखा गया कि पुरुषों को उर्दू का थोड़ा ज्ञान रहता है। विडम्बना यह भी है कि जब हम अपने देश में, अपनी बेटी की शादी तय करते हैं, तब जाति, भाषा, शिक्षा, आयु, सामाजिक स्थिति, आर्थिक स्थिति, रिवाज, जैसे न जाने कितने प्रश्नों को देखने के बाद ही विवाह करते हैं, परन्तु एक अनजान पुरुष जिसकी न तो हमें भाषा समझ आती है, न संस्कृति, वे एक दूसरे से संवाद भी नहीं कर सकते। उनके साथ अपनी बेटी का ब्याह कर देना आश्चर्यजनक अवश्य है। बिना किसी ख़ास मंशा के ऐसा विवाह किया जाना मुमकिन नहीं है। इतने मामलों का अध्ययन करने के बाद भी हमें कोई एक महिला ऐसी नहीं मिली, जिसने अपनी इच्छा से मुताह निकाह में जाने का फ़ैसला किया हो या उसने पूरी बात जानने के बाद अपनी सहमति दी हो, सभी मामलों में लड़की का जबर्दस्ती या धोखे से निकाह किया गया, उसके बाद

भी उससे यह बात छिपायी गयी कि यह निकाह एक निश्चित समय के लिए ही है। लड़की ने इस निकाह को अपनी नियति मान लिया, परन्तु जब वह व्यक्ति उसे छोड़ कर चला गया, तब उसे पता चला कि उसके साथ किस प्रकार का धोखा हुआ है। उसके बाद जब उसने किसी भी प्रकार शादी को बनाये रखना चाहा, लेकिन ऐसा नहीं हो सका, क्योंकि रक़म के बदले समय सीमा पूरी हो चुकी थी। इस प्रकार महिला को पूरी तरह से धोखे में रखा जाये और उसे एक ऐसे पुरुष के साथ कमरे में ढकेल दिया जाये, जो महिला को ख़रीद कर लाया हो, परन्तु महिला को इस बात का इल्म ही न हो। यह स्त्री की यौनिकता पर हमला और उसकी गरिमा को तार-तार कर देना ही हुआ। इसलिए स्त्रीवादी नज़रिये से भी मुताह औरत की गरिमा के ख़िलाफ़ है। ऐतिहासिक दस्तावेज़ों में भी कोई ऐसा उदाहरण नहीं प्राप्त हो सका, जहाँ महिलाएँ पैगम्बर मोहम्मद के पास यह सवाल पूछने आयी हों कि उनके पति उनसे लम्बे समय से दूर हैं, अपनी यौन इच्छा की पूर्ति के लिए क्या वे किसी अन्य से मुताह कर लें! इससे यह साबित होता है कि ये सब नियम-क़ायदे पुरुषों ने अपनी इच्छा के मुताबिक बनाये थे, जिसमें औरत का न तो कोई स्थान था। न वे उन्हें बनाने में शामिल थीं और न ही उसे बराबरी थीं। ऐतिहासिक प्रमाणों के मुताबिक पैगम्बर मोहम्मद ने जब-जब भी मुताह का हुक्म दिया, तब-तब पुरुषों से ही कहा कि जाओ और इन औरतों के साथ मुताह कर लो। वह आदेश चाहे फिर दो दिन, तीन दिन या कुछ हफ़्ते के लिए ही क्यों न दिया गया हो, ऐसा उन्होंने कभी औरतों को नहीं कहा। औरतों की इच्छा-अनिच्छा के प्रश्न को कोई स्थान नहीं था। वह यौन दासियाँ बनाकर पेश की जाती रही हैं।

वर्तमान में भी मुताह के मामले आते रहना, इस बात का संकेत है कि महिलाओं की स्थिति अभी भी कितनी चिन्ताजनक बनी है, जबकि भारत का संविधान गरिमापूर्ण जीवन जीने की गारंटी देता है। ज़मीनी सच उसके बिल्कुल उलट है।

एक तरफ़ ज़मीन पर इस प्रकार की स्थिति है, तो दूसरी ओर देश का संविधान महिलाओं को यह विश्वास दिलाता है कि क़ानून के सामने सब बराबर है अनुच्छेद 14, अनुच्छेद 15(1) कहते हैं कि धर्म, नस्ल, जाति, लिंग, जन्म स्थान या इनमें से किसी के भी आधार पर कोई भेदभाव नहीं। अनुच्छेद 15(3) महिलाओं तथा बच्चों के पक्ष में सरकार द्वारा विशेष प्रावधान बनाये जायें। अनुच्छेद 51(ए) (ई) सामंजस्य को बढ़ावा देना तथा औरतों की गरिमा के ख़िलाफ़ जाने वाले तौर-तरीक़ों का परित्याग। अनुच्छेद 21 प्राण और दैहिक स्वतन्त्रता का संरक्षण। अनुच्छेद 25 सभी को अन्त:करण की और धर्म को अबाध रूप से मानने, आचरण और प्रचार

करने की स्वतन्त्रता की बात करता है। धर्म को मानने की स्वतन्त्रता महत्त्वपूर्ण बात है, परन्तु यह बात भी ध्यान रखने वाली है कि कोई भी धर्म मानव की गरिमा या उसके जीने के अधिकार से अधिक महत्त्व का नहीं हो सकता और न ही कोई ऐसा धर्म आधारित तर्क है, जो महिला की गरिमा पर डाका डालता हो, वह अगर उक्त अनुच्छेद 25 का सहारा ले रहा हो, तो वह संविधान के ख़िलाफ़ ही होगा। अनुच्छेद 25, अनुच्छेद 14, 15, 21 की लाशों पर नहीं खड़ा हो सकता।

मुताह का अभ्याय लैंगिक न्याय (Gender Justice) और पितृसत्तात्मक व्यवस्था का प्रश्न महिलाओं के सन्दर्भ में नज़रअन्दाज़ नहीं किया जा सकता। जेंडर बराबरी और औरत की गरिमा का प्रश्न ग़ैर-पराक्राम्य (non-negotiable) है।

विशाखा बनाम राजस्थान राज्य (1997) के मामले में भी न्यायालय ने यौन हिंसा के प्रश्न पर कहा था कि औरत की गरिमा सम्पूर्ण विश्व में मान्य बुनियादी मानवाधिकार है।

चारू खुराना बनाम यूनियन ऑफ़ इंडिया (2015) के मामले में भी न्यायालय ने लैंगिक न्याय के प्रश्न को उठाया और कहा कि यह मानवाधिकार की उपलब्धि है। लिंग के आधार पर कोई भेदभाव नहीं किया जा सकता।

संसद ने मानवाधिकार अधिनियम 1993 के संरक्षण का कार्य किया, अधिनियम की धारा 2(डी) के अनुसार मानवाधिकार का मतलब वह अधिकार, जो सम्बन्धित है जीवन, स्वतन्त्रता, समानता और गरिमा से, उन्हें संविधान गारंटी देता है।

भारत सरकार ने **वियना घोषणापत्र अथवा सीडॉ** (convention of elimination and all forms of discrimination against women) की पुष्टि (ratify) 19.6.1993 से की है। यह सन्धि महिलाओं के प्रति सभी प्रकार के भेदभाव को समाप्त करने हेतु है। घोषणापत्र की प्रस्तावना कहती है कि महिलाओं के प्रति भेदभाव मानवाधिकार की गरिमा के ख़िलाफ़ है। सीडॉ सन्धि का अनुच्छेद एक कहता है कि ऐसी असमानता जो स्त्री और पुरुष का लिंग आधार पर बहिष्कार करे तथा जिसका उद्देश्य और प्रभाव मानव जीवन के किसी भी क्षेत्र में उसके द्वारा प्रयोग किये जाने वाले मूल अधिकारों का हनन करना हो, अनुच्छेद-2(3) ऐसे सभी क़ानून, रीति-रिवाज तथा नियमों पर रोक लगे जो महिलाओं के प्रति भेदभाव पैदा करते हैं। अनुच्छेद-6 कहता है कि महिलाओं के देह व्यापार और वेश्यावृत्ति रोकने के लिए उचित क़दम उठाने होंगे। महिलाओं के सवाल पर **दूसरे विश्व सम्मेलन (वियना, 1993) और चौथे विश्व सम्मेलन (बीजिंग, 1995)** में

(भारत जिसका सदस्य था) लैंगिक भेदभाव और महिलाओं पर होने वाली यौन हिंसा को पूरी तरह से ख़ारिज किया गया था। मुताह का प्रचलन भी संविधान के अनुच्छेद 25 के तहत संरक्षित नहीं है। यह न केवल संविधान के अनुच्छेद 14, 15 और 21 का उल्लंघन है, बल्कि यह उन अन्तर्राष्ट्रीय सन्धियों का भी उल्लंघन है, जिस पर भारत सरकार ने हस्ताक्षर किये हैं। नारीवादी नज़रिया रखने वाले लेखक (महिला-पुरुष) इसे भारतीय दण्ड संहिता की धारा 375 (बलात्कार) में शामिल करने की बहस को तेज़ कर रहे हैं।

ईरान की सामाजिक कार्यकर्ता **शहला हैरी,** जो एक मध्यम वर्गीय परिवार से हैं, वे मुताह को एक प्रकार की वेश्यावृत्ति मानती हैं, जिसे धर्म की खोल में लपेटा गया है। पश्चिमी लेखक इसे वेश्यावृत्ति के रूप में ही देखते हैं। **जूलिया पारशेल** लिखती है कि मुताह एक वैध वेश्यावृत्ति है, जिसे बारहवें शिया प्राधिकारी वर्ग (authorities) ने अनुमति दे रखी है। वह निकाह और मुताह को आधुनिक इस्लामी शब्दकोश (आक्सफोर्ड इन्साइक्लोपीडिया) को अलग-अलग तरीक़े से परिभाषित करती हैं। वे कहती हैं कि **निकाह वंश-वृद्धि है और मुताह सिर्फ़ यौन सन्तुष्टि है। जैनो बेरेन** कहती हैं कि मुताह पुरुष को वेश्यावृत्ति की धार्मिक स्वीकृति देता है। **ऐलेना एंड्रीवा** महसूस करती हैं कि मुताह एक क़ानूनी रूप से वैध आवारगी या ऐयाशी है, जिसे वेश्यावृत्ति से अलग नहीं किया जा सकता। **नूर ज़हीर** भी इसे वेश्यावृत्ति ही कहती हैं। नवाब वाजिद अली शाह ने भी अपनी व्यभिचारी आदतों के कारण मुताह को पुनर्जीवित किया था। उनकी कई मुताही पत्नियों का भी उल्लेख मिलता है। वे बताती हैं कि लन्दन और पेरिस में जब वह मुताह का अध्ययन कर रही थी, तो उन्होंने पाया कि डेटिंग के लिए मुस्लिम लड़के-लड़कियाँ मुताह का प्रयोग करते हैं। इंडोनेशिया और फिलीपींस में एक हॉलीडे मैरिज के तौर पर मुताह का प्रयोग होता है। उनके अनुसार खुमैनी की इस्लामिक क्रान्ति का असर भारत पर भी बहुत पड़ा, कारगिल में शिया मुस्लिम घरों में खुमैनी की बड़ी-बड़ी तस्वीरें आज भी लगी हुई हैं। वे उन्हें अपना आदर्श मानते हैं। चिन्ता की बात यह है कि करगिल में मुताह की घटनाएँ बढ़ती जा रही हैं। **तस्लीमा नसरीन** यह जान कर हैरान हैं कि भारत में अभी भी मुताह का चलन है। उनकी उत्सुकता यह भी जाने की रही कि क्या बांग्लादेश में भी ऐसा हो रहा होगा। **शबाना आज़मी** कहती हैं कि यह बिल्कुल गवारा नहीं, यह पूरी तरह से वेश्यावृत्ति है। इससे बच्चों का शोषण भी हो रहा है। इसे गम्भीरता से उठाना होगा। इसके ख़िलाफ़ औरतों को लड़ाई लड़नी होगी। मौलाना आज़ाद नेशनल यूनिवर्सिटी, हैदराबाद के महिला अध्ययन विभाग में कार्यरत **डॉ.**

अमीना तहसीन कहती हैं कि मैंने अपने बचपन से ही अरबी शेख़ों को आते देखा है। इनके आने पर घरों से लड़कियों को निकलने नहीं दिया जाता था। झूलती हुई चमड़ी, कुबड़ी लेकर वे गलियों में आते, गलियाँ ख़ुशबू से भर जातीं। उनके पीछे फटे हाल बुर्कापोश औरतें चली आतीं, वे उन ग़रीब औरतों को बड़े पाँच सितारा होटलों में खाना खिलाते, परिवार के लोग इस चमक-धमक को देखकर उनके साथ अपनी मासूम बच्चियों की शादी ख़ुशी-ख़ुशी कर देते थे। वे बताती हैं कि निज़ाम ने भी इसके ख़िलाफ़ क़ानून बनाया था, जब उनकी पुलिस ने उन्हें यह शिकायत की कि यहाँ से अरब हमारी औरतों को ब्याह कर ले जा रहे हैं और वहाँ बेच रहे हैं। आज भी यह सिलसिला बदस्तूर चल रहा है। एक दलाल क़ाज़ी अब्दुल राफे, जो 2014, 2015 और 2016 में पकड़ा जाता है और बार-बार छूट जाता है और हर बार छूटने के बाद वह यही काम करता है, परन्तु उसके ख़िलाफ़ कोई ख़ास कार्रवाई नहीं होती। यह मुद्दा अभी मुख्य धारा में नहीं आ सकता है, इस पर काम करने की ज़रूरत है। लखनऊ के एक सुन्नी मौलाना ने कहा कि यह क़तई इस्लाम में हराम है यह पैसे देकर औरतों का जिस्म ख़रीदना है। कई शिया मौलानाओं से सम्पर्क किया गया, परन्तु वह इस मुद्दे पर सुन्नी मौलवियों की ही तरह बात करने से बचते रहे।

मुस्लिम निजी क़ानून 1937 (शरीयत) की धारा 2, मुताह की मान्यता और अभ्यास का अनुमोदन करती है।[7]

जो संविधान की धारा 14, 15, 21 के भी विरुद्ध है। इस तरह कहा जा सकता है कि यह एक विरोधाभास है। जहाँ संविधान महिलाओं को बराबरी, स्वतन्त्रता, समानता, गरिमा व दैहिक स्वतन्त्रता की रक्षा की गारंटी देता है। वहीं दूसरी तरफ़ उनके निजी क़ानून इन सबको उनसे छीन लेते हैं।

भारत में जब महिला विरोधी क़ानून तीन तलाक़ को ख़त्म करने का संघर्ष तेज़ हुआ, तब कुछ महिला संगठनों ने स्वयं ही यह कहा कि मुस्लिम निजी क़ानून सुप्रीम कोर्ट के अधिकार क्षेत्र से बाहर है। कुरान में किसी प्रकार के भेदभाव का प्रावधान नहीं है। केरल हाई कोर्ट के न्यायाधीश **श्री बी. कमाल पाशा** ने एक केस पर सुनवाई के दौरान कहा कि क्या इस्लाम मुस्लिम महिलाओं को चार शौहर रखने से मना करता है? इस बात पर देश में बहस तेज़ हो गयी और उनकी बात को ख़ारिज करने के लिए विभिन्न प्रकार की अतिवादी जमातें उनके ख़िलाफ़ आवाज़ उठाने लगीं, परन्तु उनके इस प्रश्न का उत्तर किसी ने नहीं दिया। कमाल पाशा का मानना है कि मुस्लिम निजी क़ानून मुस्लिम महिलाओं के हक़ के प्रति बेहद उदासीन है, जिसे समय के साथ बदलने की ज़रूरत है। उन्होंने इस उदासीनता के लिए मुस्लिम

धर्मगुरुओं और मौलवियों को ज़िम्मेदार ठहराया। मुसलमानों को भी अपने धर्म गुरुओं की योग्यता को परखने की ज़रूरत है।

प्रश्न यह भी है कि मुस्लिम क़ानून पुरुष को इस बात की इजाज़त देता है कि वे चार शादी के साथ कई मुताह भी कर लें। ऐसा ही समान प्रावधान मुस्लिम महिला के लिए नहीं है। ऐसे में बराबरी का विमर्श यहाँ ख़ारिज हो जाता है।

कुछ और भारतीय क़ानूनों की बात करें जो स्त्री-पुरुष की स्थिति को मज़बूत बनाने के लिए महत्त्वपूर्ण है। उनमें मुफ्त और अनिवार्य शिक्षा अधिनियम 2009 जिसे 20 जुलाई, 2009 को संसद ने पास किया और अप्रैल, 2010 से यह क़ानून अमल में आ गया। नौ वर्ष गुज़रने के बाद भी मुताह के अध्ययन के दौरान ज़्यादातर लड़कियों ने यही बताया कि वे पढ़ना चाहती थीं, लेकिन आर्थिक तंगी और स्कूल पास न होने से वे पढ़ाई नहीं कर सकीं।

लैंगिक अपराधों से बच्चों का संरक्षण अधिनियम 2012 (protection of child from sexual offence 2012 POCSO) की धारा सात और आठ में बच्चों के निजी अंगों से छेड़छाड़ करने पर सात से 10 साल की सज़ा का प्रावधान है। 2012 के बाद से भी मुताह के बहुत से मामले आ चुके हैं, इसे ध्यान में रखना होगा।

498ए भारतीय दण्ड संहिता (IPC) की धारा 498ए पति या रिश्तेदारों द्वारा औरत पर हिंसा करने के ख़िलाफ़ है और भारतीय दण्ड संहिता की ही धारा 420 भी विशेष रूप से है, जिसमें किसी पक्ष के साथ झूठ बोलना धोखा देना आदि शामिल है। भारतीय दण्ड संहिता की धारा 366, जिसमें महिला का अपहरण या उत्पीड़न या उसे शादी के लिए मजबूर करना आता है।

बाल विवाह प्रतिषेध अधिनियम 2006, जिसमें बालिग मर्द का नाबालिग से शादी न करना, नाबालिग की शादी न करना, बाल विवाह को बढ़ावा न देना आदि धाराएँ मौजूद हैं। हमने मुताह के अध्ययन के दौरान पाया कि 90 प्रतिशत लड़कियों का विवाह उनके बालिग होने से पहले ही किया गया, जिसमें मर्द की उम्र 50, 60 या 70 वर्ष तक थी।

यूँ तो बहुत से क़ानून हैं, जिनका उल्लेख किया जा सकता है, लेकिन इतने क़ानून होने के बावजूद औरतों की स्थिति में कोई बड़ा बदलाव नज़र नहीं आ रहा है। मुताह पीड़ित औरतों से बात कर ऐसा लगा कि उनकी पहुँच क़ानून तक नहीं है। इसीलिए कई महिलाओं ने न्यायालय जाने से इनकार किया और किसी तरह वे मुताह से बाहर निकल आयी। क़ानून तक औरतों के न पहुँचने के कई कारण है,

एक तो यह कि क़ानून बहुत महँगा है और बहुत समय की माँग करता है। ग़रीब परिवारों को सरकारी वकील की सुविधा उपलब्ध होना, इतना आसान नहीं है। अपराधी ज़्यादातर मामलों में इस मानसिकता को भाँप लेते हैं और निडर होकर आपराधिक गतिविधियों को अंजाम देते हैं और बच निकलते हैं।

हम यह भी देख सकते हैं कि राजसत्ता और धर्म सत्ता मिलकर एक शासक का रोल निभाते हैं, तब कब धर्म सत्ता, राजसत्ता पर हावी हो जाती है, इसका हमें पता ही नहीं चलता। इस गठजोड़ की दो प्रमुख ख़राबियाँ है पहला—यह कभी भी एक कामयाब लोकतन्त्र स्थापित नहीं कर सकता, दूसरा—यह गठजोड़ हमेशा ही महिला विरोधी होता है। इसका उदाहरण हम भारत में भी राजसत्ता और धर्मसत्ता के गठजोड़ के रूप में देख सकते हैं। जहाँ एक लोकतान्त्रिक देश में राजसत्ता और धर्मसत्ता का मिला-जुला शासन किसी एक वर्ग के साथ और दूसरे के ख़िलाफ़ खड़ा नज़र आता है। इसका क्या परिणाम होता है, इसे समझने के लिए हमें ईरान का उदाहरण लेना होगा। ईरान की ग़लतियों से सीखना भी होगा। शिया सम्प्रदाय प्रधान ईरान में धर्मगुरु सय्यद रुहोल्लाह मुसावी उर्फ़ अयातुल्लाह खुमैनी के नेतृत्व में ईरान के शाह वंश के शासक मोहम्मद रजा पहलवी के ख़िलाफ़ बग़ावत कर **इस्लामिक क्रान्ति** की स्थापना हुई थी। इसकी स्थापना के चालीस साल हो गये। इस क्रान्ति की शुरुआत खुमैनी ने की थी कि मज़लूमों को अब खड़े होना होगा और आततायी से प्रतिशोध लेना होगा। पहलवी वंश का ख़ात्मा कर धर्म के नाम पर यह क्रान्ति सफलतापूर्वक अस्तित्व में आयी। क्रान्ति के नाम पर मजहब का परचम बुलन्द हुआ, क्रान्ति के साथ ही अन्य सहयोगी परिवर्तनकारी शक्तियों को हिंसात्मक ढंग से हाशिये पर फेंक दिया गया। मजहबी अन्धभक्ति की नयी इबारत लिखी जाने लगी। शासकों ने कहा कि अब मुल्ला हुकूमत करेंगे और दस हज़ार साल तक इस्लामी गणतन्त्र क़ायम रहेगा। मार्क्सवादी अपने लेनिन के साथ जायेंगे और हम इमाम खुमैनी के रास्ते पर चलेंगे। (वी.ए. नॉयपाल : अमंग दि बिलीवर्स, पृ. 56)[8]

किसी भी धार्मिक क्रान्ति का सबसे ज़्यादा ख़मियाज़ा औरतों को ही भुगतना पड़ता हैं इन वर्षों में ईरान में दो नारे बहुत जोर-शोर से उछले। पहला—महिलाओं के लिए **घरों की ओर लौट जाओ** और दूसरा—**जड़ों की ओर लौट चलो।** जड़ों की तऱफ़ लौटने का मतलब होता है जड़ता की तरफ़ लौटना। कोई भी धर्म कभी भी मानवाधिकार का पैरोकार हो ही नहीं सकता और न ही वह महिला को बराबरी का दर्जा दे सकता है, कारण उसके निर्माण में महिलाएँ कभी शामिल नहीं

रही, वह मर्दों का बनाया निज़ाम है और मर्द औरत को जानता ही नहीं तो बराबर मानेगा कैसे? ईरान में भी चालीस वर्षों में वही कुछ हुआ। आधुनिकता के ख़िलाफ़ परम्परावादी शक्तियाँ संगठित होने लगीं। पश्चिमीकरण के ख़िलाफ़ आक्रोश फूट पड़ा। ब्यूटीपार्लर से उठाकर आधुनिक लड़कियों को बुर्के में तब्दील कर दिया गया। सड़कों पर सरेआम वेश्यालयों के मालिकों और वेश्याओं को फाँसी दी जाने लगी। इस्लामिक क्रान्ति ने कुत्सित मोड़ ले लिया, संगीत पर पाबन्दी लगायी जाने लगी। औरतों पर इस्लामी क़ायदे-क़ानून लादे जाने लगे। सागर तटों पर स्त्री-पुरुष के स्नान पर रोक लगायी गयी। वी.एस. नॉयपाल ने इसे परम्परावादी बनाम आधुनिकतावादी जंग के रूप में याद किया है। खुमैनी ने मुताह की इजाज़त दी, इसे ब्लसिंग बताया। इसका असर यह हुआ कि जो लोग मुताह के बारे में जानते ही नहीं थे, वे भी मुताह करने लगे और घर तबाह होने लगे। खुमैनी की इस्लामिक क्रान्ति का असर सिर्फ़ ईरान पर ही नहीं हुआ तमाम मुस्लिम मुल्क इसकी चपेट में आ गये। तंज़ानिया में इस्लामिक क्रान्ति से पहले मुताह प्रतिबन्धित था, शिया समुदाय में भी इसके बारे में बहुत कम या न के बाबर सूचना थी, शहला हैरी[9] कहती है, लेकिन 1979 के बाद ईरान ने एक अभियान का आगाज किया। जिसने औरतों की ज़िन्दगियाँ तबाह कर दी। तंजानिया की एक महिला पत्रकार **फरीदा जाफर** जो इस पूरे बदलाव को अपनी पैनी नज़र से देखकर वे कहती हैं, "मुताह वेश्यावृत्ति है, जिसे धर्म द्वारा वैधता प्रदान की गयी है, धार्मिक विद्वान जो मुताह को बढ़ावा दे रहे हैं, वह धर्म की व्याख्या अपने हित में कर रहे हैं।" इसी प्रकार **नरगिस आलम** कहती है कि शिया लीडर के पास यह अधिकार है कि वह वे हदीस चुने जिसे वह चुनना चाहते हैं, उन्होंने क्यों इस प्रकार की हदीस का चुनाव किया? क्योंकि यह आदमियों की रुचि के अनुकूल है और उन्हें एक प्रकार की हरी झण्डी दिखाती है कि वह बहुत से यौन साथी चुन सकते हैं, जितना वे चाहें। फरीदा और नरगिस दोनों का ही मानना है कि विशिष्ट ऐतिहासिक कारणों से यह रिवाज समाज में आ गया, लेकिन यह बहुत लम्बे समय तक नहीं चल सकता।

रिचा नागर[10] लिखती हैं कि 1993 में दार-एस-सलाम में महिलाएँ लगातार अपने धार्मिक गुरुओं से यह सवाल उठा रही थीं कि क्या मुताह सच में इस्लामिक है, वैध है या महिलाओं के लिए लाभकारी है? यह बहस घरों में और धर्म गुरुओं के साथ चल रही थी, नेताओं द्वारा यह सन्देश दिया गया कि उनका मुख्य उद्देश्य इस बात को प्रचारित करना है कि मुताह की इजाज़त है और यह वांछित है। स्त्री विमर्श के क्षेत्र में यह जोर-शोर से उठा, तब इथना अशारी महिलाएँ साथ आयीं और

उन्होंने मुताह के प्रचार-प्रसार का विरोध किया। यहाँ तक कि वे महलाएँ जो उच्च वर्ग की थीं और जो मुताह को स्वीकार करती थीं, वे भी इसके विरोध में उतर पड़ीं। वे कहने लगीं कि यह एक अच्छा विचार नहीं है कि मुताह को प्रसारित-प्रचारित किया जाये, विशेषकर युवाओं के बीच में।

इस्लामिक क्रान्ति का असर औरतों पर इतना ही नहीं रहा, बड़े-बड़े विद्वानों को एक दूसरे देश में भ्रमण करने और इस बात का प्रचार-प्रसार करने के लिए भेजा जाने लगा। पाकिस्तान से बुलाई गयी एक महिला धर्मगुरु (मुल्लानी) ने इस बात पर ज़ोर दिया कि पति को मुताह करने के लिए पत्नी की इजाज़त की ज़रूरत नहीं है। इसका अर्थ कुल मिलाकर यही रहा कि इस्लाम के नाम पर जारी सभी अमानवीय परम्पराओं को इस्लामिक क्रान्ति ने शह दी और मुस्लिम समुदाय की आधी आबादी के बारे में न तो कोई चिन्ता की, न ही परवाह।

धर्म पिछड़े समाजों को जोड़ने में फौरी भूमिका तो निभा सकता है, लेकिन निर्णायक नहीं हो सकता। इस्लामिक क्रान्ति ने न सिर्फ़ औरतों को प्रभावित किया, बल्कि उन्हें पिछड़ा बनाये रखने में अपना योगदान दिया। इतना ही नहीं युवाओं के अहम सवाल से क्रान्ति बहुत दूर हो गयी, धर्म प्रधान हो गया। ईरान में एक अनुमान के मुताहबिक 33 प्रतिशत से ज़्यादा जनसंख्या ग़रीबी रेखा से नीचे चली गयी। 13 प्रतिशत बेरोजगारी है ईरान में। अमीर-ग़रीब के बीच में खाई चौड़ी ही नहीं गहरी भी होती चली गयी। शाह के बाद इस्लाम के नाम पर सत्ता में आये खुमैनी किसी भी बड़े आर्थिक, उत्पादन, सम्पत्ति, रोजगार जैसे बड़े बदलाव करने में असफल ही रहे। हालात ये हैं कि यदि धार्मिक नेतृत्व ने अपने आपको नहीं बदला, वास्तविक सवालों के प्रति, महिलाओं के प्रश्नों के प्रति, उदासीन बने रहे तो हालात बद-से-बदतर होते चले जायेंगे, जिसे रोक पाना सम्भव नहीं होगा, सिवाय इसके कि दुनिया के नक़्शे पर पिछले पायदान पर खड़े रहने के। यह इस्लामिक क्रान्ति महिलाओं के लिए विशेष रूप से अभिशाप ही सिद्ध हुई।[11] **एंगेल्स** ने कहा था, "धर्म एक बार अस्तित्व में आने के बाद हमेशा के लिए पारम्परिक सामग्रियों का व्राहक बन जाता है।" यह पारम्परिक सामग्री हमेशा ही औरतों को दोयम दर्जे का नागरिक मानती है और उन्हें पीछे की क़तार में खड़े रखने की पैरोकार होती है।

निष्कर्ष : सभ्य समाज में मुताह जैसी अनैतिकतावादी, शोषणवादी व्यवस्था का प्रचलन आज के सन्दर्भ में औरत की गरिमा के ख़िलाफ़ ही नहीं है, बल्कि

औरत को सम्मानपूर्वक जीने के अधिकार के विरुद्ध भी है। संक्षेप में यह स्त्री के मानवाधिकार का हनन भी है, जिसे मानवाधिकार आयोगों, राष्ट्रीय और अन्तर्राष्ट्रीय घोषणापत्रों एवं चार्टर में प्रतिबन्धित किया जाना अपरिहार्य प्रतीत होता है। अब इस निकृष्ट प्रचलन को नज़रअन्दाज़ नहीं किया जा सकता।

सन्दर्भ

1. सीमोन न बोउवार : द सेकेंड सेक्स, प्रकाशन, विंटेज बुक पब्लिशर, न्यूयॉर्क, अमेरिका, वर्ष मई 2011
2. रोहिणी अग्रवाल : साहित्य का स्त्री स्वर, 2015 प्रकाशक : साहित्य भण्डार इलाहाबाद, पृ. 8-9
3. गीतेश शर्मा : धर्म के नाम पर, 2013 प्रकाशक : राजकमल प्रकाशन, दरियागंज, नयी दिल्ली, पृ. 177-185
4. उपरोक्त पृ. 161-172
5. उपरोक्त पृ. 186-188
6. उपरोक्त पृ. 192
7. ऐसे मामले जो शरीयत एक्ट में नहीं दिये गये हैं, अदालतें प्रथाओं तथा स्थानीय अधिनियमों (यदि कोई हो) को लागू करने के लिए स्वतन्त्र है।
8. **समयान्तर** पत्रिका अंक मार्च 2019 लेख, **इस्लामिक क्रान्ति के चार दशक**, रामशरण जोशी, पृ. 26-28
9. शहला हेरी, लॉ ऑफ़ डिज़ायर : टेंप्रेरी मैरिज इन शिया—ईरान सिरेकस यूनिवर्सिटी (अमेरिका) प्रेस 1989
10. रिचा नागर : रिलीजन, रेस, एंड द डिबेट ओवर मुताह इन दार-एस-सलाम, पृ. 677, वर्ष 1993, प्रकाशक : फेमिनिस्ट स्टडीज़ डॉट इन, अवलोकन 16.7.2018
11. **समयान्तर** पत्रिका, अंक मार्च 2019 लेख—**इस्लामिक क्रान्ति के चार दशक**, रामशरण जोशी, पृ. 26-28

केस अध्ययन

इस अध्याय में मुताह पीड़ित महिलाओं के विस्तृत साक्षात्कार, अवलोकन, उनके साथ हुई इस घटना को विस्तार से समझने तथा उनकी पारिवारिक, सामाजिक, आर्थिक व शैक्षिक परिस्थिति का शोधपरक अध्ययन किया गया है। पहले चरण में शोधकर्ता ने हैदराबाद का चुनाव किया। इसका कारण है कि मुताह की ख़बरें सबसे अधिक हैदराबाद से आ रही थीं। उसके बाद केरल, मुम्बई, दिल्ली, लखनऊ तथा इलाहाबाद को अपने अध्ययन में सम्मिलित किया गया है। सभी पीड़ित महिलाओं के नाम शोध की नैतिक ज़िम्मेदारियों को ध्यान में रखकर बदले गये हैं।

मुताह से पीड़ित महिलाओं के केस को हमने तीन श्रेणी में बाँटा है।

i. वह मुताह के मामले जो पुलिस के संज्ञान में है। कुल संख्या 12

ii. वह मुताह के मामले जो पुलिस के संज्ञान में नहीं है। कुल संख्या 16

iii. वह मुताह के मामले जो सापेक्षिक रूप से सफल रहे हैं। कुल संख्या 13

i. वह मुताह के मामले जो पुलिस के संज्ञान में हैं

केस न. 1 : लिटिल ऐंजल अनाथालय, रायपड़, केरल

केरल के मालाबार की रहने वाली मीनाज तीन साल की थी, तो उसके पिता घर छोड़ कर चले गये थे। वह और उसका भाई माँ के ही साथ रहे। माँ का दूसरा निकाह हुआ, उनसे भी दो बेटियाँ हैं परन्तु सौतेले पिता की भी अचानक मृत्यु हो जाने के कारण मीनाज के घर में मुसीबतें बहुत ज़्यादा हो गयीं। माँ घरों में सफ़ाई का काम करने लगी और भाई ऑटो चलाने लगा। माँ ने मीनाज को रायपड़ में एक अनाथालय, जो अनाथ और ग़रीब लड़कियों की परवरिश करता था, उसमें भर्ती करा दिया। मीनाज पढ़ने में बहुत अच्छी थी, वह साइंस लेकर पढ़ रही थी और हमेशा ही अच्छे नम्बरों से पास होती।

एक दिन अनाथालय की संरक्षिका ने सभी लड़कियों को अच्छे कपड़े पहन कर आने को कहा। पूछने पर बताया कि कल आपके लिए एक सरप्राइज है। अगले दिन 10 जून, 2013 को स्कूल ख़त्म होने के बाद सभी लड़कियाँ हॉल में आ गयीं। एक अरबी आदमी, जिसकी आयु लगभग 40 वर्ष रही होगी, वहाँ आया। उसने सभी लड़कियों को देखा, उनका नाम पूछा और चला गया। बाद में मीनाज की अम्मी रिज़वाना को बुलवाया गया। उन्हें बताया गया कि उनकी लड़की को एक अरबी, जो हिन्दुस्तानी के ही बेटे हैं, ने पसन्द कर लिया है। वह बहुत अमीर आदमी है। यह भी कहा गया कि तुम्हारी लड़की के लिए इससे अच्छा रिश्ता कोई हो ही नहीं सकता। रिजवाना चौक गयीं। उन्होंने कहा, लेकिन अभी तो मेरी बेटी महज़ 17 साल की है। वह इंटर करने के बाद आगे की पढ़ाई करना चाहती है। अभी वह शादी नहीं करना चाहती और मीनाज ने भी शादी के लिए मना कर दिया। उसने कहा, वह पढ़-लिख कर अपना भविष्य बनाना चाहती है। अनाथालय के संचालक फ़ारुख ने रिजवाना को धमकी भरे लहजे में कहा कि अच्छा हो कि मीनाज़ इस रिश्ते के लिए ख़ुद हाँ कर दे वरना शादी तो पक्की हो ही गयी है। अगर वह ऐसा नहीं करेगी, तो हम उसे यहाँ से निकाल देंगे तो कहाँ बनायेगी अपना कॅरियर। निकाह तो मिस्बाह से ही होगा। इसी में तुम्हारी हमारी और सब की भलाई है। इस तरह माँ और बेटी को मजबूर कर ज़बदस्ती मेहर में कुछ जेवर देकर उसका निकाह करा दिया गया। निकाह के बाद मिस्बाह हनीमून मनाने उसे बेंडाकुडी, एलेप्पी, कोच्ची में एक होटल में लेकर कुछ दिन रहा। वह बहुत परेशान रह रही थी। एक दिन उसने चुपके से मिस्बाह के फ़ोन से फ़ोन कर अपनी अम्मी को वहाँ बुलाया। मिस्बाह ने उसका फ़ोन छूने पर मीनाज पर बहुत सख़्ती की और आगे ऐसा न करने की चेतावनी दी। माँ जब वहाँ पहुँची, तब मिस्बाह को बहुत नागवार गुजरा। माँ के साथ मिस्बाह ने बुरा सुलूक किया, उसे वहाँ से चले जाने को कहा।

मीनाज ने माँ को कहा कि वे मुझसे कभी बात नहीं करते बस रात होते ही मुझ पर झपट पड़ते हैं। उसे बहुत तकलीफ़ हो रही है। वह यहाँ नहीं रहना चाहती।

कुछ वक़्त इस तरह गुज़ारने के बाद मिस्बाह उसे अपनी माँ के पास छोड़ कर एक हफ़्ते के लिए चला गया। लौटने पर मीनाज ने उससे पढ़ने की बात की तो उसने उसे बहुत पीटा और कहा कि अब जो मैं कहूँगा, वही तुम करोगी, उसे अपनी माँ का हाथ बँटाने के लिए यही छोड़ दिया और अबूधाबी चला गया।

मिस्बाह ने एक दिन उसे अबूधाबी से फ़ोन किया और फ़ोन मौलाना रियाजुद्दीन को थमा दिया। मौलाना ने मीनाज को कहा कि वह उसके पति के साथ मौजूद है और वह उसे तलाक़ देना चाहता है। मिस्बाह ने फ़ोन लेकर मीनाज को तीन बार तलाक़ बोल दिया और कुछ दिनों बाद तलाक़नामा डाक से आ गया।

विपरीत परिस्थितियों से लड़ते हुए मीनाज टूट गयी थी। एक होनहार लड़की को ऐसे दोराहे पर लाकर छोड़ दिया गया था। उसकी मर्ज़ी के बग़ैर निकाह कर दिया गया। उसकी पढ़ाई ख़त्म करा दी गयी।

अनाथालय के लोग मीनाज को वापस ले गये। दोबारा उसे अनाथालय में कुछ दिन रखा तो गया पर स्कूल जाने नहीं दिया गया। माँ आयी मीनाज ने फ़ोन पर तलाक़ की ख़बर उन्हें बता दी। अनाथालय के संचालक फारुख ने भी एक दिन मीनाज को कह दिया कि यह अनाथालय ग़रीब, अनाथ लड़कियों के लिए है शादीशुदा लड़कियाँ यहाँ नहीं रह सकतीं। वैसे भी मिस्बाह ने तलाक़नामे में तो कुछ नहीं लिखा था, परन्तु उस पर आरोप लगाया गया कि शादी करने से पहले उसके कई मर्दों से सम्बन्ध थे। मीनाज के मना करने पर उसने कहा कि मर्द जब शादी करता है, तब पहली रात में ही वह सब कुछ जान लेता है।

मीनाज की माँ जिन घरों में सफ़ाई करती थी, उनमें एक वकील साहब का भी घर था। उन्होंने जब इस मामले को सुना तब पूरी क़ानूनी मदद देने का वादा किया। मीनाज ने एक बाल कल्याण संस्था की मदद से अनाथालय सहित सभी लोगों के ख़िलाफ़ भारतीय दण्ड संहिता (IPC) की धारा 376, पति या रिश्तेदारों द्वारा औरत पर हिंसा करने के लिए 498ए, प्रोटेक्शन ऑफ़ चाइल्ड फ्राम सेक्सुअल ऑफ़ेंस 2012 की धारा 7, बाल विवाह संरक्षण अधिनियम 2006 की धारा 9, बालिग मर्द का नाबालिग से शादी करना, धारा 10 नाबालिग की शादी की रस्म करना, बाल विवाह को बढ़ावा देना धारा 11, अपराध को ग़ैर-ज़मानती और संज्ञेय कराने के लिए धारा 15 सभी आरोपियों पर लगायी गयी। पुलिस ने चार्जशीट दाख़िल कर दी। जुवेनाइल वेल्फेयर ऑफ़िस ने केस की जाँच करते हुए मीनाज के लिए शिक्षा और भरण पोषण हेतु 10 हज़ार रुपया प्रति माह (जब तक वह 21 साल की नहीं हो जाती) का वजीफा देना प्रारम्भ कर दिया है। वह पढ़ने लगी और मीनाज व उसके परिवार के लिए रहने का भी इन्तजाम किया गया। मीनाज के वकील श्री नसीम अहमद ने यह भी कहा कि मानव तस्करी की धारा 370ए भी इसमें जोड़ी जायेगी। उन्होंने उच्च न्यायालय में भी एक याचिका इन सभी के ख़िलाफ़ दायर कर दी। सभी अपराधी अभी जमानत पर बाहर हैं। मीनाज कुल एक महीना पाँच दिन तक इस

रिश्ते में रही। बाद में यह भी पता चला था कि मिस्बाह की माँ के साथ भी बचपन में ऐसा ही हुआ था। किसी अरबी के साथ उसका मुताह कुछ समय के लिए कर दिया गया था। बाद में जब उसके अरबी पति को पता चला था कि उसको एक बेटा हुआ है, तो वह आकर बेटे मिस्बाह को अपने साथ ले गया था, लेकिन पत्नी को यहीं छोड़ दिया था।

केस न. 2 : अगस्त 1991 दिल्ली

दिल्ली एअरपोर्ट पर लाल जोड़े में लिपटी एक छोटी-सी दुल्हन उम्र 10 साल। जैसे ही पुलिस के साथ बाहर आती है, देखने वाले बस ठहर जाते हैं और सबकी नज़रें उसी की ओर चली जाती हैं। शौहर अल-सगीह पकी दाढ़ी, चेहरे पर झुर्रियाँ, उम्र 70 साल उसे ब्याह कर अरब ले जा रहा था। जहाज़ हैदराबाद से चल कर दिल्ली के रास्ते में था, जहाज़ में वह सहमी डरी सिसकती बच्ची आमिना, जो एअर होस्टेज को बार-बार देख रही थी। भरी हुई आँखों से मानो उसे बुला रही है और ख़ुद को बचाने की फ़रियाद कर रही थी। एक होशियार, समझदार और संवेदनशील एअर होस्टेज अम्रता अहलूवालिया आमिना के पास गयी। उसका हाथ पकड़ा और जानना चाहा कि उसे क्या परेशानी है। अम्रता को ऐसा करते देख आमिना का 70 वर्षीय शौहर चौकन्नी आँखों से सारा मंजर देखते हुए सब कुछ सँभाल लेने के प्रयास में लग गया। ऐसे जैसे वह किसी बच्चे को अपने साथ सफ़र पर ले जा रहा हो और उसकी देखभाल के लिए फिक्रमन्द हो। बात यही पर नहीं थमी अम्रता ने आमिना से पूछताछ शुरू कर दी। आमिना की आँखों में अब तक थमे आँसू यकायक बाहर झरने लगे। वह पढ़ी-लिखी नहीं थी, लेकिन ब्याह नहीं करना चाहती थी, वह अरब नहीं जाना चाहती थी। उसके मजदूर वालिद बदरुद्दीन और माँ साबिरा बेगम ने पैसे लेकर उसकी शादी इस आदमी से ज़बर्दस्ती कर दी और भेज दिया। उसे अपने घर की याद सता रही थी। इस तरह अम्रता ने आमिना को अरब जाने से बचाया था।

आमिना ने अम्रता को बताया कि यह आदमी उसके घर आया था उसकी बड़ी बहन से शादी करने। उसे देखने के बाद उसे काली और बदसूरत कहा तथा मेरे साथ शादी करने को तैयार हो गया। मेरे अब्बा ने फिर मेरी शादी कर दी। इसके लिए मेरे अब्बा को इन्होंने छह हज़ार रुपये दिये हैं।

यह बात सुनकर अम्रता ख़ुद को आमिना की मदद करने से रोक नहीं पायी। उन्होंने फ़ौरन पुलिस को इस बात की ख़बर दी और जब तक फ्लाइट दिल्ली में उतरती पुलिस वहाँ पहुँच चुकी थी।

अम्रता ने बाद में दिल्ली कोर्ट में आमिना की कस्टडी के लिए हिन्दू दत्तक और भरण पोषण अधिनियम 1956 के तहत मुकदमा दायर कराया। एक तरफ़ अम्रता का मुकदमा और दूसरी तरफ़ आमिना के पिता ने भी कस्टडी का मुकदमा दायर किया। उनके मुकदमे को कोर्ट ने इन बिन्दुओं पर कि उन्होंने नाबालिग बेटी की विदेशी नागरिक के साथ शादी की, उन्हें कस्टडी देने से इनकार कर दिया।

इस केस ने रातोरात दुनिया का ध्यान भारत की ओर आकर्षित किया। अम्रता की चारों तरफ़ ख़ूब सराहना हुई। अम्रता ने आमिना को एक एनजीओ की मदद से हुनर सिखाने का भी मौक़ा दिलाया। बाद में आन्ध्र प्रदेश राज्य अल्पसंख्यक वित्त एक विकास निगम ने आमिना को 10 हज़ार रुपये की आर्थिक सहायता देकर उसके लिए एक सिलाई कढ़ाई केन्द्र स्थापित करने में मदद की।

सन् 2003 में जब आमिना 23 साल की हुई तब उसकी दोबारा शादी एक स्थानीय नागरिक अब्दुल मजीद, जो मुशीराबाद का रहने वाला था और जिसकी पूर्व पत्नी से चार बच्चे थे, के साथ करा दी गयी। अब भी वह अपना जीवन मेहनत-मजदूरी कर गुज़ार रही है।

केस न. 3 : नूरजहाँ बेगम

नूरजहाँ बेगम, जिसकी उम्र 17 साल है, वह इलाक़ा हाफिज बाबानगर, हैदराबाद की रहने वाली है। नूरजहाँ ने स्थानीय डोंगर सिंह गवर्नमेंट हाई स्कूल से कक्षा दो तक शिक्षा प्राप्त की है। वह अपनी माँ नजमा बेगम की इकलौती बेटी है। उसकी माँ उसके पिता मोहम्मद अकबर की पहली बीवी है। पिता ने चार शादियाँ की हैं। उसने अपनी दूसरी बीवी अनीस बेगम को तलाक़ दे दिया है, अभी उसकी तीन बीवियाँ, मेरी माँ नजमा बेगम, नीलोफर बेगम व सामियाँ बेगम हैं। पिता अस्थायी काम करता था।

नूरजहाँ ने पुलिस को बताया कि उसकी पहली शादी नागपुर, महाराष्ट्र के रहने वाले हाजी शब्बीर अशरफी के साथ 15 साल की उम्र में हैदराबाद में हुई थी। शादी के वक़्त पिता मोहम्मद अकबर ने शब्बीर से दो लाख रुपये लिए थे। तकरीबन छह माह बाद नूरजहाँ ने शब्बीर से इसलिए खुला (एक प्रकार का तलाक़) ले लिया था, क्योंकि शब्बीर हैदराबाद नूरजहाँ के पास नहीं आ रहा था। शब्बीर से खुला के वक़्त भी मोहम्मद अकबर ने शब्बीर से दो लाख रुपये हासिल किये थे। तलाक़ के चार माह बाद नूरजहाँ की फूफी महरून निसाँ नूरजहाँ को अपने साथ मुम्बई ले गयी।

वहाँ फूफी ने 20 हज़ार रुपये लेकर उसे एक शेख़ के पास 15 दिन गुज़ारने के लिए छोड़ दिया।[1] शेख़ के घर में उसके अलावा तीन और व्यक्ति उसी रात आये थे। उन्हें देखकर नूरजहाँ वहाँ से भाग गयी और अपनी फूफी के साथ हैदराबाद वापस आ गयी। फिर दो-तीन माह बाद एक बार फिर फूफी नूरजहाँ को अपने साथ मुम्बई ले गयी और फिर से 20 हज़ार रुपये के एवज में एक शेख़ के साथ रहने के लिए कहा गया। फिर से नूरजहाँ मना करते हुए हैदराबाद वापस आ गयी। दोबारा वापस आने के बाद वालिद अकबर ने नूरजहाँ को डाँटा और पीटा भी। फिर तीन माह बाद लन्दन के एक जमाल नाम के आदमी के साथ नूरजहाँ का निकाह कर उसे पूना भेजा गया। जमाल ने अकबर को तीस हज़ार रुपये दिये थे। जमाल ने नूरजहाँ के साथ आठ दिनों तक शारीरिक सम्बन्ध बनाये। उसके बाद जमाल ने नूरजहाँ को वापस हैदराबाद छोड़ दिया–

दो माह बाद एक रेहाना नाम की खातून, जो गुल्शन एकबाल कालोनी की रहने वाली थीं। उसने अकबर को 50 हज़ार रुपये दिये और नूरजहाँ को एक रात के लिए एक उम्रदराज शेख़ के पास भेज दिया। शेख़ ने टैक्सी के जरिये हैदराबाद के एक लॉज में ले जाकर उसके साथ शारीरिक सम्बन्ध बनाये। उसके बाद नूरजहाँ को ऑटो में घर भेज दिया गया। यह सिलसिला यहीं ख़त्म नहीं हुआ। दोबारा रेहाना एक सूडानी नागरिक मोहम्मद मुम्नान को अपने घर पर लायी और नूरजहाँ का निकाह ज़बर्दस्ती सूडानी शेख़ मुम्नान से करा दिया–

निकाह के बाद नूरजहाँ को कोई निकाहनामा नहीं मिला–अकबर ने सूडानी शेख़ मुम्नान से निकाह के बाद 50 हज़ार रुपये प्राप्त किये और दलाल रेहाना और अहमद ने शेख़ मुम्नान ने 25 हज़ार रुपये प्राप्त किये। नूरजहाँ सूडानी शेख़ को बिल्कुल नापसन्द करती थी और वह उस शादी से बिल्कुल नाख़ुश थी। जब शेख़ नूरजहाँ को अपने साथ सूडान ले जाने वाला था, तब नूरजहाँ घर से भाग गयी और रास्ते में किसी की मदद से कंचन बाग़ पुलिस स्टेशन (हैदराबाद) पहुँच कर शिकायत दर्ज करायी और अपने पिता मोहम्मद अकबर, फूफी महरूननिसां, दलाल रेहाना और अहमद के ख़िलाफ़ शिकायत दर्ज करायी कि इन सब ने मिलकर ज़बर्दस्ती उसका बार-बार निकाह कराया। नूरजहाँ ने अब तक उसके साथ हुई सारी घटनाओं का पर्दाफाश पुलिस के सामने कर दिया। उसने उक्त सभी के ख़िलाफ़ सख्त कार्रवाई की माँग की।

21 फरवरी, 2014 को अपने साथ हुए इस घटनाक्रम के बारे में नूरजहाँ ने विभिन्न टीवी चैनलों, अख़बारों को बताया—

'इंडिया टुडे', 'क्राइम पोस्ट', 'हेडलाइंस टुडे' आदि को कैमरे के सामने खुल कर अपने साथ हुए अत्याचार की कहानी बयान की। उसने कहा कि मेरा सपना बहुत पढ़ाई कर अपने पैरों पर खड़े होने का था, लेकिन पैसे के लालच में मेरे पिता निकाह करा-करा के मुझसे जिस्मफरोशी कराते रहे। मुझे वेश्या बना दिया। मेरे पिता के साथ ही मेरी फूफी मेहरून निसां, दलाल रेहाना व अहमद और कुछ अन्य लोग, जो मेरे पिता के हमदर्द थे, इस घटना के लिए पूरी तरह से जिम्मेदार हैं। मैं अपने पिता की मार के डर से वे सारे काम करती रही, जो वे चाहते थे। उनका लालच दिन-ब-दिन बढ़ता जा रहा था। वे एक सूडानी के हाथों बड़ी रक़म लेकर मुझे बेचना चाहते थे। मैंने मजबूर होकर अपने बचाव के लिए यह क़दम उठाया।

नूरजहाँ ने सरकार से गुहार लगायी कि वह कॉन्ट्रैक्ट की शादियाँ कराने वाले दलाल, क़ाज़ी और शेख़ के ख़िलाफ़ सख़्त कार्रवाई करे और इस प्रकार की शादियों से प्रभावित लड़कियों के पुनर्वास में सहायता प्रदान करे।

केस न. 4 : नाहिदा बेगम

नाहिदा बेगम, जिसकी उम्र 17 साल है। हाफिज बाबानगर, हैदराबाद की रहने वाली है। वह पढ़ी-लिखी नहीं थी। उसने बताया कि इसके पिता की मृत्यु हो चुकी है। इसकी माँ नजमा बेगम घरेलू कामगार थी। माँ दादी जहाँआरा बेगम और मैरिज ऐजेंट मोहम्मद शफी, नूरजहाँ, अब्दुल्ला आदि उसे एक क़ाज़ी के पास ले गये और एक लाख रुपये के बदले में उसका निकाह ज़बर्दस्ती ओमान के एक 70 वर्षीय शेख़ के साथ करा दिया। निकाह के बाद ओमानी शेख़ नाहिदा को अपने साथ ओमान लेकर जाने वाला था। नाहिदा चौकन्नी हो गयी, उसने गुप्त तरीक़े से अपने एक चचेरे भाई मोहम्मद यूसुफ को फ़ोन पर इसकी सूचना दी और अपनी ज़बर्दस्ती करायी गयी शादी के बारे में उसे बताया और उससे मदद माँगी। मोहम्मद यूसुफ कंचन बाग़ पुलिस को अपने साथ लेकर नाहिदा के घर पहुँचा। पुलिस ने नाहिदा को उसके घर के लोगों और उस ओमानी शेख़ से छुटकारा दिलाया। शिकायत दर्ज करायी गयी और सख्त कार्रवाई करने की माँग पुलिस से की।

नाहिदा ने DEPUTY COMMISSIONER OF POLICE (DCP) की मौजूदगी में 'एक्सप्रेस टीवी', 'हाईटेक न्यूज', 'इंडिया टुडे' आदि को इंटरव्यू

दिया। नाहिदा ने यह भी पुलिस और मीडिया को बताया कि उसका निकाह माँ नजमा बेगम, दादी जहाँआरा बेगम और मैरिज ऐजेंट मोहम्मद शफी, नूर जहाँ और अब्दुल्ला ने मिलकर ज़बर्दस्ती कराया था और यह निकाह सिर्फ़ दो माह के लिए कराया गया था। पुलिस पड़ताल में यह बात भी सामने आ गयी कि नाहिदा से निकाहनामा और तलाक़नामा दोनों पर पहले ही हस्ताक्षर करा लिये गये थे।

केस न. 5 : नौशीन बेगम

नौशीन बेगम पुत्री स्वर्गीय ख्वाजा मोइनुद्दीन उम्र 16 साल निवासी मुगलपुरा हैदराबाद। दिनांक 24.6.2011, रात 11:30 पर मुगलपुरा पुलिस स्टेशन में शिकायत दर्ज करायी कि वह एक बहुत ही ग़रीब परिवार से सम्बन्ध रखती है। उसके परिवार में पाँच बहन और एक भाई है। पिता की मृत्यु को आठ साल हो चुके है। माँ मेराज बेगम असरा हॉस्पिटल, मुगलपुरा, हैदराबाद में असिस्टेंट स्टाफ का काम करती है। माँ ने कठिन परिश्रम कर उसकी चार बहनों की शादियाँ करायी। वे पढ़ी-लिखी नहीं हैं, परन्तु अपने-अपने घर में अपनी आर्थिक स्थिति के हिसाब से ठीक जीवन जी रही हैं और भाई अभी पढ़ाई कर रहा है। नौशीन बेगम का परिवार भी बहुत ही ग़रीब है। एक दिन दो महिलाएँ गौसिया बेगम उम्र 45 और जेहरा बेगम उम्र 30, जो वट्टापल्ली और काला पत्थर इलाक़े की रहने वाली हैं। नौशीन की माँ के पास आयीं और नौशीन के रिश्ते की बात करने लगीं। उनके अनुसार प्रेमनगर, खैरताबाद में 25 साल का मोहम्मद अंसारी नाम का एक लड़का है, जो सूडान का रहने वाला है। उन्होंने यकीन दिलाया कि वह लड़का नौशीन के साथ ही आपके घर के लिए रीढ़ की हड्डी साबित होगा। उसकी आर्थिक और सामाजिक स्थिति बहुत अच्छी है। इन दोनों महिलाओं की बातों पर विश्वास कर और घर की ग़रीबी को ध्यान में रखते हुए माँ ने नौशीन की शादी सूडान के नागरिक मोहम्मद अंसारी के साथ करने का विचार बना लिया। इसके बाद क़ाज़ी अब्दुल मुल्क उम्र 50 साल और शकील अहमद उम्र 25 साल की मौजूदगी में खौरताबाद में 9.6.2011 को ए.बी. हाइट अपार्टमेंट, चीतल बस्ती, खैरताबाद में चुपके से शादी करायी गयी। शादी के वक़्त इन लोगों ने नौशीन और इसकी फैमिली के कुछ अन्य लोगों के हस्ताक्षर और अँगूठे के निशान एक सादे स्टैम्प पेपर पर ले लिये। निकाह के बाद नौशीन को मोहम्मद अंसारी के साथ रहने के लिए भेज दिया गया। अंसारी रोज नौशीन के साथ ज़बर्दस्ती शारीरिक सम्बन्ध बनाता और उसे तरह-तरह से परेशान करता। नौशीन अंसारी के

साथ बिल्कुल ख़ुश नहीं थी। यह शादी इसकी मर्ज़ी के ख़िलाफ़ करायी गयी थी, जो पूरी तरह से सिर्फ़ माँ के समझौते पर हुई थी।

अंसारी बुरी तरह से नौशीन की पिटाई करता और मानसिक और शारीरिक प्रताड़ना देता था। अंसारी का एक दोस्त खालिद, जिसकी उम्र 27 साल थी, वह भी नौशीन के साथ ज़बर्दस्ती करने की कोशिश करता। नौशीन ने कई बार इस अपार्टमेंट से भागने की कोशिश की, परन्तु पकड़ी गयी। उसके बाद अंसारी ने फ्लैट में सख़्ती के साथ इसे क़ैद कर रखा। यहाँ तक कि उसके रिश्तेदारों और उसकी माँ से भी मिलने की आज्ञा नहीं दी जाती थी। अंसारी ने एक हफ़्ते तक नौशीन को अपने चंगुल से आज़ाद करने की कीमत 50 हज़ार रुपये माँगी। अंसारी ने नौशीन को बताया कि उसने यह शादी सिर्फ़ अपनी शारीरिक इच्छा की पूर्ति के लिए की थी, और अब वह नौशीन को आज़ाद करने के लिए पैसे की माँग करता। उसे लगातार शारीरिक और मानसिक तौर पर परेशान करता रहता था।

एक दिन नौशीन ने रिश्ता कराने वाली उन दोनों महिलाओं से सम्पर्क किया। दोनों ही अंसारी का समर्थन करने लगीं और नौशीन पर नाराज होने लगीं और अंसारी को 50 हज़ार रुपये देने की बात कहने लगीं। अंसारी ने नौशीन को बताया था कि नौशीन से पहले भी दो बार ये दोनों महिलाएँ उसकी कॉन्ट्रैक्ट मैरिज करा चुकी हैं और अंसारी ने इन लड़कियों के साथ भी धोखा किया था।

अंसारी लड़कियों के साथ कॉन्ट्रैक्ट मैरिज कराता और जब इन्हें तलाक़ देना होता है, तब निकाह के वक़्त ही एहतियातन वह इन लड़कियों से सादे काग़ज़ पर दस्तखत और अँगूठे के निशान ले लेता, ताकि वह आसानी ने छुटकारा पा सके।

नौशीन ने मुगलपुरा पुलिस से निवेदन किया कि वह गौसिया बेगम, जेहरा बेगम, क़ाज़ी अहमदुलमुल्क, शकील अहमद, मोहम्मद अंसारी और इसके दोस्त खालिद के ख़िलाफ़ सख्त कार्रवाई करे।

NDTV और अन्य न्यूज़ चैनलों पर (DCP) विनीत ब्रिजलाल ने शेख़ मैरिज से प्रभावित नौशीन बेगम के साथ इंटरव्यू दिया। सूडानी शेख़ और इसके साथियों के बारे में नौशीन ने बताया कि किस तरह ये लोग उसे शारीरिक रूप से प्रताड़ित करते रहे। उसने यह भी कहा कि क़ाज़ी ने भी अपने बचाव के लिए निकाह के वक़्त सादे काग़ज़ पर मेरे हस्ताक्षर ले लिये थे। जब मुल्जिम क़ाज़ी का इंटरव्यू लिया गया, तब उसने कहा कि सबकी रजामन्दी के साथ निकाह को अंजाम दिया गया था। लड़की के साथ ज़बर्दस्ती निकाह नहीं किया गया।

केस न. 6 : इकरा फातिमा

मुगलपुरा, हैदराबाद की रहने वाली 17 साल की इकरा फातिमा का निकाह सूडान के रहने वाले 45 वर्षीय ओसामा इबराहीम से ज़बर्दस्ती कराया गया। क़ाज़ी और इकरा के घर के बड़े लोगों ने उसकी इच्छा के विरुद्ध इसका निकाह ओसामा से करा दिया। परिवार ग़रीब था। रोज छोटे-मोटे काम कर के जीवन बसर कर रहा था। निकाह के बाद ओसामा ने इकरा की अम्मी को एक लाख रुपये दिये। यह निकाह सिर्फ़ एक महीने की नीयत से कराया गया था। इसके अलावा अवधि ख़त्म होने के बाद तलाक़ देते हुए मेहर के तौर पर रुपये देने का वादा भी किया था। इकरा की चाची और माँ ने तीन और लड़कियों को ओसामा के सामने पेश किया गया था। इन चारों लड़कियों में से ओसामा ने इकरा को पसन्द किया था और पसन्द करने के बाद वापस उसे इसके घर भिजवा दिया। घर जाने के बाद इकरा ने अपनी अम्मी से कहा था कि उसे ओसामा बिल्कुल पसन्द नहीं है और वह उससे शादी नहीं करेगी। यह बात सुनकर अम्मी इकरा पर बहुत नाराज़ हुई और उसे एक कमरे में बन्द कर दिया। बाद में उसे अच्छे से तैयार करने के बाद घर में ही क़ाज़ी को बुलाया गया और ज़बर्दस्ती इसका निकाह ओसामा से करा दिया गया। क़ाज़ी ने ज़बर्दस्ती इकरा से निकाह कुबूल करा दिया था। इसके बाद मिठाई का एक डिब्बा इकरा के हाथ में , देते हुए ओसामा के साथ एक कमरे में उसे भेज दिया। इकरा बिल्कुल भी ओसामा के साथ ऐसा रिश्ता नहीं करना चाहती थी और रोते हुए अपने घर वालों से अपने बचाव की विनती करने लगी। उसी दिन अचानक हैदराबाद में दिलसुखनगर बाजार इलाक़े में बम धमाके की ख़बर आयी और पुलिस चौकसी बढ़ा दी गयी थी। चारों तरफ़ डर का माहौल हो गया। ओसामा मौक़ा पाते ही घर से टैक्सी में रात 1:45 बजे चला गया।

निकाह के समय इकरा के माता-पिता को एक लाख रुपये दिये गये थे। उनमें से 30 हज़ार रुपये चाची मुमताज ने ले लिये थे। फिर रोज दोपहर तलक ओसामा इक़रा के घर आता और उसके साथ ज़बर्दस्ती करने लगता और फिर इकरा के इनकार पर वे उसके माता-पिता से भी बुरा व्यवहार करता। पूरे एक हफ़्ते इकरा को ओसामा के साथ सोने के लिए मजबूर किया जाता रहा और फिर एक दिन इक़रा के माता-पिता ने ओसामा से वादा किया कि वह दो दिन के अन्दर इकरा को राजी कर लेंगे कि वह ओसामा के साथ रहने के लिए तैयार हो जाये, मगर इकरा मौक़ा पाते ही घर से भाग गयी और मुगलपुरा पुलिस स्टेशन में अपनी चाची मुमताज, माता-पिता और ओसामा के ख़िलाफ़ शिकायत दर्ज करा दी।

इकरा फातिमा ने 14 अप्रैल, 2013 को टेलीग्राफ़ के रिपोर्टर को बताया कि उसका निकाह 30 दिन के लिए किया गया था। माता-पिता और दलाल और क़ाज़ी ने ज़बर्दस्ती उसका निकाह दूसरे देश के व्यक्ति से जबरन कराया था। वह अपने घर वालों के डर से भाग निकली और पुलिस स्टेशन में शिकायत दर्ज करा दी। वह अब अपने घर नहीं रहना चाहती, क्योंकि उसे डर है कि उसके माता-पिता उसकी पिटाई करेंगे। वह अब एक सरकारी बालिका संरक्षण गृह में रहने लगी है। प्राइमरी शिक्षा प्राप्त कर इकरा अब हुनर सीख कर अपने पैरों पर खड़ा होना चाहती है।

केस न. 7 : फौज़िया बेगम

फौज़िया बेगम की उम्र 14 साल है। उसने बताया कि उसकी माँ राबिया बेगम और सौतेला बाप शेख़ ख्वाजा (मज़दूर), दलाल आमिना, उसका पति उस्मान, उस्मान की माँ करीमा आदि उसको ज़बर्दस्ती बंजारा हिल्स, हैदराबाद के एक लॉज में ले गये और शाम पाँच बजे उन लोगों ने ओमान निवासी एक शेख़ से 60 हज़ार रुपये लेकर क़ाज़ी के जरिये उसका निकाह 10.4.2014 को करा दिया। उस समय उस शेख़ की उम्र 61 साल थी। निकाह के बाद सब लोग फौज़िया को शेख़ के पास लॉज में छोड़ कर चले गये। फौज़िया ने मदद के लिए ज़ोर-ज़ोर से रोना और चिल्लाना प्रारम्भ कर दिया। उसके शोर मचाने पर अली नाम के एक शख़्स ने उसे धक्का देकर कमरे में बन्द कर दिया। फौज़िया कमरे की खिड़की के शीशे तोड़ कर बाहर निकल कर फरार हो गयी और वहाँ से ऑटो कर अपने रिश्ते के एक भाई के पास गयी। चोट लगने के कारण फौज़िया बीमार पड़ गयी। भाई ने घर के सामने एक अस्पताल में फौज़िया का इलाज कराया और फौज़िया के साथ पुलिस स्टेशन पहुँच कर माँ राबिया बेगम, सौतेला बाप शेख़ ख्वाजा, दलाल आमिना, पति उस्मान और करीम, अली व शेख़ के ख़िलाफ़ शिकायत दर्ज करायी।

'इंडिया टुडे' टीवी को लड़की के पिता ने बताया कि इस निकाह में उसका कोई हाथ नहीं है। माँ ने उसे तब बताया, जब निकाह हो गया। माँ और अन्य ने इसके बदले में कितने पैसे हासिल किये, इसकी भी उसे जानकारी नहीं है। पीड़िता ने बताया कि उसकी इच्छा है कि वह दीन की तालीम हासिल कर अपने समुदाय में सुधार करने के लिए काम करे।

केस न. 8 : तस्लीम बेगम

बाबानगर, हुसैननगर, हैदराबाद की रहने वाली तस्लीम बेगम ने भवानीनगर पुलिस स्टेशन में 18.4.2014 की दोपहर दो बजे अपना बयान दर्ज कराया कि उसका निकाह ज़बर्दस्ती ज़्यादा उम्र के एक शेख़ से कराया गया है। तस्लीम की उम्र 14 साल है और वह आठवीं कक्षा में पढ़ रही है। उसके पिता मोहम्मद बाबा ऑटो ड्राइवर हैं। तस्लीम के परिवार में उसकी माँ, एक बड़ी बहन नसरीन बेगम और तीन भाई मोहम्मद गौस, मोहम्मद अजहर और मोहम्मद आमिर हैं। तस्लीम के पिता नशे के आदी हैं और घर की ज़रूरतों को पूरा करने के लिए मामूली पैसे भी नहीं बचाते है। एक दिन काम करते और चार दिन घर में आराम करते हैं। इसकी माँ घरेलू महिला है। परिवार की आर्थिक स्थिति बहुत ख़राब है। एक दिन हसीना नाम की महिला और एक हसीब नाम का व्यक्ति तस्लीम की अम्मी के पास आये और बताया कि उनके पास तस्लीम के लिए एक बहुत अच्छा रिश्ता है। उन लोगों ने यह भी बताया कि अगर तस्लीम की शादी शेख़ से हो जाये तो वे दोनों उन्हें अच्छी रक़म भी देंगे। उससे उनकी आर्थिक स्थिति भी ठीक हो जायेगी। तस्लीम की वालिदा ने इस रिश्ते को कुबूल कर लिया। इसके बाद 15.4.2014 को तस्लीम का निकाह 61 साल के शेख़ से हबीब के घर में करा दिया गया। शेख़ ने तस्लीम की माता को 80 हज़ार रुपये दिये और माता ने उनमें से 40 हज़ार रुपये दोनों एजेंट हसीना और हबीब को दिये। माता के पास सिर्फ़ 40 हज़ार रुपये बचे। फिर तस्लीम और उसकी वालिदा को शेख़ के साथ बंजारा हिल्स के एक अपार्टमेंट में ले जाया गया। रात के खाने के बाद वे तमाम लोग तस्लीम को शेख़ के पास अकेला छोड़ कर चले गये। इसके बाद शेख़ तस्लीम को एक कमरे में ले गया और उससे शारीरिक सम्बन्ध बनाये। इस अपार्टमेंट में दोनों दो दिन तक रहे और इन दो दिनों में शेख़ ने तीन बार ऐसा किया। इसी दौरान 18.4.2014 को अचानक पुलिस 3:30 बजे शाम को आयी और तस्लीम को शेख़ के साथ देखकर पूछताछ करने लगी। तस्लीम ने भवानीनगर पुलिस को अपने साथ घटी घटना की जानकारी दे दी।

दिनांक 19 अप्रैल, 2014 को 'इंडिया टुडे' चैनल पर लड़की ने अपनी पूरी कहानी बयान कर दी। उससे यह भी पता चला कि एक हफ़्ते में शेख़ का यह दूसरा निकाह था। इससे पहले फौज़िया का केस और तस्लीम का केस दोनों एक ही शेख़

से जुड़े हुए हैं। निकाह के बाद फौज़िया के फरार होने पर इस शेख़ ने एक हफ़्ते के अन्दर दूसरा निकाह तस्लीम से किया था। फौज़िया के पुलिस में केस दर्ज कराने तक शेख़ ने दूसरा निकाह भी कर लिया। दोनों पीड़ित लड़कियों की उम्र सिर्फ़ 14 साल थी।

केस न. 9 : बीबी बेगम

मिर्जा कुदरत अल्लाह बेग की उम्र 28 साल है और वह पेशे से क़ाज़ी है। उसने 7 फरवरी, 2015 को फलकनुमा पुलिस स्टेशन, हैदराबाद में शिकायत दर्ज करायी कि उनके पास एक वहाब नाम का व्यक्ति, जो दलाल है और हैदराबाद की कम उम्र लड़कियों का निकाह बूढ़े और दूसरे देशों के नागरिकों से गुप्त तरीक़े से कुछ समय के लिए कराता है और उसके बदले में पैसे लेता है। इसके साथ तीन महिलाएँ शबाना बेगम, शाहीन सुल्ताना, साजदा बेगम और एक लड़की बीबी बेगम आयी थीं। उन्होंने मिर्जा से अनुरोध किया कि वह बीबी और इब्राहीम का निकाह पढ़वा दे। जब मिर्जा ने दस्तावेज़ देखे, तब उसे इस बात का शुबहा हुआ कि इब्राहीम एक विदेशी नागरिक है। वह सिर्फ़ कॉन्ट्रैक्ट मैरिज यानी कुछ समय का निकाह करने का इरादा रखता है और बीबी बेगम के साथ निकाह को छिपा कर रखते हुए इसे धोखा देना चाहता था। इन सारी बातों का पता लगने पर मिर्जा साहब ने उन दोनों का निकाह कराने से इनकार कर दिया और अपने घर से उन्हें जाने के लिए कह दिया। उस वक़्त अपनी व्यस्तता के कारण उन्होंने पुलिस को इस बात की जानकारी नहीं दी। दूसरे दिन जब मिर्जा साहब ने अख़बार में समाचार पढ़ा कि कॉन्ट्रैक्ट मैरिज के इल्जाम में पुलिस ने इकबाल नाम के व्यक्ति को गिरफ्तार किया है और फिर उन्हें इस बात की ख़बर मिली कि वह व्यक्ति अभी भी कॉन्ट्रैक्ट मैरिज कराने के लिए क़ाज़ी की तलाश कर रहा है। मिर्जा साहब ने फौरन फलकनुमा पुलिस स्टेशन पहुँच कर विदेशी शेख़ के बारे में जानकारी दी और पुलिस ने वहाब, इबादीम और तीनों महिलाओं शबाना बेगम, शाहीन सुल्ताना और साजिदा बेगम को हिरासत में ले लिया।

मिर्जा साहब ने पुलिस अफ़सरों को बताया कि कॉन्ट्रैक्ट मैरिज कराने वाले वहाब, इब्राहीम, शबनम, शाहीन और साजिदा ने बीबी बेगम को वहाब से परिचित कराया। उन्होंने बीबी बेगम को इस बात की ख़बर नहीं दी कि वे जो शादी कराने जा रहे हैं, वह बस कुछ समय के लिए है। इन सबके ख़िलाफ़ सख्त कार्रवाई करने की माँग की।

7 फरवरी, 2015 को न्यूज़ चैनल tv 6 sakshi tv पर बताया गया कि क़ाज़ी की शिकायत पर अरब देश के रहने वाले शेख़ और दलालों को हिरासत में लेते हुए कॉन्ट्रैक्ट मैरिज को रुकवाया और उस लड़की को शेख़ के चंगुल से बचाया। लड़की ने भी पुलिस को बताया था कि कॉन्ट्रैक्ट मैरिज, शेख़ और दलाल के इरादे के बारे में उसे कोई जानकारी नहीं थी।

केस न. 10 : सना सुल्ताना

एक आदमी ने सन्तोषनगर पुलिस स्टेशन को ख़बर दी कि मोइन बाग़ नगर, हैदराबाद में गुप-चुप तरीक़े से कॉन्ट्रैक्ट मैरिज करायी जा रही है। पुलिस ने सम्बधित घर का घेराव कर लिया। जहाँ वह विवाह सम्पन्न कराया जा रहा था। उस समय घर में एक दुबला पतला क़ाज़ी दुल्हन और कुछ अन्य लोग घर में मौजूद थे। पूछताछ में दुल्हन ने अपना नाम सना सुल्ताना बताया। उसकी शादी बेलाल सईद मोहम्मद अलहेलाल, जो दुबई का निवासी है, के साथ करायी गयी है। क़ाज़ी मोहम्मद हैदरीन सना के घर में मौजूद था। क़ाज़ी ने उसके माता-पिता के हस्ताक्षर लेकर सना सुल्ताना का निकाह सईद के साथ करा दिया। क़ाज़ी से पूछा गया कि इसने दुल्हन की उम्र की जाँच की, उसने बताया कि लड़की के पिता ने आधार कार्ड की एक कॉपी उनके सामने पेश की, जिसके अनुसार दुल्हन की उम्र 22 साल है। पुलिस ने विवाह के दस्तावेज़ की छानबीन की तो पता चला कि क़ाज़ी ने सना सुल्ताना, दुल्हन के पिता सलाम, दूल्हा सईद और दो गवाहों के दस्तख़त और अंगूठों के निशान निकाहनामा पर करा लिये हैं। इसके अलावा निकाहनामा, सादा ज्युडीशियल स्टैंप पेपर और दूसरे काग़ज़ात पर भी दस्तखत और अँगूठों के निशान लिये गये हैं। पुलिस ने सना की उम्र की जाँच उस्मानिया मेडिकल कॉलेज में करायी। उसमें उसकी उम्र मात्र 16 साल निकली। पुलिस ने जाँच के दौरान मालूम किया कि सना के पिता ने ग़लत आधार कार्ड बनवाया था, ताकि सना को बालिग बताया जा सके। क़ाज़ी ने सना की उम्र की जाँच किये बिना ही शादी करा दी और सभी दस्तावेज़ों पर हस्ताक्षर व अँगूठे के निशान लगवा लिये। जिसका वह अपने हिसाब से उपयोग कर सके।

सना के माता-पिता अच्छी तरह जानते थे कि उनकी बेटी नाबालिग है, मगर उन्होंने सना को शादी करने के लिए मजबूर किया। शादी करने के बाद वह सईद के साथ दुबई चली जाये और उसको अपना शौहर मान ले। जाँच-पड़ताल के

दौरान यह बात भी सामने आयी कि सईद, राजीव गांधी एअर पोर्ट से सीधा सना के घर आया और उनसे झूठ बोला कि वह अविवाहित है। वह किसी एक लड़की से शादी करना चाहता है और उसके बदले वह सना के माता-पिता को बड़ी रक़म भी चुकायेगा। सना के माता-पिता रक़म का नाम सुन कर राजी हो गये। उन्होंने 30 हज़ार रुपये सईद से प्राप्त किये थे। यह बात भी सामने आयी कि सईद पहले से ही शादीशुदा है। दुबई में उसकी बीवी और बच्चे रहते हैं।

केस न. 11 : साजिदा बेगम

साजिदा बेगम की उम्र 16 साल है। उसकी माँ परवीन बेगम और पिता अब्दुल्ला के पास हबीब अली शेख़ नामक दलाल आया। उसने साजिदा की शादी के सिलसिले में बात की। उसने कहा कि अगर साजिदा का निकाह ओमानी शेख़ से हो जाये तो वह उन्हें 50 हज़ार रुपये देगा। वे पैसे के लालच में अपनी 16 साल की नाबालिग साजिदा का निकाह ओमानी शेख़, जिसकी उम्र 54 साल है, से कराने के लिए राजी हो गये। ओमानी शेख़ अक्सर हिन्दुस्तान विजिट वीजा पर आता और यहाँ की लड़कियों से कॉन्ट्रैक्ट मैरिज़ करता रहता था। उसकी हबीब क़ाज़ी आदि मदद करते थे। हबीब और साजिदा के माता-पिता उसका निकाह ओमानी शेख़ से कराने की तैयारी में व्यस्स्त थे। क़ाज़ी को हबीब ने 80 हज़ार रुपये देकर राजी किया था। किसी व्यक्ति ने उसकी सूचना पुलिस को दे दी कि कोई ओमानी शेख़ कॉन्ट्रैक्ट मैरिज करने के लिए एक घर में ठहरा हुआ है। पुलिस ने तुरन्त मौके पर पहुँच कर उन सभी लोगों को हिरासत में लेकर उनके ख़िलाफ़ कार्रवाई की और कॉन्ट्रैक्ट मैरिज को रुकवाया।

8 अप्रैल, 2016 को विभिन्न समाचार चैनलों sharp India tv news and enterprises वग़ैरह पर (DCP) SOUTH ZONE, हैदराबाद ने बताया कि, किसी अनजान व्यक्ति से पता चला कि एक घर में कॉन्ट्रैक्ट मैरिज करायी जा रही है। पुलिस तुरन्त उस घर में दाखिल हो गयी और विवाह को रुकवा दिया। पुलिस ने एजेंट और शेख़ को हिरासत में लेकर कार्रवाई शुरू कर दी।

केस न. 12 : फातिमा बीबी

फातिमा बी की उम्र 55 साल है। वह एक घरेलू महिला है। उसके पति की मृत्यु हो

चुकी है और उसकी चार लड़कियाँ और चार लड़के हैं। उनमें से दो लड़कों की भी मृत्यु हो चुकी है। फातिमा की बड़ी दो बेटियों का भी विवाह उसके पति के जीवित रहते ही हो गया था। उसकी तीसरी बेटी शाहजहाँ और चौथी बेटी नूरजहाँ बेगम हैं। तीसरा बेटा सरवर और चौथा बेटा सदरीक ऑटो ड्राइवर हैं। उसके परिवार में पाँच सदस्य हैं और सब एक साथ रहते हैं। फातिमा की दो बेटियाँ कपड़ों की दुकान में काम करती हैं। सिर्फ़ लड़कियों की आमदनी पर ही घर का ख़र्च चलता है। आर्थिक परेशानी के कारण फातिमा को अपनी दो बेटियों की शादी की चिन्ता में थी। कादिर और उसकी पत्नी अनवरी को फातिमा ने अपनी ग़रीबी के बारे में कई बार बताया था। अनवरी ने फातिमा के हालात के बारे में अपनी एक सहेली से बताया और फिर परवीन ने फातिमा की बेटी की शादी बगैर दहेज के कराने की बात कही। इसके अलावा फातिमा के निकाह के बाद एक लाख रुपये देने का इरादा भी जाहिर किया। अनवरी ने 20 प्रतिशत हिस्सा कमीशन माँगा। पूरा भरोसा दिलाने के बाद परवीन ने फातिमा पर दबाव देकर दो हज़ार रुपये अग्रिम भी ले लिये। कुछ दिन बाद फातिमा अनवरी के घर गयी तो अनवरी ने फातिमा की चन्द लोगों से मुलाकात करायी। उनके नाम इस्माइल और अली अहमद थे। परवीन ने फातिमा को बताया कि अली अहमद और इस्माइल दोनों सोमालिया के रहने वाले हैं और उसकी लड़की का निकाह अली अहमद से होगा। फातिमा ने जब दोनों सोमालियाई नागरिकों को देखा तो हैरान हो गयी कि दोनों व्यक्ति उम्र में काफ़ी बड़े हैं। इस्माइल लगभग 49 साल और अली अहमद 55 साल का है। अली अहमद की उम्र देखकर फातिमा ने अपनी बेटी का निकाह करने से मना कर दिया। उसके बाद परवीन, अली अहमद और इस्माइल ने फातिमा को जान के मरवा देने की भी धमकी दे दी। उस पर दबाव बनाने का पूरा प्रयास किया। फातिमा को घर में क़ैद कर लिया गया। बाद में फातिमा उनके चंगुल से भाग निकली और मदीनापेट पुलिस स्टेशन, हैदराबाद में उन सभी के ख़िलाफ़ शिकायत दर्ज करा दी।

पीड़िता फातिमा बीबी ने 20 जून, 2016 को मीडिया को बताया कि दलाल एजेंट उसे पैसे का लालच देकर उसकी बेटी की शादी वृद्ध शेख़ से कराने का दबाव बना रहे थे। मगर फातिमा आर्थिक कठिनाइयों के बावजूद अपनी बेटी का निकाह एक वृद्ध से करने के ख़िलाफ़ थी। उसके बाद उसे जान से मारने की धमकी दी गयी थी। किसी तरह वह उनके चंगुल से निकल कर उक्त सभी के ख़िलाफ़ पुलिस में शिकायत दर्ज करा पायी।

ii. मुताह के वे मामले, जो पुलिस के संज्ञान में नहीं हैं

केस न. 1 : इमराना बानो

सर्वे के दौरान हमें तीन अलग-अलग लड़कियाँ ऐसी मिलीं, जिन्होंने बड़े उत्साह से हमारा साथ दिया। दूरदराज हमें लेकर गयीं। पीड़ित लड़कियों से मुलाक़ात करायी। उनका उत्साह हमें बहुत प्रभावित कर रहा था। वे तीनों ही कुछ-न-कुछ समाज में करना चाहती थी। प्रारम्भ में तो किसी ने नहीं बताया, लेकिन कुछ दिनों बाद यह पता चला कि तीनों ने ही अपने घरों में अपनी बड़ी बहनों के साथ मुताह होते देखा है। उन्हें उसकी हक़ीक़त अच्छी तरह से मालूम है। उनमें से एक इसी विषय पर शोध करना चाहती है, दूसरी राजनीतिक पार्टी में काम करने लगी है और तीसरी पढ़ाई के साथ-साथ महिला हिंसा के ख़िलाफ़ एक सामाजिक कार्यकर्ता के तौर पर काम कर रही है। उनमें कुछ ऐसा था, जो जोखिम उठाने के लिए तैयार थीं। उन इलाक़ों में भी जाने से उन्हें डर नहीं लगा, जहाँ उनकी जान को ख़तरा हो सकता था। हमारी भरपूर मदद की।

हम शहनाज के साथ एक इलाक़े में गये इमराना बानो के बारे में जानने के लिए। इमराना एक बहुत ही ख़ूबसूरत चेहरे-मोहरे की महिला थी। उसकी शादी 18 साल की उम्र में दुबई के एक शेख़ से उसके माता-पिता ने कर दिया था। उस समय शेख़ की उम्र 60 वर्ष थी। उसने बताया कि शेख़ बड़ी उम्र की महिला की तरफ़ तो देखता भी नहीं था। उसे भारत से छोटी उम्र की लड़की ही चाहिए होती थी। जिस उम्र में उसे कुछ भी मालूम नहीं था, उस उम्र में ब्याह देने से उसे बहुत परेशानियों का सामना करना पड़ा। शेख़ उसे दुबई लेकर गया। वह यौन उत्तेजना के लिए गोलियाँ खाता था। वह उसे बहुत ज़्यादा परेशान करता था। जब वह ठीक प्रकार से सम्बन्ध बनाने में नाकाम रहता तब उसे पीटता और प्रताड़ित करता। दुबई में ही वह उसे दूसरे मर्दों के पास भेजने लगा। इमराना बहुत परेशान रहने लगी। उसे पता ही नहीं चला कि वह कब गर्भवती हो गयी। मानो और मुसीबत उस पर टूट पड़ी। शेख़ के पहले से दो बीबियाँ थीं। उसे घर के सारे काम के अलावा और भी काम करने पड़ते थे। उनकी हालत बहुत ख़राब होने लगी। उसी हाल में एक दिन शेख़ ने उसे वापस इंडिया भेज दिया। यहाँ आने के बाद उसे एक बच्चा पैदा हुआ। उसने यह भी बताया कि वहाँ इंडिया से गयीं कई लड़कियों ने ख़ुदकुशी कर ली है, क्योंकि उन्हें वहाँ से भाग निकलने का कोई रास्ता नहीं मिलता और हर तरह का जुल्म उनके

साथ होता है। कई लड़कियाँ ऐसी भी हैं, जो लम्बे समय तक वहाँ टिक गयीं। उन्हें वहाँ की नागरिकता मिल गयी है। वे वहाँ अपने पति से अलग होकर रह रही हैं और कुछ काम कर रही हैं।

अभी इमराना अपने बेटे के साथ भारत में रह रही है। दोबारा न वह कभी दुबई गयी और न ही शेख़ ने कभी सम्पर्क किया। इंडिया आने के बाद दो बार उसकी शादी हुई, लेकिन दुर्भाग्य से दोनों ही पति की मृत्यु हो गयी। 25 साल की उम्र तक उसकी सारी शादियाँ ख़त्म हो चुकी थीं। अभी उसकी उम्र 45 साल है। वह अकेले बेटे के साथ अपना जीवन छोटे-मोटे काम कर गुजार रही है।

केस न. 2 : फौज़िया बेगम

फौज़िया बेगम रोशन कॉलोनी, हैदराबाद की रहने वाली है। अभी उसकी उम्र 26-27 साल है। उसके अब्बू क्रिकेट की टोपियाँ और बैग बनाते थे। फौज़िया आठ बहन और चार भाइयों में सबसे छोटी है। अब्बू का घर किराये का है। वह नशा बहुत करता था। 10 साल पहले अब्बू फालिज का शिकार हो गया था, तब से वह बिस्तर पर ही है। अम्मी घरेलू महिला है। अब्बू का ही काम अब भाई कर रहे हैं। घर के हालात बहुत ख़राब हैं। फौज़िया के 12 भाई बहनों में सबसे ज़्यादा उसकी बड़ी बहन आसिया की तालीम है। वह कक्षा 10 तक पढ़ी है। फौज़िया ने सातवीं तक शिक्षा मदरसे में ली, जो पूरी तरह फ्री थी। उसके बाद पैसे के अभाव में शिक्षा आगे नहीं ले सकी। परिवार धार्मिक प्रवृत्ति का है, सभी नमाज रोजे के पाबन्द हैं।

फौज़िया बताती है कि सन् 2010 में उसकी अम्मी, बहन और भाभी ने उसकी शादी 15 साल की उम्र में दुबई के एक शेख़ से करा दी। यह शादी उसकी मर्ज़ी नहीं, मजबूरी में करायी गयी। एक जानने वाले अम्मी के पास आये और एक दिन अचानक अम्मी और भाभी मुझे कहीं लेकर गये। मुझे कुछ मालूम नहीं था। वहाँ जाने पर देखा कि वे लोग मुझे किसी को दिखाने लाये हैं। दुबई निवासी शेख़, जिसकी उम्र 50 साल से ज़्यादा थी। उसने मुझे देखा, पसन्द किया और 40 हज़ार रुपये पेशगी के तौर पर अम्मी को दिये। उसमें 20 हज़ार मेहर की रक़म थी और 20 हज़ार ख़र्च के लिए। उसके बाद एक दिन मेरा निकाह कर दिया गया। शेख़ का यह सख़्त आदेश था कि निकाह में भाई, बहन, माँ और भाभी के अलावा कोई नहीं आ सकता। जिस दलाल ने माँ से मिलकर रिश्ता तय कराया था, वह क़ाज़ी को लेकर आ गया। निकाह हुआ। आधी रक़म दलाल और बाकी आधे में पाँच हज़ार मेरी माँ,

पाँच हज़ार बहन और पाँच हज़ार भावज ने ले लिये। मेरे पास सिर्फ़ पाँच हज़ार रुपये बचे। उन्होंने बारकस इलाक़े में किराये का एक मकान लिया। वहाँ वह आठ दिनों तक मेरे साथ रहा। विवाह के बाद यौन सम्बन्ध बहुत ज़्यादा तकलीफ़ देने वाला था। मैं बस अकेले में बैठ कर रो लेती थी। कोई साथ देने वाला नहीं था। पैसे लेने वाले चले दिये थे, पर हमारे ऊपर क्या बीती यह किसी ने नहीं पूछा। मैं एक दिन वहाँ से निकल कर अपने घर आयी, सब बात अपनी अम्मी को बतायी, लेकिन उन्होंने मुझे फिर वहीं भेज दिया। आठ दिनों बाद उन्होंने दुबई जाकर वहाँ से वीजा भेजने का वादा किया। मुझे उसकी बोली भी बस बहुत कम ही समझ में आती थी। उसके जाने के बाद कई दिनों तक उसका कोई फ़ोन नहीं आया। मैंने उन्हें फ़ोन मिलाया तो फ़ोन बन्द मिला। कई बार कोशिश की, पर उससे कोई सम्पर्क नहीं हो पाया। मैंने दलाल को फ़ोन किया और उसके बारे में जानना चाहा, उसने भी कुछ नहीं बताया। दो महीने बाद एक दिन फ़ोन आया और उसने मुझे फ़ोन पर ही तलाक़-तलाक़-तलाक़ बोल दिया और फिर फ़ोन बन्द हो गया। फिर वह कभी नहीं आया।

ज़िन्दगी वापस जैसे थी, वैसे ही चलने लगी। मैंने ब्यूटीपार्लर का कोर्स कर रखा था। मैं एक ब्यूटीपार्लर में छोटा-मोटा काम करने लगी। कुछ समय बाद ही मेरे भाई ने मेरे लिए एक और रिश्ता तलाश किया और कहा कि अब तुम्हारा घर बस जायेगा। मेरा निकाह कुवैत के शेख़ से करा दिया गया। उसमें मेहर की रक़म 50 हज़ार तय हुई थी। वह 15 दिन एक होटल में कमरा लेकर मेरे साथ रहा और मुझे कुवैत ले जाने की बात की। मेहर की उस 50 हज़ार रक़म में से 20 हज़ार रुपये मेरे भाई ने फ़ौरन ही ले लिये और बीस हज़ार दलाल ने। पाँच हज़ार अम्मी को दे दिये और कुछ बहनों को और मेरे साथ वही हुआ जो पहले निकाह में हुआ था। यह भी कभी लौट कर नहीं आया। मेरे भाई का काम-धन्धा ठीक नहीं चल रहा था। मेरा घर बसाने के प्रयास में दूसरों को फ़ायदा होता रहा।

मैं एक बार दुबई वर्क वीजा पर गयी। वहाँ स्टार लेड़ीज सैलून नाम के एक पार्लर में काम करने लगी। पार्लर के काम के अलावा मालिक और बहुत से ग़लत काम कराता था। चार महीने बाद एक महीने की तनख्वाह देता था। खाना भी 24 घण्टे में सिर्फ़ एक बार मिलता था। दूसरों के घरों में भी काम करने के लिए भेजता था। मैं बीमार हो गयी। एक दिन मैं बेहोश हो गयी। मैंने किसी तरह पुलिस को बुला लिया। जाँच-पड़ताल हुई और फिर सरकार ने मुझे इंडिया वापस भेज दिया। फौज़िया ने बताया कि दुबई में बहुत ख़तरनाक काम कराये जा रहे हैं। यह घटना 2014 के अन्त की है।

इंडिया आने के बाद यहीं काम करने लगी। यहाँ भी मेरे साथ 2015 और 2017 में घर बसाने के नाम पर दो बार वैसी ही घटना हुई। 2015 में जब मेरा निकाह एक हैदराबादी से हुआ। मेरा पति अलग कमरा लेकर रहने लगा। मैं गर्भवती थी। इसकी जानकारी लगते ही उसने आना बन्द कर दिया। महिला संगठन की मदद ली तो वह एक हज़ार रुपये कमरे का किराया भेज देता था। कुछ दिनों बाद ही उसने तलाक़नामा और इद्दत की रक़म 11 हज़ार भिजवा दी। ऐसा ही मामला 2017 में भी हुआ। दोनों ही शौहरों से एक-एक बेटियाँ हैं, जिनका खर्च नियमित तौर पर वे नहीं देते। मैं अकेले ही दोनों बेटियों को पाल रही हूँ।

इस तरह 15 साल की उम्र से अब तक मेरे साथ चार घटनाएँ हो चुकी हैं। मैं मर के मिट्टी में भी मिल जाऊँगी, लेकिन अपनी इन दोनों बेटियों की शादी कभी भी बाहर वालों से नहीं करूँगी। मैंने जो दुख देखे, वह कभी किसी लड़की को न देखने को मिले। हर कोई अपनी बच्ची को अच्छी ज़िन्दगी दे। मेरे खानदान में तीन लड़कियाँ हैं, जिनके साथ ऐसा ही हुआ। पहले मेरी बड़ी बहन के साथ, जो ओमान में रहती है। उसके बाद मेरी दो चचेरी बहनों की कॉन्ट्रैक्ट मैरिज की गयी। वे टोली चौकी और मेहँदी पटनम (हैदराबाद के दो इलाक़ों के नाम) में रहती हैं। शेख़ कुछ दिनों बाद चला गया था। उनके माँ-बाप ने इस बात को छिपाकर अब दोनों की शादी हैदराबादी में ही करा दी है। दोनों ही अब अपनी ससुराल में रहती है।

फौज़िया आगे कहती है कि अरबी लोगों को वतन आने से रोका जाये। ये हमारे माँ-बाप को पैसे का लालच देते हैं। चन्द दिन की ख़ुशी देकर हमारी ज़िन्दगी बर्बाद कर चले जाते हैं।

केस न. : 3 शहनाज़ बेगम

सलमा बेगम ने अपनी सहेली की बेटी के केस के बारे में बताया कि शहनाज मेरे बचपन की सहेली है। वह चन्द्रयान गुट्टा इलाक़े में रहती है। ओवैसी अस्पताल में दाई का काम करती है। उसके पति ऑटो चलाते हैं। बेटी की उम्र लगभग 21 साल है। हिन्दुस्तान में उसकी एक शादी टूटने की वजह से कहीं दूसरी जगह शादी नहीं हो पा रही थी। इस्माइलनगर में एक शेख़ से सम्पर्क स्थापित हुआ। उस ओमानी शेख़ की उम्र 80 साल थी। आँख से उसे ठीक से दिखाई नहीं पड़ रहा था। वह हैदराबाद इलाज के सिलसिले में आया था। उसने लड़की को देखा और फौरन ही 21 हज़ार रुपये निकाल कर लड़की के हाथ पर निकाह के कपड़े ख़रीदने के

लिए रख दिये। घर वालों को भी पैसे दिये। बकरा खरीदने और दावत का इन्तजाम करने के लिए। लड़की के माता-पिता को एक लाख रुपये दिये गये। दलाल की मदद से क़ाज़ी निकाह पढ़ाने आया। उसे 80 हज़ार रुपये अदा किये गये। दलाल को इस निकाह को अंजाम दिलाने के लिए 40 हज़ार रुपये दिये गये। उन्होंने ख़ुशी-ख़ुशी अपनी लड़की की शादी उस 80 वर्षीय बुड्ढे आदमी से कर दी। वह तीन माह यहाँ इलाज कराता रहा और लड़की उसकी खिदमत करती रही। तीन महीने बाद वह उसे ओमान लेकर गया। अब उसकी ख़्वाहिश पूरी हो चुकी थी। उसने लड़की को बहुत पीटा और वक़्त पूरा होने के बाद उसे वापस भेज दिया। एक लाख रुपये के लालच में लड़की के माता-पिता ने ऐसा किया था। अब लड़की हैदराबाद वापस आ चुकी है। वह कक्षा 10 तक पढ़ी है। अब वह एक अस्पताल में सिस्टर का काम कर अपनी ज़िन्दगी गुजार रही है। यह मामला 2016 का है।

केस न. 4 : ख़ुशबू

समाजसेवी दुरदाना बानो ने बताया कि बीबी का चश्मा इलाक़े की एक ग़रीब परिवार की 16 साल की लड़की ख़ुशबू, जिसे अरबों के सामने दिखाई के लिए पेश किया गया। 65 वर्षीय शेख़ ने देखते ही ख़ुशबू को पसन्द कर लिया। शेख़ ने लड़की के परिवार को निकाह के पहले पेशगी के तौर पर कुछ पैसे दिये और निकाह के वक़्त भी लगभग 40 हज़ार रुपये दिये गये। शेख़ निकाह के कुछ ही समय बाद लड़की को लेकर सऊदी अरब चला गया, फिर दो साल तक उसे वापस नहीं भेजा। दो साल बाद लौटने पर ख़ुशबू एक बच्चे की माँ थी। उसने बताया कि उसे वहाँ बहुत तरह के जुल्म का सामना करना पड़ रहा था। उससे बहुत काम कराया जाता, खाना भी भरपेट नहीं दिया जाता। काम पूरा न होने पर शेख़ उसे हंटर से बहुत मारता था। ख़ुशबू किसी भी हाल में अब वापस अरब नहीं जाना चाहती थी। वह इंडिया में ही रहना चाहती थी। जब शेख़ को यह पक्का यकीन हो गया कि ख़ुशबू अब वापस नहीं आयेगी तो वह एक दिन हैदराबाद आ गया और अपने बच्चे को लेकर ख़ुशबू को तलाक़ बोल कर वापस चला गया। शेख़ और लड़की ख़ुशबू दोनों ही सुन्नी मुस्लिम परिवार से हैं।

पूरे मामले में दो प्रकार के दलाल शामिल थे। पहला वह जो क़ाज़ी को सेट कर निकाह के लिए लाया और दूसरा दलाल एक जान-पहचान की महिला थी, जो लड़की को शेख़ को दिखाने में शामिल थी। यह घटना 2015 की है।

केस न. 5

सलमा बेगम, चन्द्रयान गुट्टा, बण्डला गुडा, इस्माइलनगर, हैदराबाद। वह अपने इलाक़े की वार्ड मेम्बर है। एक राजनीतिक पार्टी में काम करती है। उन्होंने बताया कि उनका ननिहाल बहुत ग़रीबी था। नानी के छह बच्चे थे। 25 साल पहले उनकी खाला, जिसकी उम्र 15-16 साल थी, का निकाह 50 हज़ार मेहर लेकर ओमानी शेख़, जिसकी उम्र 70 साल थी, के साथ कर दिया गया था। खाला सिर्फ़ उर्दू अरबी पढ़ना जानती थी। उसने स्कूली शिक्षा प्राप्त नहीं की थी।

उनकी खाला को शेख़ ने बहुत तरह की शारीरिक प्रताड़ना दी थी। इतनी छोटी उम्र में वह ये सब सह नहीं पा रही थी। कई बार मेरी नानी को उसने बताया भी था कि शेख़ उससे ग़लत-ग़लत हरकतें करता है। वह दवाएँ खाता, अजीब हरकतें करने को कहता। मना करने पर उसने उसके स्तनों को काट दिया था। उसकी योनि में पूरा हाथ डाल दिया। वह बहुत परेशान रहने लगी थी। उसे इस बीच एक लड़का भी पैदा हुआ। शेख़ ने एक साल के बाद उसे फाँसी पर लटका दिया। मारने के बाद उसे डीप फ्रीजर में एक महीना तक रखे रहा। उसने मायके वालों को कोई ख़बर नहीं दी। एक माह बाद किसी तरह पुलिस को ख़बर हो गयी। पुलिस ने सम्पर्क किया तो लड़की का भाई इंडिया से उसके अन्तिम संस्कार के लिए गया। उन्होंने बताया कि अन्तिम संस्कार के लिए नहलाते वक़्त पानी डालने पर लड़की के बदन का गोश्त कट-कटकर निकल रहा था। शेख़ ने लड़की के भाई यानी मेरे मामू को काफ़ी पैसे और वहीं नौकरी का ऑफ़र दे दिया। उसने शेख़ के ऑफ़र को स्वीकार कर लिया। और वहीं नौकरी करने लगा। वह लौट कर ही नहीं आया। इस तरह मेरी खाला का मामला भी रफ़ा-दफ़ा हो गया। वे आगे कहती हैं, आज भी न जाने कितने केस आ रहे हैं, लेकिन बहुत कुछ गुप-चुप तरीक़े से हो जाता है। किसी को पता ही नहीं चल पाता। यहाँ सुन्नी और शिया दोनों ही समुदाय में कॉन्ट्रैक्ट विवाह की सतायी हुई लड़कियाँ बहुत हैं, इसमें उनके माता-पिता का ही हाथ है।

केस न. 6 : सरवरी बेगम, लखनऊ

बात सन् 2010-11 की है। एक दिन हम कुछ औरतें बाँसमण्डी इलाक़े में महिलाओं से उनके हालात पर बातचीत कर रहे थे। सरवरी बेगम नामक महिला वहाँ आयी। वह हमारी बातचीत सुनती रही। बाद में उसने हमें अपने घर बुलाया। वह सबके सामने अपनी कहानी नहीं बयान करना चाहती थी। सरवरी ने बताया कि उसकी शादी 19 साल की उम्र में हो गयी थी। पति बहुत शराब पीता और उसे पीटता था।

लड़ाई-झगड़े का सिलसिला कई सालों तक चला। एक दिन उसने सरवरी को तीन बार बोल कर तलाक़ दे दिया। सरवरी को कोई बच्चा नहीं था। वह अपने माँ बाप के साथ रहने लगी। बहुत साल मायके में गुज़रे। अन्य पाँच भाई-बहनों के साथ रहती रही। चिकनकारी का अच्छा काम जानती थीं। सरवरी उसी के जरिये अपनी ज़िन्दगी गुजार रही थीं। सरवरी की एक बड़ी बहन अपने पति के साथ हैदराबाद में रहती थी। उसके पति वहाँ ऑटो चलाते थे। उसने एक दिन फ़ोन कर माँ को बताया कि उसने सरवरी के लिए एक लड़का देखा है। जिससे वह उसकी शादी कर देगी। लड़का बहुत अमीर और अच्छे खानदान का भी है। अब तक सरवरी की उम्र 30 साल के लगभग हो गयी थी।

उसने सरवरी को बुला लिया। वहाँ पहुँचने के बाद लगभग 60 वर्षीय शेख़ सउदी अरब से उसे देखने आया और 40 हज़ार रक़म सरवरी के बहनोई और बहन को देकर उसका निकाह शेख़ के साथ कर दिया गया। शेख़ कुछ दिनों बाद उसे लेकर अरब चला गया।

आगे सरवरी बताती हैं कि वहाँ उससे बहुत काम कराया जाता था। घर में एक नौकरानी की तरह रखा जाता, खाना भी ठीक से नहीं मिलता था। शेख़ की पहली बीवी और बच्चे भी उसके साथ बुरा बर्ताव करते थे। उसकी पिटाई भी की जाती थी। वे वहाँ फँस गयी थी। कई बार उसने वहाँ से आने की कोशिश की, लेकिन किसी ने उसे नहीं भेजा। उसकी हालत दिन-ब-दिन ख़राब होने लगी। उसकी गिरती सेहत को देखते हुए एक दिन शेख़ ने उसे अकेले हैदराबाद भेज दिया। वहाँ आने के बाद उसने लखनऊ के लिए ट्रेन का टिकट कराया और वहाँ से वह कभी वापस नहीं गयी।

केस न. 7 : रोकय्या बेगम

मोहल्ला हाफिज बाबानगर, हैदराबाद की रहने वाली रोकय्या ने सातवीं कक्षा तक एक उर्दू मीडियम स्कूल से शिक्षा प्राप्त की थी। रोकय्या की शादी सउदी अरब के शहर रियाद के रहने वाले शेख़ से करायी गयी। उसके घर में मापा-पिता और दो छोटे भाई है। वह अपने माता-पिता की एक ही बेटी है।

रोकय्या के घर की भी आर्थिक स्थिति बहुत ख़राब थी। उसके पिता ठेला लगाते थे। दूर के रिश्तेदारों ने रोकय्या की दादी से उसके रिश्ते की पैरवी की। माँ को ख़बर लगी तो उन्होंने साफ़ इनकार कर दिया और रिश्तेदारों दोस्तों व दादी से भी एक दूरी बनाने की कोशिश की। दादी एक न मानी। उन्हें यकीन था कि इस निकाह

से उनके घर के हालात बेहतर हो जायेंगे। तय बात के मुताबिक शेख़ हर महीने उन्हें पैसे भेजता रहेगा। दादी के साथ ही रोकय्या के पिता भी इस शादी के लिए तैयार थे। उस घर में माँ की बात को किसी ने महत्त्व ही नहीं दिया।

शेख़ से शादी के वक़्त लड़की की उम्र 16 साल थी और शेख़ की उम्र 65 साल से ज़्यादा थी। शेख़ के उम्रदराज होने से उस मासूम रोकय्या को कोई ऐतराज न था। उसके अन्दर एक चुलबूला सा ख़्वाब पनप रहा था। लड़कपन का वह ख़्वाब था। जहाज़ में बैठ कर दूर उड़ने का ख़्वाब। उसे बस अच्छे-अच्छे कपड़े पहनने थे और आकाश में उड़ जाना था। इतना ही तो जानती थी वह शादी का माने। वह अपने इसी ख़्वाब के साथ अब दिन-रात जीने लगी थी। उसे कहाँ मालूम था कि मेहर का हक क्या होता है। उससे कहा गया कि निकाहनामे पर अँगूठे का निशान लगा दो। झट से रोकय्या ने अँगूठे का निशान चिपका दिया। निकाह के वक़्त शेख़ ने पिता को 50 हज़ार रुपये दिये थे। पिता और शेख़ के बीच में शर्त तय की गयी थी कि निकाह के बाद अगर रोकय्या शेख़ को पसन्द नहीं आयी तो शेख़ रोकय्या को तलाक़ दे देगा। इस शर्त से रोकय्या अनजान थी। मासूम दुबली-पतली सी रोकय्या निकाह के बाद शेख़ को पसन्द आ गयी थी। शेख़ उसी के घर में रहा। बाद में उसने रोकय्या को अपने पास बुलाने का प्रबन्ध किया। वह बहुत ख़ुश थी कि वह अब हवाई जहाज़ में बैठेगी। शेख़ के घर जब रोकय्या पहुँची तब यह देख कर हैरान रह गयी कि शेख़ की पहली बीवी के कुछ बच्चे उसके हमउम्र और कुछ उससे बड़े भी थे। शेख़ के बच्चों का रवैया इसके साथ बहुत दोस्ताना था, लेकिन रोकय्या को कुछ दिन गुज़ारने के बाद ज़िन्दगी का कड़वा तजुर्बा हो चुका था। कुछ दिन बाद उसे अपने घर की याद सताने लगी। वह किसी भी तरह से इंडिया वापस आना चाहती थी, मगर शेख़ वापस जाने की इजाज़त नहीं देता था। माता-पिता से दूरी और शेख़ के बुरे बर्ताव से वह मानसिक तनाव का शिकार हो गयी थी। उसके बिगड़ते हालात को देखकर शेख़ के बच्चों ने छह माह बाद उसे इंडिया भेज दिया। इंडिया वापस आने के बाद वह किसी भी प्रकार शेख़ के पास वापस नहीं जाना चाहती थी। इंडिया वापस आने के बाद शेख़ ने रोकय्या को पैसे भिजवाना बन्द कर दिया था। उसके पिता और भाई जो भी कमाते थे, वह घर के खर्च में चला जाता। यहाँ उसे काफ़ी परेशानी का सामना करना पड़ा। मजबूरन रोकय्या को तीन माह बाद शेख़ के पास वापस जाना पड़ा। उसके बाद वह दो साल तक इंडिया नहीं आयी। इन दो सालों में इसे एक लड़का पैदा हुआ था। दो साल बाद वह अपने बेटे को लेकर छह माह के लिए इंडिया आयी थी।

रोकय्या छह माह के लिए इंडिया क्या आयी शेख़ ने तीसरा निकाह एक मिस्र की महिला के साथ कर लिया और उसे भी अपने घर में लाकर रख लिया। जब छह माह बाद रोकय्या शेख़ के पास वापस गयी तब देखा कि मिस्त्री महिला, उससे उम्र में काफ़ी बड़ी है। तीन बीवियों में तनाव का माहौल बनने लगा, पहली बीवी अपने बच्चों को लेकर अलग रहने लगी। शेख़ ने रोकय्या और मिस्त्री महिला को अपने साथ ही रखा।

रोकय्या ने बताया कि जब उसका बेटा चार साल का हो गया तब वह शेख़ के बच्चों की मदद से इंडिया वापस आ गयी। इस बार रोकय्या ने इरादा कर लिया था कि अब वह शेख़ के पास वापस नहीं जायेगी। वह अपने बेटे के साथ माता-पिता के पास रहने लगी। उसने क़ाज़ी के जरिये शेख़ से खर्च हासिल करना चाहा, लेकिन उसे वह नहीं मिल सका। वह धीरे-धीरे मानसिक बीमारी का शिकार हो गयी। वह कई-कई घण्टे घर से बिना हिजाब भाग जाती और लोकल ट्रेन में सफ़र करती रहती। उसकी ऐसी स्थिति को देख पड़ोसी ने उसकी दूसरी शादी कराने का सुझाव दिया। एक महिला रिश्ता भी लेकर आ गयी, जो पुलिस ऑफ़िसर था। उसकी बीवी की मृत्यु हो चुकी थी और सारे बच्चों की शादी भी हो गयी थी और इस पर कोई ज़िम्मेदारी नहीं है। फिर से उसके माता-पिता ने रोकय्या की शादी पुलिस आफ़िसर से करा दी। उसकी उम्र 55 साल से ज़्यादा थी और रोकय्या की उम्र उस वक़्त 22 साल थी। इसकी शादी के बाद भी रोकय्या के कष्ट कम नहीं हुए। वे कहीं बाहर जाते तो लोग उन्हें बाप बेटी समझने लगते थे। यह बात पति को बहुत बुरी लगती। वह घर आकर रोकय्या को पीटता। उसके बच्चे पर भी अपना ग़ुस्सा निकालता।

इस बीच शेख़ के मरने की ख़बर आयी। रोकय्या ने किसी तरह बच्चे को उसके सौतेले भाइयों के पास भिजवा दिया। रोकय्या के इस दूसरे पति को इस बात का भ्रम था कि रोकय्या के पास शेख़ के दिये हुए बहुत रुपये हैं। रोकय्या के पास जो भी जेवर थे, उसे बेच कर उसने दूसरे पति को पैसे दे दिये थे, ताकि वह एक घर ख़रीद ले, लेकिन उसके दूसरे पति ने भी वे पैसे खा लिये।

रोकय्या ने ग़ुस्से और अफ़सोस के साथ बताया कि उसकी ज़िन्दगी के सारे फ़ैसले अब तक उसके माँ बाप ने किये। इतनी कम उम्र में शादी कर दी, जब उसे शादी का कोई इल्म ही नहीं था। उसके कारण ही उसके जीवन में इतनी मुसीबतें आयीं। कभी किसी के साथ ऐसा न हो।

केस न. 8 : सादिया सिद्दीकी

मोहल्ला याकूबपुरा, हैदराबाद के एक छोटे से इलाक़े अशरफ नगर में एक सादिया नाम की लड़की मुताह विवाह से प्रभावित थी। उसकी मौसी से एक शोधार्थी रूबीना बेगम ने सम्पर्क कर उस तक पहुँचने का प्रयास किया। पहुँचते ही सबसे पहले सादिया के पिता से मुलाक़ात हुई। पिता ने बहुत ही अभद्रता से बात की और वहाँ से भगा दिया। बेटी सादिया अपने पिता के व्यवहार को देख कर बहुत डरी-सहमी और शर्मिन्दा होती रही। मन में यह प्रश्न उठता रहा कि आख़िर ऐसी क्या बात है कि पिता उसे सामने ही नहीं लाने देना चाहते। बाद में सादिया की मौसी से पूरी बात का पता चला।

मौसी ने बताया कि सादिया की उम्र अब 25 साल है और उसने तीसरी कक्षा तक उर्दू मीडियम सरकारी स्कूल से शिक्षा प्राप्त की है। इसके तीन भाई और दो बहनें हैं। वह अपने दो भाइयों से छोटी है और बहनों में बड़ी है। जब वह दस साल की थी, तब उसकी माता की मृत्यु हो गयी थी। पिता ऑटो ड्राइवर है। सादिया का बड़ा भाई अहमद दुबई में रहता था। दुबई में एक शेख़ के यहाँ ड्राइवर था और कभी-कभी शेख़ के घर छोटे-मोटे काम भी कर देता था। जिस शेख़ के घर अहमद काम करता था, उसी का एक दोस्त जो बहुत अमीर था और हैदराबाद की दो लड़कियों से मुताह भी पहले कर चुका था और फिर से हैदराबाद की लड़की से मुताह करने का इरादा भी रखता था। जैसे ही इस बात की जानकारी अहमद को हुई। उसने फौरन अपने पिता की रजामन्दी से अपनी बहन सादिया का फ़ोटो शेख़ को दिखाया और वह शेख़ को राजी करते उसे अपने साथ हैदराबाद ले आया। सादिया का निकाह खुफिया तौर पर शेख़ से करा दिया गया। एक महीने तक सादिया शेख़ के साथ ही रही। खाला ने बताया कि शेख़ से निकाह के वक़्त सादिया की उम्र 16 से 17 साल थी और शेख़ 50 के करीब। निकाह के लिए सादिया की रजामन्दी का सवाल ही पैदा नहीं होता। माँ न होने के कारण भाई और बाप पूरे घर पर हावी थे। खाला ने यह भी बताया कि जब शेख़ चला गया, तब सादिया का गर्भपात भी कराया गया है।

उससे निकाहनामे पर दस्तख़त नहीं, बल्कि अँगूठे का निशान लिया गया। निकाह के वक़्त मेहर कितना था? कौन-कौन इस निकाह में शामिल था? खाला यह सब नहीं जानती है। पूरे यकीन से कहती है कि सादिया का शेख़ से निकाह के बाद भाई अहमद ने एक नयी कार ख़रीदी थी। अब वही कार चला रहा है और दूसरे

भाई दुबई या सउदी जाने की कोशिश में लगे हैं और जब भी कोई रिश्तेदार उनके घर दूसरी बेटी के लिए रिश्ता लेकर जाता है, तो उसके पिता गाली-गलौज करते हुए साफ़ मना कर देते हैं।

केस न. 9 : तबस्सुम परवीन

मोहल्ला फूल बाग़ की रहने वाली तबस्सुम का निकाह ओमान के रहने वाले एक बूढ़े शेख़ से करा दिया गया था। तबस्सुम के तीन भाई और एक बहन है। वह सबसे बड़ी है।

तबस्सुम जब 12 साल की थी, तब अम्मी की मृत्यु हो गयी थी और पिता बच्चों को छोड़ कर कही चले गये थे।

तबस्सुम अपने छोटे भाई और बहन के साथ नाना-नानी के घर में रहती थी। वह कभी स्कूल नहीं गयी थी। ननिहाल में रहते हुए वह घर के सारे काम-काज बखूबी सँभाल रही थी। मामी की मृत्यु होने के बाद मामा ने दूसरी शादी कर ली थी। दूसरी मामी ने मानो तबस्सुम को अपना ग़ुलाम बना लिया था। मामी ने ही पैसे की खातिर उसकी शादी ओमान के शेख़ से करा दी और उसको एक महीने तक शेख़ के पास छोड़ दिया। तबस्सुम के अन्दाज के मुताबिक शेख़ की उम्र 50 साल से ज़्यादा थी। उसके नाना-नानी बूढ़े हो चले थे। शेख से शादी के वक़्त न निकाहनामा पर हस्ताक्षर लिये गये और न ही अँगूठे के निशान लिये गये। एक महीने बाद शेख़ इसको अपने साथ ओमान लेकर जाने वाला था। इसी दौरान तबस्सुम के मामा की पहली बीवी की बेटी साजिदा, जो विवाहित थी और तबस्सुम से उम्र में सिर्फ़ चार साल बड़ी थी। जैसे ही साजिदा को तबस्सुम की शेख़ के साथ शादी का पता चला, उसे लगा शेख़ तबस्सुम को ओमान लेजाकर बेच देगा। साजिदा फौरन अपनी ससुराल से आकर एअरपोर्ट पर ही तबस्सुम को शेख़ से छुड़ा कर लेकर चली गयी।

साजिदा पढ़ी-लिखी लड़की थी। उसने नाना-नानी की जायदाद में से तबस्सुम की अम्मी का हिस्सा हासिल कर तबस्सुम के नाम करा दिया और उसके छोटे भाई-बहन को भी अपने पास रखकर उनकी अच्छी परवरिश की। साजिदा ने तबस्सुम की शेख़ से निकाह की बात को छिपा कर ही रखा।

तबस्सुम बताती है कि 24 साल की उम्र में साजिदा ने फिर से इसका निकाह एक तलाक़शुदा आदमी से इस उम्मीद से करा दिया था कि वह उसे ख़ुश रखेगा, मगर एक साल के अन्दर इस आदमी को मामी ने शेख़ से निकाह वाली बात जाहिर कर दी। उसने कहा कि साजिदा ने शेख़ से अलग करते वक़्त काफ़ी रुपये और

जेवरात हासिल कर बैंक में जमा कर रखा है। जैसे ही उस आदमी को पता चला, तो उसने साजिदा से पैसे की माँग प्रारम्भ कर दी। दूसरे पति ने भी तबस्सुम को तलाक़ दे दिया। उसको एक बेटा था। पति ने बेटे से भी कोई सम्बन्ध नहीं रखा। साजिदा ने फिर से तबस्सुम को जीने के लिए हिम्मत दिलायी और उसके बेटे का पूरा ध्यान रखा। साजिदा के तीन बेटे और दो बेटियाँ है, उसका पति साजिदा के मायके में ही रहता था। मामूली काम करता था। साजिदा ख़ुद नौकरी करते हुए सब का खर्च चलाती थी और तबस्सुम के भाई को भी इस लायक बनाया कि वह ख़ुद जिम्मेदारी उठा सके।

तबस्सुम ने यह भी बताया कि दो साल पहले उस पर मानो मुसीबतों का पहाड़ टूट पड़ा। जब माँ समान बहन साजिदा किसी बीमारी से चल बसी। साजिदा के बच्चे तबस्सुम के साथ रहते हैं। तबस्सुम कहती है कि जब वह 14 साल की थी, तब साजिदा एक माँ की तरह उसकी देखभाल करती थी और उसके भाई और बहन की अच्छी तरह परवरिश भी की और अब साजिदा की मृत्यु के बाद उसकी बड़ी लड़की 13 साल की है और साजिदा के अन्य बच्चों की परवरिश और उसका ख़र्च तबस्सुम और उसके बड़े भाई उठा रहे हैं।

आख़िर में तबस्सुम ने बताया कि उसके पिता दूसरी शादी कर दूसरी जगह रह रहे हैं। जब भी पैसे की ज़रूरत पड़ती है, तब घर के बाहर आकर खड़े हो जाते हैं और पिता होने की वजह से मजबूरन उन्हें पैसे देने पड़ते हैं।

केस न. 10 : रेहाना बेगम

हाफिज बाबा नगर की रहने वाली रेहाना का निकाह सउदी शेख़ से किया गया था। उसने बताया कि घर में माता-पिता और पाँच भाई और दो बहनें थीं। वह अपने घर की बड़ी बेटी थी और उसने कभी कोई शिक्षा प्राप्त नहीं की थी। घर की आर्थिक स्थिति सुधारने के इरादे से उसका निकाह सउदी अरब के एक शेख़ से करा दिया गया था। निकाह के वक़्त उसकी उम्र 15 साल थी और शेख़ की उम्र 50 साल से ज़्यादा थी। निकाहनामे पर अँगूठे के निशान लिये गये थे। रेहाना शेख़ की दूसरी बीवी थी। उसका रिश्ता शेख़ से दलालों के जरिये हुआ था और शेख़ ने निकाह के बाद उसके घर वालों को नकद रक़म और जेवरात नज़राने के तौर पर दिये थे। निकाह के दो माह बाद शेख़ के पास वह सउदी अरब चली गयी। शेख़ के घर उसकी पहली बीवी और उसके बच्चों के साथ वह रहने लगी।

रेहाना ने बताया कि शेख़ की पहली बीवी और शेख़ उसे बहुत शारीरिक और मानसिक कष्ट देते थे। शेख़ ज़्यादा अमीर नहीं था। वह रेहाना के परिवार की मदद नहीं करता था। रेहाना के बाद भी शेख़ ने हैदराबाद की दो और लड़कियों से निकाह किया और उन लड़कियों से भी बदसुलूकी करता था।

रेहाना ने बताया था कि 15 साल पहले शेख़ की मृत्यु हो गयी। उसे एक बेटा और पाँच बेटियाँ हैं। शेख़ की मृत्यु के बाद उसके बच्चे घर सँभाल रहे हैं और रेहाना उससे निकाह के 35 साल बाद पहली बार इंडिया अपने घर वालों से मिलने आयी थी। माता-पिता की मृत्यु पर भी शेख़ ने रेहाना को इंडिया नहीं भेजा था।

रेहाना ने बताया कि जिसके लिए उसका निकाह शेख़ से कराया गया था, वह पूरा नहीं हुआ। उसके घर परिवार की आर्थिक स्थिति आज भी ठीक नहीं है। वह अब भी सउदी में अपने बच्चों के ही साथ रहती है। रेहाना ने आख़िर में यह भी बताया कि उसकी ज़िन्दगी इस शादी से बहुत बुरी गुज़री। उसकी पीठ पर आज भी शेख़ की मार के निशान मौजूद हैं।

केस न. 11 : समीरा हफीज

गाजी मुल्क कालोनी की रहने वाली समीरा का निकाह सउदी अरब के एक शेख़ से करा दिया गया था। समीरा की माता ने बताया कि उसके एक बेटा और एक बेटी है। पति ऑटो ड्राइवर है।

समीरा की माँ ने बताया कि वे एक शादी समारोह में गये थे। वहाँ समीरा को एक महिला ने देखा और घर पर समीरा का रिश्ता शेख़ के साथ लेकर आ गया। काफ़ी पैसे के जरिये मदद करने का इरादा भी जाहिर किया था। समीरा उस वक़्त नौवीं कक्षा में तालीम हासिल कर रही थी और उसकी उम्र 15 साल थी। कम उम्र होने की वजह से माँ ने रिश्ते को इनकार कर दिया था, मगर उस महिला के बार-बार कहने और पैसे का लालच देने पर समीरा के पिता इस रिश्ते के लिए तैयार हो गये, समीरा पढ़ने में बहुत बुद्धिमान थी।

माँ के अनुसार रिश्तेदारों के इनकार पर भी समीरा के पिता ने उसका निकाह घर में क़ाज़ी को बुलवाकर कर डाला। इस निकाह से समीरा बिल्कुल नाख़ुश थी। पिता की ज़बर्दस्ती से समीरा ने शेख़ से निकाह किया। निकाहनामे पर दस्तख़त और अँगूठे के निशान ले लिये गये थे।

माँ ने बताया कि निकाह के वक़्त शेख़ की उम्र 45 साल से ज़्यादा थी और

शेख़ निकाह के एक महीने बाद समीरा को अपने साथ लेकर चला गया। निकाह के वक़्त शेख़ ने समीरा के पिता को 50 हज़ार रुपये दिये थे। उससे उन्होंने अपना ख़ुद का ऑटो ख़रीद लिया था।

माँ बताती है कि समीरा सउदी में आठ महीने शेख़ के साथ रही। वह शेख़ को बिल्कुल नापसन्द करती थी। इसलिए इंडिया आने की जिद लगा रही थी। उसके बाद समीरा शेख़ से तलाक़ लेकर इंडिया आ गयी और अपने साथ काफ़ी क़ीमती जेवरात और रुपये पैसे लेकर आयी थी। उसकी वजह से पिता ने समीरा के वापस आने पर कुछ नहीं कहा। आज उसके भाई और पिता समीरा के लाये हुए पैसे से अपना बिजनेस कर रहे हैं और काफ़ी पैसे कमा रहे हैं।

वह आज़ादी से जी रही है, लेकिन उसकी माँ को इस बात का अफ़सोस है कि एक बेटी होने के बावजूद उसकी ज़िन्दगी को बेहतर नहीं कर सकी।

केस न. 12 : कुलसूम बानो

शाहीन नगर की रहने वाली कुलसूम ने बताया कि 15 साल पहले उसका निकाह दुबई के एक शेख़ से कर दिया गया था। निकाह के वक़्त इसकी उम्र 14 साल थी और शेख़ की उम्र 50 साल थी। निकाह का क्या मतलब होता है, वह बिल्कुल नहीं जानती थी। एक बिचौलिये ने उसके अब्बू से यह रिश्ता लगाया था। अब्बू रंगाई का काम करते थे। बिचौलिये को जब घर वालों ने यह कहा कि अभी लड़की छोटी है तब उसने जवाब दिया कि लड़की की विदाई एक साल बाद करना और शेख़ उन्हें एक साल के दौरान पैसे भी भेजता रहेगा। इसके अलावा उस आदमी ने निकाह के वक़्त तीस हज़ार रुपये और जेवरात देने का भी वादा किया था। परिवार बहुत ग़रीब था, फिर बिना दहेज और बिना लेन-देन की शादी से वे ख़ुश थे। वे राजी हो गये। वहाँ न कोई निकाहनामा था, न ही कोई और पेपर। बस क़ाज़ी के जरिये घर में निकाह पढ़ दिया गया। कुलसूम पढ़ी-लिखी नहीं थी।

कुलसूम बताती है कि निकाह के 45 दिन बाद, जिस आदमी ने उसका रिश्ता शेख़ से कराया था, उसने माता-पिता के पास आकर कहा कि वे सारे जेवरात और पैसे वापस कर दें और बेटी की विदाई कर दें। उसके दबाव में आकर उन लोगों ने वैसा ही किया। विदाई के बाद कुलसूम को शेख़ ने किसी एक होटल में 15 दिनों तक रखा और फिर 15 दिन बाद शेख़ ने दोबारा एक लड़की से शादी कर ली और उस लड़की को भी उसी होटल के दूसरे कमरे में रखा। वह उसके साथ रहने लगा,

जिसकी वजह से कुलसूम और शेख़ के बीच में बहुत तकरार हुई थी। एक दिन शेख़ ने कुलसूम को समझाते हुए कहा कि वह अपने माता-पिता के पास वापस चली जाये और एक महीने के अन्दर शेख़ उसको अपने पास दुबई बुला लेगा। जब वह अपने घर चली आयी थी तब शेख़ ने उससे सारे जेवरात और पैसे ले लिये और बताया कि वह इन सब चीजों को अपने साथ लेकर न जाये, क्योंकि रास्ते में कोई भी अनजान शख़्स छीन सकता।

कुलसूम ऑटो में अपने घर आ गयी और कुछ दिनों बाद पता चला कि वह गर्भवती है। घर लौटने के बाद न तो शेख़ का पता चला और न ही उस दलाल का, जिसने यह रिश्ता कराया था। कुलसूम को एक लड़की पैदा हुई। कुलसूम ख़ुद कम उम्र थी और फिर बच्ची को सँभालने की ज़िम्मेदारी भी उसी पर थी। उसकी वजह से वह मानसिक तनाव का शिकार हो गयी। उसने काफ़ी मुसीबतों का सामना किया था। निकाह के नाम से भी उसे नफ़रत-सी हो गयी थी और किसी भी मर्द पर उसे बिल्कुल भी भरोसा नहीं था। इसलिए उसने आजतक दूसरी शादी नहीं की। कभी-कभी उसका दिमाग़ी तनाव इतना बढ़ जाता है कि वह ख़ुदकशी करने की कोशिश भी करती है, मगर अपनी बेटी को देखकर अपने क़दम रोक लेती है। वह साड़ियों पर जरी वर्क कर अपना और अपनी बेटी का ख़र्च उठ रही है।

शेख ने कुलसूम को तलाक़ नहीं दिया और न ही कुलसूम ने क़ाज़ी के जरिये अपना निकाह फस्ख (रद्द) कराया और न पुलिस में शिकायत दर्ज करायी, क्योंकि वह इन सब मामलों में शामिल नहीं होना चाहती है। वह अपनी बेटी के साथ शान्ति से जीवन जीना चाहती है।

केस न. 13 : मुनीरा बेगम

मुगलपुरा सुल्तान शाही की रहने वाली मुनीरा ने बताया कि 13 साल की उम्र में उसका निकाह ओमान के 50 वर्षीय शेख़ से कराया गया था। माता-पिता बहुत ग़रीब और अनपढ़ थे। छोटा-मोटा काम कर जीवन गुजार रहे थे। दलालों के जरिये उसका निकाह एक शेख़ से हुआ था और निकाह के वक़्त 50 हज़ार रुपये उसके पिता को दिये गये थे। वह निकाहनामा क्या है, इससे बिल्कुल परिचित नहीं थी। निकाह के वक़्त एक सादे पेपर पर उसके दस्तख़त और अँगूठे के निशान ले लिये गये थे।

निकाह के बाद शेख़ मुनीरा के साथ दो महीने तक रहा और फिर यह कह कर अपने मुल्क चला गया कि वह कुछ महीनों के बाद मुनीरा को अपने पास बुला लेगा। तीन महीने तक मुनीरा की शेख़ से फ़ोन पर बातचीत चलती रही और शेख़ तीन माह तक मुनीरा को पैसे भी भिजवाता रहा। फिर एक दिन मुनीरा ने शेख़ को बताया कि वह गर्भवती है, तो शेख़ ने मुनीरा से बात करनी बन्द कर दी। कुछ हफ़्तों बाद शेख़ का फ़ोन आया और शेख़ ने मुनीरा को तीन बार तलाक़ बोल कर अपना फ़ोन बन्द कर दिया।

जिस दलाल ने रिश्ता लगाया था। उसने मुनीरा के माता-पिता को डरा रखा था कि अगर पुलिस में शिकायत की तो उनके लिए ठीक नहीं होगा। उसकी वजह से वे खामोश रहे, क्योंकि वह और मुनीरा किसी क़ानूनी जानकारी से अंजान थे।

इसके बाद मुनीरा ने शेख़ का बहुत इन्तज़ार किया। न शेख़ का कोई फ़ोन आया और न ही उसने कभी अपने बच्चे की ख़बर ली। वह अकेले ही अपने बच्चे की परवरिश कर रही है। दूसरों के घरों में काम करते हुए अपने माता-पिता और बच्चे का खर्च उठा रही है। आख़िर में वह कहती है कि एक ऐसे सख़्त क़ानून की ज़रूरत है, जिससे अरब मुल्क के नागरिक कम उम्र हिन्दुस्तानी लड़कियों से निकाह कर उन्हें धोखा देने की कोशिश न करें। ज़िन्दगी में वे जिस दर्द से गुज़र रही है। कोई और लड़की इस दर्द से न गुज़रे।

केस न. 14 : ज़ुलैखा कदीर

मोहल्ला वट्टापल्ली की रहने वाली 16 साल की लड़की ज़ुलैखा का निकाह दलालों के जरिये दुबई के एक शेख़ से उसके घर वालों ने ज़बर्दस्ती करा दिया था। घर वाले बहुत ही ग़रीब थे। पिता गलियों में फेरी लगा कर कुछ कमा लेते थे। ज़ुलैखा ने सिर्फ़ पाँचवीं कक्षा तक शिक्षा प्राप्त की थी।

उस लड़की के दूर के रिश्तेदार ने बताया कि एक दिन वह और ज़ुलैखा की अम्मी ऑटो में चारमीनार से अपने मोहल्ले वट्टापल्ली जा रहे थे। रास्ते में वे दोनों एक दूसरे से अपने घर के हालात के बारे में बात करने लगे। ऑटो ड्राइवर दोनों की बातें बड़े ग़ौर से सुन रहा था। उन दोनों की बातें सुनकर ऑटो ड्राइवर ने दोनों से कहा कि वह एक मैरिज ब्यूरो चलाता है। जहाँ ग़रीब लड़कियों की शादी बिना किसी दहेज और लेन-देन के करायी जाती है। अगर उनकी बेटी हो तो वह उनकी भी शादी बिना किसी दहेज के करा सकता है।

ऑटो वाले की बात सुनकर जुलैखा की अम्मी ने कहा कि उसकी दो बेटियाँ हैं, जो 16 और 14 साल की हैं। उनके लिए कोई अच्छा रिश्ता लेकर आये तो वे उनकी शादी कर देंगी। ऑटो ड्राइवर उन दोनों को घर छोड़ते हुए उनके घर का पता हासिल कर लिया और कहा कि वह दो दिन बाद उनके घर अच्छे रिश्ते लेकर आयेगा।

दो दिन बाद ऑटो ड्राइवर ने जुलैखा के घर जाकर उसकी अम्मी से कहा कि एक बहुत नेक शेख़ का रिश्ता आया है। शेख़ उम्र में थोड़ा बड़ा है और वह एक ग़रीब घर की लड़की से निकाह करना चाहता है और उस लड़की के घर वालों की आर्थिक मदद भी करना चाहता है, क्योंकि शेख़ एक बहुत ही रहमदिल इन्सान है। शेख़ निकाह के बाद जुलैखा को अपने साथ दुबई लेकर भी जायेगा और ख़ुश भी रखेगा।

जुलैखा की माँ ने ड्राइवर की बातों पर विश्वास कर रिश्ते के लिए हाँ कर दी। उनके हाँ करते ही पाँच हज़ार रुपये ऑटो ड्राइवर ने जुलैखा की अम्मी को देकर कहा कि कुछ अच्छे कपड़े अपनी बेटी के लिए ख़रीद लें। वह चार दिन बाद एक शेख़ को अपने साथ लड़की दिखाने लायेगा।

चार दिन बाद जब ड्राइवर शेख़ को अपने साथ लेकर आया, तब शेख़ का हुलिया एक आम आदमी की तरह ही था। उम्र लगभग 40 साल रही होगी। उसने जुलैखा को पसन्द किया और निकाह के लिए फौरन राजी हो गया। एक हफ़्ते के अन्दर जुलैखा का निकाह ऑटो ड्राइवर के घर गुप्त तरीक़े से कराया गया। जुलैखा भी इस निकाह से ख़ुश थी, क्योंकि वह दुबई जाने की ख़्वाहिशमन्द थी। इसलिए निकाह के लिए इनकार नहीं किया। माता-पिता ने पैसे के लालच में अपने किसी रिश्तेदार को नहीं बताया कि जुलैखा का निकाह शेख़ से करा दिया गया है। निकाह के वक़्त ऑटो ड्राइवर ने 30 हज़ार रुपये पिता को दिये थे। कोई निकाहनामा मौजूद नहीं था, सिर्फ़ क़ाज़ी ने निकाह पढ़ाया था।

निकाह के बाद जुलैखा शेख़ के साथ ऑटो ड्राइवर के घर पर ही रही। एक महीने के अन्दर शेख़ जुलैखा को अपने साथ दुबई लेकर चला गया। जुलैखा के दुबई जाने के बाद उसके नाना को पता चला कि जुलैखा का निकाह शेख़ से करा दिया गया है। नाना तुरन्त जुलैखा की छोटी बहन को अपने साथ गाँव लेकर चले गये।

दुबई जाने के बाद जुलैखा की कोई ख़बर नहीं आयी। दो-तीन महीने गुज़र गये। जुलैखा का कोई पता नहीं था और ऑटो ड्राइवर ने भी अपना मकान बदल लिया

था। जुलैखा की अम्मी से ज़्यादा नाना को उसकी फिक्र थी, क्योंकि वह अपने नाना की बहुत सेवा करती थी, फिर एक दिन किसी व्यक्ति से पता चला कि जुलैखा उस्मानिया के सरकारी अस्पताल में भरती है और उसके दोनों पैर टूटे हुए हैं। उसकी ख़बर मिलते ही माता-पिता और नाना अस्पताल पहुँचे।

जुलैखा ने बताया कि शेख़ दुबई लेकर जाने के बाद एक होटल में अपने दोस्तों के साथ रोज़ उसका बलात्कार करता था। एक दिन वह परेशान होकर होटल की तीसरी मंजिल से कूद गयी और सड़क पर पड़ी रही। वहाँ से गुज़र रहे कुछ लोगों ने उसे अस्पताल पहुँचाया और फिर शेख़ ने जुलैखा की ऐसी हालत देखकर उसे कुछ पैसे देकर इंडिया भेज दिया। वह इंडिया आते ही घर न जाकर सीधे सरकारी अस्पताल में भर्ती हो गयी। उसने अपनी ख़बर अपने माता-पिता को न देकर अपने नाना को दी।

जुलैखा की बात सुनकर माँ ने उसे अपने साथ ले जाने से मना कर दिया और कहा कि वह ख़ुद इतनी ग़रीबी में गुज़ारा कर रही है, वह जुलैखा की देखभाल और दवा का ख़र्च नहीं उठा सकती। उसके नाना उसे अपने साथ गाँव ले गये।

केस न. 15 : अफीफा खातून

मुगलपुरा इलाक़े की रहने वाली अफीफा का निकाह 14 साल की उम्र में हुआ था। उसने सिर्फ़ चौथी कक्षा तक शिक्षा प्राप्त की थी। जिससे उसकी शादी हुई वह हैदराबाद का ही एक उम्रदार तलाक़शुदा आदमी था। शादी के एक हफ़्ते के अन्दर ही उसकी ससुराल वाले पिटाई कर दहेज की माँग करने लगे थे। उसकी वजह से अफीका ने अपने शौहर से खुला (एक प्रकार का तलाक़) ले लिया था।

तलाक़ के कुछ माह बाद ही बारकस, हैदराबाद में रहने वाले अहमद नाम एक व्यक्ति, जो दलाल है, उसने अफीफा के घर उसके लिए एक शेख़ का रिश्ता भेजा। उसकी उम्र 70 साल थी और इस शेख़ के बच्चे भी अफीफा से काफ़ी बड़े थे। अहमद के घर अक्सर अरबी देशों के शेखों का आना-जाना लगा रहता था। अफीफा के घर वालों ने उसका निकाह शेख़ से करा दिया। कोई निकाहनामा नहीं था, सिर्फ़ क़ाज़ी ने निकाह पढ़ाया था। निकाह के बाद जब अफीफा ने शेख़ को देखा तो उसके साथ रहने से साफ़ मना कर दिया। मगर अहमद ने उसके घर वालों को एक लाख रुपये दिये थे, जिसकी वजह से उसे मजबूरन 15 दिन तक शेख़ के

साथ रहना पड़ा। 15 दिन बाद शेख़ ने जुबानी तौर पर अफीफा को तलाक़ दे दिया और उसे घर वापस भेज दिया।

अफीफा को शेख़ ने कुछ जेवरात दिये थे। उसे बेचकर उसने ब्यूटीशियन का कोर्स सीखा और अब अपना ख़ुद का ब्यूटीपार्लर चला रही है। अब वह किसी नेक शख़्स से निकाह कर अपनी ज़िन्दगी गुज़ार रही है। उसका कहना है कि शेख़ से उसका निकाह ज़बर्दस्ती कराने का जिम्मेदार कोई नहीं है, क्योंकि उसके घर के हालात ऐसे थे कि मजबूरी शेख़ से 15 दिन का कॉन्ट्रेक्ट विवाह करना पड़ा।

केस न. 16 : शगुफ्ता

हाफिज बाबानगर की रहने वाली शगुफ्ता का निकाह दुबई के शेख़ से करा दिया गया। उसकी चार बहनें और तीन भाई हैं। वह पढ़ी-लिखी भी नहीं है। परिवार में ग़रीबी भी बहुत है। उसके अन्य रिश्ते की बहनों का निकाह दुबई के शेखों से हुआ था और वे सब बहनें शेखों के साथ ख़ुशहाल ज़िन्दगी गुज़ार रही थीं। इसीलिए शगुफ्ता का निकाह भी दुबई के शेख़ से 16 साल की उम्र में करा दिया गया था। निकाह के वक़्त शेख़ की उम्र 45 साल थी। निकाहनामे पर अँगूठे के निशान लिये गये थे और निकाह के वक़्त शेख़ ने माता-पिता को नकद रक़म और जेवरात नज़राने के तौर पर दिये थे। शगुफ्ता का रिश्ता शेख़ से उसकी किसी रिश्ते की बहन ने लगाया था। निकाह के एक महीने बाद शेख़ दुबई चला गया और फिर चन्द महीनों बाद शगुफ्ता को भी अपने पास बुला लिया। शगुफ्ता शेख़ की दूसरी बीवी थी। वह शेख़ के साथ पाँच साल दुबई में रही। उसको दो लड़के और एक लड़की भी हुई। उसके बाद शेख़ ने दो और शादियाँ हैदराबाद की लड़कियों से की और उनको भी अपने ही घर में लाकर रखा और फिर शगुफ्ता और शेख़ की दूसरी बीवी के साथ नोक-झोंक, बहस व तकरार होने लगी, जिसकी वजह से शगुफ्ता तंग आकर अपने बच्चों के साथ इंडिया आकर रहना चाहती थी, मगर शेख़ ने अपने बच्चों को शगुफ्ता के साथ इंडिया भेजने से मना कर दिया। मजबूरन शगुफ्ता अपने बच्चों को छोड़ कर अकेले ही इंडिया आ गयी।

इंडिया वापस आने के बाद शगुफ्ता ने क़ाज़ी के जरिये खुला हासिल किया और हैदराबाद में रहने लगी। कुछ महीनों के बाद उसका दूसरा निकाह हरियाणा के एक व्यक्ति से हुआ। उसका निकाह 22 साल की उम्र में 35 साल के व्यक्ति से करा दिया गया। हरियाणा का व्यक्ति काम के सिलसिले में हैदराबाद में ही रहने लगा था।

निकाह के चन्द महीने बाद वह शगुफ्ता को अपने साथ हरियाणा लेकर चला गया। हरियाणा जाने के बाद 10 साल तक शगुफ्ता की कोई ख़बर नहीं मिली। 10 साल बाद वह अपने दूसरे पति के साथ बहुत कम समय के लिए अपने माता-पिता से मिलने के लिए आयी। पिता की मृत्यु हो चुकी थी, जिसकी ख़बर शगुफ्ता को नहीं मिली थी। अपनी माता से और अपने भाइयों से मुलाक़ात कर वह वापस पति के साथ हरियाणा चली गयी, जाने से पहले उसने अपनी माता को बताया था कि वह अपनी दूसरी शादी से नाख़ुश है, क्योंकि उसका पति शराब का आदी है। माता-पिता की कमज़ोर आर्थिक स्थिति देखते हुए मजबूरन वह अपने शौहर के साथ चली गयी। शेख़ के पास वह अपने जिन बच्चों को छोड़ आयी थी, उन बच्चों ने भी कभी शगुफ्ता की ख़बर लेने की कोई कोशिश नहीं की। शगुफ्ता आज भी अपने बच्चों को याद कर रोने लगती है, क्योंकि उसे दूसरे पति से कोई औलाद नहीं है।

iii. वह मुताह के मामले जो सापेक्षिक रूप से सफल रहे

केस न. 1 : शबाना

हमें एक सामाजिक कार्यकर्ता ऑटो में हैदराबाद के ही एक इलाक़े में ले गयी। वहाँ हमें एक महिला मिली। उन्होंने बात करने से पहले कहा, मैं आपको कुछ दिखाना चाहती हूँ। उसने तुरन्त बुर्का ओढ़ा और हम तीनों एक इलाक़े की तरफ़ निकल गये। पूर्व योजना के मुताबिक मुझे इलाक़े में वार्ड इंस्पेक्टर के तौर पर पेश किया गया। कई औरतें आकर अपनी समस्याएँ बताने लगीं। सड़क, पानी, वोटर कार्ड के सवाल महिलाएँ एक के बाद एक प्रश्न पूछतीं। मैंने भी ऐसा ही जाहिर किया कि मैं इन समस्याओं पर विचार क़रूँगी। मुझे बैगनी रंग से पुते एक दो मंजिला मकान के गेट के सामने ले जाया गया। लोहे के बड़े गेट में अन्दर से चादर का पर्दा टँगा था। जिससे बाहर से गेट के अन्दर दिखाई न दे सके। मेरे साथ मौजूद सामाजिक कार्यकर्ता ने उसके गेट को खटखटाया। कई बार खटखटाने के बाद किसी ने अन्दर से झाँक कर देखा। मेरी साथी ने पुकारा, अरे आप का वोटर कार्ड बन गया है या नहीं...। हमारी मैडम जाँच करने आयी हैं...। एक जवान लड़का बाहर सिर झुकाये हुए आया थोड़ा-सा गेट खोला और बोला हाँ बन गया है...। मेरे साथ गयी महिला ने फिर बातचीत का सिलसिला आगे बढ़ाया। हालचाल पूछी, साथ ही पूछा कि तुम्हारी अप्पी और दूल्हा भाई आजकल कहाँ है? लड़के ने सिर झुकाये हुए ही एक बेरुखे

अन्दाज़ में कह दिया कि वे अभी नहीं हैं और कौन है घर में? लड़के ने 'कोई नहीं' कहते हुए गेट बन्द लिया। फिर सन्नाटा...और हम उस मकान से पल्टे और दाहिनी तरफ़ ढलान की ओर अपने रास्ते पर वापस आने लगे। मेरी उत्सुकता बढ़ रही थी। मैंने उनसे पूछा क्या माजरा है? आप क्या जानना चाह रही थीं? तब उन्होंने क़िस्से की तरह यह वाकया मेरे सामने रख दिया—

यहाँ एक आदमी एक छोटी-सी झोंपड़ी डाल कर रहता था। उसका नाम मोहम्मद था। वह सर्कस में आठ दिनों तक बिना रुके साइकिल चलाता था। लोग रोज आकर उसके सामने कुछ पैसे इनाम के तौर पर डाल जाते थे। उसकी रोजी-रोटी का बस यही सहारा था। जब सर्कस नहीं तो काम नहीं। पाँच-छह साल पहले उसकी मुलाक़ात किसी ने एक ओमानी शेख़ से करा दी। उसका नाम अली था। उम्र करीब 65 साल। मोहम्मद ने अपनी बेटी शबाना उम्र 17 साल का निकाह 50 हज़ार रुपये मेहर लेकर अली के साथ कर दिया। अली अक्सर आता और यहीं रहता। धीरे-धीरे उसने मोहम्मद की मदद से वहीं दो बड़े प्लॉट ख़रीद लिये। एक प्लॉट पर उसने आलीशान दो मंज़िला मकान बनवा दिया। मोहम्मद की तो जैसे किस्मत ही खुल गयी। उसने सर्कस में काम करना छोड़ दिया। उसके घर में ऐशो-आराम का सारा सामान जुट गया। मोहम्मद झोंपड़ी से अब एक बड़े मकान में रहने लगा। यह देखकर आसपास के लोगों की आँखें चमक गयीं। मोहम्मद को अपने से ज़्यादा उम्र के अपने बूढ़े दामाद पर फ़ख्र होने लगा। अली अब जब भी हैदराबाद आता, अपने साथ कई लोगों को लाता। वे लोग यहाँ आराम से रहते उनकी सेवा-सत्कार भी ख़ूब होता। अब अली के यहाँ पैसे का धन्धा चलने लगा। वह ओमानी, सूडानी, अरबी, यमनी बहुत से लोगों के सम्पर्क में था। वह यहाँ की ग़रीब लड़कियों से मुताह कराता, कुछ पैसे माता-पिता को मिल जाते, आने वाले कुछ दिनों तक रहते और फिर अपने वतन चले जाते। मोहम्मद की बदली आर्थिक स्थिति को देखकर कई लोग अपनी बेटियों का रिश्ता लेकर मोहम्मद के घर आने लगे। मोहम्मद अब औवल दर्जे का दलाल बन चुका था। अली तमाम मुल्कों से लोगों को यहाँ लाता, घर में रखता। अब किसी होटल या लॉज में ठहरने और पकड़े जाने की आशंका भी कम हो गयी। अली मोहम्मद की बेटी, जो उसकी नाबालिग पत्नी थी, उसे ओमान में ही रखता। वह बस कभी-कभी ही यहाँ आती थी। अली ज़्यादा वक़्त रहता। आने-जाने वालों को अपना रिश्तेदार बताता। मेरी साथी ने बताया कि अब तक इस घर में 50-60 शादियाँ हो चुकी हैं। हर निकाह के वक़्त एक पेपर पर दस्तख़त या अँगूठे

का निशान ले लिया जाता था, जो तलाक़नामे का काम करता था। एक दिन किसी ने मुखबिरी कर दी और अली को पुलिस ने पकड़ लिया। कई दिनों तक हिरासत में रहने के बाद वह छूट गया। इसकी चर्चा अख़बारों, टीवी चैनलों और रेडियो पर भी ख़ूब हुई। काफ़ी चर्चित मामला रहा, लेकिन साक्ष्यों के अभाव में उस पर कोई कड़ी कार्रवाई नहीं हो सकी और वह छूट गया। अभी भी यानी 6 नवम्बर, 2018 को जब हमने उस इलाक़े का भ्रमण किया, तब-तक स्थिति सामान्य हो चुकी थी, सब कुछ वैसा ही चल रहा था, जैसा पहले था।

केस न. 1+3=4 : वकार बेगम (इसमें चार सगी बहनों के केस शामिल हैं)

मोहल्ला बारकस में रहने वाली वकार बेगम ने बताया कि उनके घर में माता-पिता चार भाई और आठ बहने हैं। 1980 में वकार की चार बहनों का निकाह दुबई के शेख़ों से करा दिया गया है। पिता शराब के आदी थे, जिसकी वजह से घर के आर्थिक हालात बहुत ख़राब थे, वह जो भी कमाते शराब में ख़र्च कर डालते थे। अस्थायी तौर पर ही कुछ काम कर लेते थे। इस कारण घर के किसी भी सदस्य ने शिक्षा प्राप्त नहीं की।

वकार बड़ी बहन है। वकार के बाद चार बहनें बहुत ख़ूबसूरत थीं। चारों बहनों का निकाह दुबई के शेख़ों से साल-डेढ़ साल के अन्तर पर करा दिया गया था। चारों बहनों का निकाह 15 से 17 साल की आयु में हुआ था। वकार की दूसरी बहन का निकाह दुबई के शेख़ से चाचा ने करा दिया था, क्योंकि शेख़ का रिश्ता घर पर पहली बार चाचा ही लाये थे। पैसे की तंगी और दहेज न दे पाने की वजह से वकार की शादी नहीं हो पा रही थी। इसलिए दूसरी बहन अरशिया का निकाह एक उम्रदार शेख़ से करा दिया गया। उसने निकाह के वक़्त माता-पिता को एक लाख से अधिक की रक़म दी थी। वकार की शादी भी यहीं हो गयी और माता-पिता ने अपना मकान भी ख़रीद लिया था।

वकार ने बताया कि निकाह के वक़्त अरशिया की उम्र 16 साल और शेख़ की उम्र 65 साल से ज़्यादा थी। अरशिया ने जब शेख़ से निकाह करने से एतराज किया, तब माता-पिता ने उसे समझाया कि वह शेख़ के साथ अपनी पूरी ज़िन्दगी ऐशो-आराम के साथ रह कर अपनी ख़्वाहिश पूरी कर सकती है। इस तरह अरशिया शेख़ की तीसरी बीवी थी। निकाह के फ़ौरन बाद अरशिया शेख़ के साथ दुबई चली गयी। शादी के कुछ ही सालों बाद शेख़ की मृत्यु हो गयी। अरशिया के दो लड़के

और दो लड़कियाँ हैं। शेख़ काफ़ी धनी था। इसीलिए अरशिया को कभी आर्थिक तंगी का सामना नहीं करना पड़ा और अरशिया आज भी शेख़ की दूसरी बीवी और बच्चों के साथ एक ही मकान में रहती है और हर माह अपने घर पैसे भिजवाती है।

वकार ने बताया कि तीसरी बहन आसिया का निकाह भी दुबई के शेख़ के साथ करा दिया गया। अरशिया के निकाह के एक साल के अन्दर ही चाचा फिर से आसिया के लिए शेख़ का रिश्ता लेकर आये और यह शेख़ भी काफ़ी धनी था। माता-पिता ने आसिया की मर्ज़ी के ख़िलाफ़ उसका निकाह शेख़ से करा दिया। आसिया की उम्र 16 साल होने से पहले ही 50 साल के शेख़ से उसका निकाह कर दिया। चाचा जब भी इंडिया आते अपने साथ किसी-न-किसी शेख़ का रिश्ता लेकर ही आते और माता-पिता को पैसे का लालच देने लगते थे और वे पैसे के लालच में शेख़ के साथ बेटी का निकाह करा देते। आसिया भी शेख़ की तीसरी बीवी थी और शेख़ ने निकाह के वक़्त काफ़ी रुपये और जेवरात माता-पिता को नज़राने के तौर पर दिये थे।

वकार ने यह भी बताया कि माता-पिता और भाइयों को आसानी से पैसे कमाने का जरिया मिल गया था और चाचा के साथ छोटी बहन ज़बीन का निकाह भी दुबई के शेख़ से करा दिया गया। जबीन की उम्र निकाह के वक़्त 16 साल थी और शेख़ की उम्र 60 साल के क़रीब। निकाह से जबीन को कोई ऐतराज नहीं था, क्योंकि जबीन ने अपनी बड़ी बहन को ऐशो-आराम से ज़िन्दगी गुज़ारते हुए देखा था और वह ख़ुद भी उनकी तरह ज़िन्दगी गुज़ारना चाहती थी। निकाह के बाद शेख़ जबीन को अपने साथ दुबई लेकर चला गया और जाते वक़्त शेख़ ने अच्छी रक़म जबीन के भाइयों को दी थी और इस रक़म से ही उसके भाई भी ऐशो-आराम के साथ घर पर ही रहने लगे थे। पहले जो छोटा-मोटा काम भाई करते थे, वह काम भी भाइयों ने छोड़ दिया।

दो साल बाद भाई भी दुबई जाने लगे और वहाँ से अपनी बहनों से काफ़ी रक़म हासिल करते हुए इंडिया आकर काफ़ी जायदाद अपने-अपने नाम से ख़रीदने लगे। अब घर की आर्थिक स्थिति बहुत बेहतर हो गयी थी। सुख-सुविधा का सारा सामान घर में आ गया था। इसके बावजूद भाई ने छोटी बहन रुखसार का निकाह भी शेख़ से करा दिया। वह शेख़ भी काफ़ी रईस था, क्योंकि चाचा ख़ुद काफ़ी जाँच-परख कर शेख़ का रिश्ता लेकर आते थे। इस बार भी रुखसार ने निकाह से मना नहीं किया, बल्कि ख़ुद राजी हो गयी और वह शेख़ की दूसरी बीवी बनी।

निकाह के वक़्त रुखसार की उम्र 17 साल थी और शेख़ की उम्र 45 से 50 साल के बीच थी।

वकार का कहना है कि उसकी बहनें शेखों के साथ काफ़ी खुशहाल ज़िन्दगी गुज़ार रही हैं। दो बहनों के शौहर की मृत्यु हो चुकी है और अब बच्चे भी काफ़ी बड़े हो गये हैं। बहनें फैमिली के साथ जब भी मन करे इंडिया आ जाती हैं और घूम फिर कर चली जाती हैं।

आख़िर में वकार ने बताया कि हमारी चार बहनों का निकाह शेख़ के साथ हुआ और चार बहनों का निकाह हैदराबाद के लोगों से ही हुआ है, क्योंकि खानदान के लोग और मोहल्ले के लोग माता-पिता और भाइयों को ताना देने लगे थे कि अपनी बहनों को बूढ़े शेखों के हाथ बेचकर पैसे कमा रहे हैं, जिसकी वजह से भाइयों की शादी के लिए कोई भी अपनी लड़की नहीं दे रहा था। इसी वजह से शेख़ के साथ शादियों का सिलसिला ख़त्म हो गया।

केस न. 6 : आरिफा

मोहल्ला बाबानगर की रहने वाली आरिफा का परिवार 12 व्यक्तियों का है। उसके माता-पिता चार भाई और छह बहनें। आरिफा अपने घर की बड़ी बेटी है। वह बहुत ख़ूबसूरत है, लेकिन उसने ग़रीबी के कारण कोई तालीम हासिल नहीं की। आरिफा ख़ुद बाज़ार में बिकने वाले थैलों की सिलाई कर कुछ पैसे कमाती है और अपने माता-पिता की मदद करती थी।

आरिफा का निकाह 1981 में एक शेख़ से हुआ था। आरिफा ने बताया कि जिनके पास से वह थैलियाँ लाकर सिलाई करती थी। उन लोगों ने ही आरिफा की ख़ूबसूरती को देखकर उसका रिश्ता एक शेख़ से लगवा दिया। घर की आर्थिक स्थिति को बेहतर करने के लिए आरिफा के पिता ने इस रिश्ते को मंजूर कर लिया। निकाहनामा पर आरिफा के अँगूठे के निशान लिये गये थे।

शेख़ से निकाह के वक़्त आरिफा की उम्र सिर्फ़ 16 साल थी और शेख़ की उम्र 30 साल। उसकी ख़ूबसूरती और उसके अच्छे व्यवहार की वजह से शेख़ का रवैया आरिफा के साथ बहुत अच्छा था। उसके अलावा आरिफा शेख़ की एक ही बीवी है और अब आरिफा के चार लड़कियाँ और तीन लड़के हैं।

आरिफा का कहना है कि वह हर माह अपने घर वालों को पैसे भिजवाती रहती है। अपने भाई और बहनों का निकाह भी करा दिया है और इन सबकी सारी ज़रूरतें भी पूरी करती है। हर छह माह में इंडिया अपने घर वालों के पास आती रहती है।

आरिफा की उम्र अब 42 साल है। वह कहती है कि शेख़ के साथ शादी कर वह बहुत ख़ुश है और ऐशो-आराम के साथ एक बेहतर ज़िन्दगी गुज़ार रही है।

केस न. 7 : अख़्तर बेगम

मोहल्ला हाफिज बाबानगर की रहने वाली अख़्तर बेगम की शादी 1980 में दुबई के शेख़ के साथ हुई है। इसके घर में माँ-बाप चार भाई और आठ बहनें हैं। अख़्तर भाई और बहन के बाद तीसरी बहन है और उसने सिर्फ़ दूसरी कक्षा तक ही शिक्षा प्राप्त की है। इसने बताया कि घर में तकरीबन 14 लोग थे और घर की आर्थिक स्थिति बहुत ही बदतर थी। घर में अगरबत्ती, सेफ्टीपिन आदि बनाकर खाने-पीने का ख़र्च पूरा किया जाता था।

अख़्तर ने बताया कि वह अपनी बहनों में सबसे ज़्यादा ख़ूबसूरत थी और 1980 के दौर में शेख़ों का हैदराबाद की लड़कियों से निकाह का चलन बहुत ज़्यादा था। रिश्ते लगाने वालों ने उसका निकाह शेख़ से कराने का उसके माता-पिता के सामने जाहिर किया और निकाह के बाद उन्हें अच्छी रक़म देने का वादा किया था। घर के आर्थिक हालात को देखते हुए उसके माता-पिता ने उसका निकाह शेख़ से करा दिया। इस वक़्त घर की स्थिति को बेहतर करने का सबसे आसान तरीक़ा यही समझा जा रहा था कि अपनी लड़की की शादी शेख़ से करा दें और अपने घर के आर्थिक हालात सुधारें।

17 साल की उम्र में अख़्तर का निकाह दुबई के 45 साल के शेख़ से करा दिया गया, जो बहुत रईस था और निकाह के वक़्त शेख़ ने अख़्तर को अपने पास बुलाया। निकाह से पहले अख़्तर को इस बात का इल्म हो गया था कि वह शेख़ की दूसरी बीवी है। अख़्तर ने बताया कि शेख़ इसका बहुत ख़याल भी रखता था और उसकी सारी ज़रूरतों को पूरा करता था और उसके घर वालों को भी हर माह पैसे भिजवाता था।

अख़्तर ने बताया कि उसकी उम्र अब 54 साल है और उसके 11 बच्चे हैं जिनमें छह लड़के और पाँच लड़कियाँ हैं। वह हर तीन माह या छह माह बाद इंडिया अपने घर वालों के पास आती है और इसके माता-पिता की मृत्यु 12 साल पहले हो चुकी है और सारे भाइयों और बहनों की शादी भी अख़्तर ने ही करा दी है।

अख़्तर ने यह भी बताया कि वह निकाह मुताह के बारे में भी जानती है और निकाह मुताह करना दुबई में एक आम बात है। उसने कहा कि ख़ुद उसने अपने शौहर का निकाह मुताह मिस्त्री महिला से करा दिया था, क्योंकि बच्चे की परवरिश

में मसरूफ रहने की वजह से वह शेख़ को वक़्त नहीं दे रही थी। सात साल पहले ही शेख़ की मृत्यु हो चुकी है। अब अख़्तर के बच्चे ख़ुद कमाने लगे हैं जिसकी वजह से अख़्तर को कभी आर्थिक परेशानी का सामना नहीं करना पड़ता।

अख़्तर ने कहा कि वह शेख़ से शादी कर बहुत ख़ुश थी, मगर अख़्तर इस बात का बहुत अफ़सोस करती है कि उसके सभी भाई आज भी अख़्तर के पैसे पर ही अपनी ज़िन्दगी गुजार रहे हैं और वे आज भी अपने घर वालों को पैसे भेज रही है।

अख़्तर का कहना है कि हैदराबाद की जितनी भी लड़कियों की शादी शेखों से हुई है, वे सारी लड़कियाँ अपने घर वालों की एटीएम हैं। घर के किसी भी व्यक्ति को पैसे की ज़रूरत हुई है, तो घर के सारे लोग अपनी बेटियों को **एटीएम** की तरह इस्तेमाल करते हैं।

केस न. 8 : शबाना

हाफिज बाबानगर की रहने वाले फारूख ने बताया कि वह दो भाई और तीन बहनें हैं वह अपनी तीनों बहनों से छोटा है। जब फारूख की बहन का निकह शेख़ से हुआ तब इसकी उम्र 14 वर्ष थी। बड़ी बहन शबाना 20 साल, दूसरी बहन रुखसार 18 साल और तीसरी बहन सबा 16 साल की थी और उसके छोटे भाई की उम्र आठ साल थी।

फारूख ने बताया कि जब उसकी उम्र मात्र 10 साल थी, उसके पिता की मृत्यु हो गयी थी। किराये का मकान था और कोई खानदानी जायदाद वग़ैरह भी नहीं थी। पिता की मृत्यु के बाद रिश्तेदारों का आना-जाना भी बन्द हो गया था और घर की स्थिति बहुत बदतर थी और सभी भाई सिर्फ़ पहली क्लास तक ही सरकारी स्कूल से शिक्षा प्राप्त कर सके थे।

शबाना की शादी दलालों के जरिये दुबई के शेख़ के साथ हुई थी, जो बहुत अधिक उम्र के रईस थे। फारूख के अन्दाज़े के मुताबिक शेख़ की उम्र 70 साल थी। निकाहनामा पर शबाना के अँगूठे का निशान लिया गया था। शबाना से निकाह के बाद शेख़ ने हाफिज बाबानगर में अपना मकान ख़रीद लिया था। एक माह बाद शेख़ के जाने के बाद शबाना को वह पैसे भेजता रहता था, जिसकी वजह से घर की आर्थिक हालात बेहतर हो रहे थे। निकाह के एक साल के अन्दर ही शेख़ ने शबाना को अपने पास बुला लिया था। दुबई जाने के आठ माह बाद ही शेख़ की मृत्यु हो गयी। शबाना को कोई औलाद भी नहीं थी। शबाना में बाद में दुबई में ही

किसी और शेख़ से निकाह कर लिया, क्योंकि वह बहुत ज़्यादा ही ऐशो-आराम की ज़िन्दगी की आदी हो गयी थी और उसके हर काम में उसकी माँ की पूरी मर्ज़ी शामिल थी।

शबाना रुखसार की शादी भी दुबई के किसी शेख़ से कराना चाहती थी, ताकि रुखसार भी आराम के साथ ही दुबई में रह सके, मगर फारूख और उसके भाई को रुखसार का शेख़ के साथ निकाह करना मंजूर नहीं था, क्योंकि मोहल्ले के लोग इस बात के ताने देने लगे थे कि बेटी को बूढ़े शेख़ के हाथों बेच कर भाई और माँ मजे कर रहे हैं, लेकिन फारूख की रजामन्दी के बग़ैर ही रुखसार का निकाह शेख़ से करा दिया गया।

फारूख ने बताया कि रुखसार की शादी जिस शेख़ से हुई थी, शेख़ ज़्यादा रईस नहीं था। उसने सिर्फ़ एक महीने के लिए रुखसार से निकाह किया था और कुछ रक़म शबाना और उसकी माँ को देते हुए रुखसार को तलाक़ देकर वापस चला गया। फिर कुछ महीनों बाद शबाना भी दुबई वापस चली गयी और वहाँ जाकर रुखसार को भी अपने पास बुला लिया। वापस वहीं पर किसी दूसरे शेख़ के साथ रुखसार का निकाह करा दिया।

फारूख अपनी बहनों और माँ की हरकतों से तंग आकर अपने छोटे भाई के साथ अलग घर लेकर रहने लगा और मोहल्ले की लड़की से निकाह कर लिया। वह अपनी बहनों और वालिदा से कोई आर्थिक मदद नहीं लेता है। ख़ुद मेहनत करते हुए अपने घर के ख़र्च को पूरा करता है।

फारूख की माँ अपनी बेटी के साथ दुबई चली गयी और सबा का निकाह भी किसी शेख़ से करा दिया और ख़ुद भी दुबई में रहने लगी है। फारूख ने बताया कि उसकी तीनों बहनें दुबई में शेख़ों के साथ अब बेहतर ज़िन्दगी गुज़ार रही हैं।

केस न. 9 : नजमा बेगम

मोहल्ला बारकस की रहने वाली नजमा बेगम की शादी 1980 में ओमान के शहर मस्कत में रहने वाले शेख़ से की गयी थी। नजमा के परिवार में 16 सदस्य हैं। माता-पिता चार भाई और 10 बहनें हैं। नजमा और उसके छोटे भाई दोनों जुड़वाँ हैं। उसके घर में बड़ी बहन भी जुड़वाँ है। नजमा ने सिर्फ़ पाँचवीं कक्षा तक उर्दू मीडियम से शिक्षा प्राप्त की। उसके पिता घर में कमाने वाले सिर्फ़ एक ही थे, जो किराना स्टोर में सौंफ के पैकेट की सिलाई करते थे। घर के आर्थिक हालात बहुत ख़राब थे। पिता

के एक दोस्त दलालों के जरिये शेख़ का रिश्ता नजमा के घर लेकर आये। अपनी बहनों में नजमा ख़ूबसूरत थी। इसलिए नजमा को शेख़ ने ख़ुद पसन्द किया था।

नजमा ने बताया कि निकाह के वक़्त उसकी उम्र 18 साल थी और शेख़ की उम्र 60 साल से ज़्यादा थी। शिक्षित न होने की वजह ने निकाहनामे पर दस्तख़त नहीं, बल्कि अँगूठे के निशान लिये गये थे। शेख़ काफ़ी धनी था और निकाह से पहले ही नजमा के माता-पिता को अच्छी-ख़ासी रक़म दे दी थी। नजमा शेख़ की तीसरी बीवी थी। निकाह के दो माह बाद ही शेख़ नजमा को अपने साथ ओमान लेकर चला गया और ओमान जाने के बाद नजमा शेख़ के जरिये अपने घर वालों को पैसे भिजवाती रहती थी। शेख़ बहुत ही रहम दिल इन्सान था। वह नजमा के घर की हालत से अच्छे से वाकिफ हो गया था। इसलिए नजमा के घर वालों की मदद करता था। निकाह के पाँच साल के अन्दर ही शेख़ की मृत्यु हो गयी। नजमा को दो बेटे थे और वह अपने घर की आर्थिक स्थिति से अच्छी तरह से वाकिफ थी। इसी लिए वह इंडिया वापस नहीं आयी।

नजमा शेख़ की दूसरी बीवियों के साथ एक घर में ही रहती है और दूसरी बीवी के बच्चे का रवैया नजमा के साथ बहुत अच्छा है। नजमा के दो बेटे ख़ुद बड़े हो गये हैं। वे भी नजमा और उसके घर वालों का काफ़ी ख़याल रखते हैं। नजमा की नौ बहनों की शादी भी शेख़ के बचे हुए पैसे से हुई है।

नजमा ने बताया कि वह शेख़ से शादी कर काफ़ी ख़ुश थी और अपनी ज़िन्दगी पूरी आराम के साथ गुज़ार रही है और अब हर छह माह में इंडिया अपने बेटे के साथ तफरीह के लिए आती रहती है।

केस 10 : आसिया

फौज़िया बेगम के हवाले से हमें उसकी बड़ी बहन के साथ सन् 2000 में हुई घटना की जानकारी हुई। बहन आसिया की शादी 17 साल की उम्र में 60 वर्षीय ओमानी शेख़ से हुई थी। वह ओमान के सलाला के एक गाँव में खजूर और नारियल की खेती करता था। उसकी पहले से ही तीन बीवियाँ और 14 बच्चे थे। उसने मेरे घर वालों को इसके बारे में बताया था और बुढ़ापे में अपनी खिदमत कराने के लिए आसिया से शादी करना चाहते थे। 10 हज़ार मेहर की रक़म लेकर उन्होंने आसिया के साथ शादी कर दी थी। आसिया के भी वहाँ तीन लड़कियाँ और दो लड़के हैं। उसे वहाँ घर के अलावा खेतों में भी बहुत काम करना पड़ता है। अभी आसिया के पति

की उम्र लगभग 80 वर्ष हो चुकी है। उन्हें दिखना बन्द हो गया है। वरिष्ठ नागरिक होने और नाबीना होने के नाते वहाँ की सरकार उन्हें एक पेंशन देती है। आसिया कहती है कि मेरी शादी एक ऐसे आदमी से कर, किसी ने मेरे बारे में नहीं सोचा। मैं कैसी थी और देखते-देखते कैसी हो गयी। मेरे माँ-बाप ने चन्द पैसे के बदले मुझे कहाँ ढकेल दिया। अपने पति और उनकी तीन बीवियों, 14 बच्चों और अपने पाँच बच्चों की सेवा में ही उसकी ज़िन्दगी गुज़र रही है।

केस 11 : माई च्वाइस

महिला संगठन की एक कार्यकर्ता हमें अन्य पीड़िताओं से मुलाक़ात कराने ले गयी। उसकी सगी बड़ी बहन का निकाह भी एक ओमानी शेख़ से 20 साल पहले हुआ था। इस बात का पर्दाफाश भी उन्होंने बाद में किया।

उन्होंने बताया कि उनकी बड़ी बहन का निकाह 19 साल की उम्र में हुआ था। घर में ग़रीबी थी, हैदराबाद में दहेज का रिवाज बहुत है। इतना दान-दहेज घर वाले नहीं दे सकते थे, इसलिए मेरे माता-पिता ने उनका निकाह बाहर कर दिया। जिसके बदले में उन्हें कुछ पैसे हासिल हुए। मेरे बहनोई कतर में मछली बेचते हैं। उनकी हैसियत वहाँ के हिसाब से अच्छी नहीं है। वे वहाँ के हिसाब से मेहर अदा नहीं कर सकते थे, इसलिए उन्होंने इंडिया आकर शादी की। मेरी बहन ने शुरू में बहुत परेशानी उठायी, बहुत जुल्म बर्दाश्त किया, लेकिन अब वह ठीक से रह रही है। उन्हें अब वहाँ की नागरिकता भी मिल गयी है। उन्हें अरबी बोलना भी आ गया है। हाँ, मेरे बहनोई की उम्र 60 से ज़्यादा है, लेकिन वे मेरी बहन को आराम से रखते हैं।

केस न. 12 : लखनऊ, उत्तर प्रदेश

मेरी नानी की मुताही सौतन थी। यह कहना था, हमारी सहेली साजिदा रिजवी का। जैसे ही उसे यह पता चला कि मैं मुताह के बारे में कुछ लिखने की सोच रही हूँ उसने मुझे यह किस्सा सुना दिया। लखनऊ के कश्मीरी मोहल्ले में रहने वाली खातून मुनीरा बेगम का मुताह निकाह इलाक़ाई नवाब परिवार के एक साहबजादे के साथ हुआ था। उनकी पहले से एक पत्नी थी। मुताही पत्नी से भी दो बच्चे पैदा हुए। इन दोनों बच्चों को भी उन्होंने पाला। उन्हें शिक्षा दी, उनकी शादियाँ कीं और उन्हें अपनी पहली पत्नी के बच्चों के बराबर ही सम्पत्ति में हिस्सा भी दिया। अब उनके बेटे के

भी बच्चे हो गये हैं। घर में जरदोजी की कढ़ाई का काम होता है। मुताही पत्नी की भी अब मृत्यु हो चुकी है, लेकिन उनके बच्चे ख़ुशहाल ज़िन्दगी गुज़ार रहे हैं।

केस 13 : इलाहाबाद, उत्तर प्रदेश

इलाहाबाद शहर के दरियाबाद इलाक़े के निवासी मौलाना अली जाफर एक मध्यम वर्गीय अनवारूल उलूम मदरसे से शिक्षित शिया सैयद परिवार से सम्बन्ध रखते हैं। उच्च धार्मिक शिक्षा उन्होंने लखनऊ स्थित सुल्तानुल मदारिस शिक्षा केन्द्र से ग्रहण की। धार्मिक प्रवृत्ति के व्यक्ति हैं। मोहर्रम में इलाहाबाद और आसपास के शहरों में मजलिसें भी पढ़ते हैं। उनका प्रेम लखनऊ की एक युवती से हुआ। जब प्रेम सम्बन्धों से परिवार को ऐतराज होने लगा, तब उन्होंने उस युवती से सन् 2010 में दो वर्ष के लिए मुताह कर लिया और उनका लखनऊ आना-जाना साथ रहना होता रहा। कुछ समय बाद युवती ने उन्हें अपने गर्भवती होने की सूचना दी, तो मौलाना ने लड़की का गर्भपात कराने पर जोर डाला। चूँकि गर्भ चार-पाँच माह का हो गया था और गर्भपात कराना सम्भव नहीं था, परन्तु मौलाना गर्भपात कराने पर ही जोर देते रहे। लड़की ने इन सारे घटनाक्रम से दुखी होकर आत्महत्या करने का प्रयास किया। उसे अस्पताल में भर्ती कराया गया।

यह बात धीरे-धीरे परिवार तथा समाज को भी पता चल गयी। मौलाना दबाव में आ गये और उन्हें लड़की से विवाह करना पड़ा। उनके उस मुताही सम्बन्ध से एक लड़की पैदा हुई और निकाह के बाद एक लड़का पैदा हुआ। बच्ची जो मुताह से पैदा हुई थी, उसे मौलाना के परिवार के लोग अभी भी हराम कहते हैं और उसे घर में प्रेम, मोहब्बत और देख-भाल वैसी नहीं दी जाती, जैसी निकाह के बाद पैदा हुए उनके बेटे को दी जाती है। पति-पत्नी में सम्बन्ध अभी अच्छे हैं, परन्तु पत्नी पर इन सब बातों का मानसिक असर बहुत ज़्यादा दिखता है। वह शारीरिक रूप से भी बहुत कमज़ोर हो गयी है।

यह कहना मुश्किल है कि इस मामले को एक कामयाब केस में दर्ज किया जाये या नहीं, परन्तु बातचीत में लोगों ने इसे कामयाब केस ही माना। कारण बस इतना लगा कि वह छोटी लड़की उस घर में रख ली गयी, जुल्म सहते, घर में एक अदद नौकर से भी ज़्यादा कड़ी मेहनत करते हुए किसी तरह दो वक़्त की रोटी मयस्सर होती रही। वह अपने बच्चे, सौतन के बच्चे पालती रही, परन्तु शादी टूटी नहीं, इसीलिए लोग इसे कामयाब शादी कह रहे हैं। मेरी निगाह में तो यह कामयाब

शादी नहीं है, परन्तु आज भी जो लड़की परिवार के भीतर हर प्रकार का जुल्म सहते हुए वक़्त काट ले या फिर उसी ढाँचे में रहते हुए मर जाये, उसे ही अच्छी निगाह से देखा जाता है, कामयाब भी कहा जाता है। मुताह के कामयाब मामले भी ऐसे ही उदाहरण है।[2]

सन्दर्भ

1. पॉक्सो क़ानून आने के बाद अक्सर ऐसा सामने आ रहा है कि पकड़े जाने के डर से शेख़ हैदराबाद के बजाय दलालों के माध्यम से मुम्बई में मुताह कर रहे हैं। एक दलाल ने बताया कि मुम्बई में पकड़े जाने की आशंका कम रहती है।
2. मौलाना आज़ाद नेशनल उर्दू यूनिवर्सिटी, हैदराबाद के डिपार्टमेंट ऑफ़ वुमेन एजुकेशन की शिक्षाविद् डॉ. अमीना तहसीन के निर्देशन में *शेख़ मैरिज की ज़मीनी सरगर्मियाँ शहर-ए-हैदराबाद* में मुताला विषय पर 2017 में एम. फिल कर चुकी रूबीना बेगम से बात कर और उनके द्वारा एकत्र किये गये केस (अप्रकाशित) भी साभार हमारे अध्ययन में सम्मिलित किये गये हैं।

भारतीय मुसलमानों में स्थायी विवाह (निकाह)

इस्लाम धर्म को मानने वाला मुस्लिम कहलाता है। **इस्लाम** अरबी भाषा का शब्द है जिसका शाब्दिक अर्थ है–**ईश्वर के प्रति पूर्ण समर्पण।** विधि के दृष्टिकोण से इस्लाम एक ऐसा धर्म है, जिसमें दो प्रमुख सिद्धान्तों पर विश्वास रखना अनिवार्य है—1. ईश्वर (अल्लाह) एक और केवल एक है तथा 2. मोहम्मद साहब इस अल्लाह के अन्तिम दूत या सन्देशवाहक (रसूल) है। **मुस्लिम** शब्द की व्युत्पत्ति **इस्लाम** शब्द से हुई है, जिसका अर्थ है, 'ऐसा व्यक्ति जो इस्लाम में आस्था रखता हो।'[1] न्यायालयों की दृष्टि में भी किसी व्यक्ति के मुस्लिम होने के लिए केवल इतना ही पर्याप्त है कि वह ईश्वर (अल्लाह) की एकात्मकता (तौहीद) तथा हजरत मोहम्मद के पैगम्बर होने में विश्वास रखता हो।[2]

मुस्लिम विधि के अन्तर्गत विवाह, सम्भोग तथा सन्तान को वैधानिकता प्रदान करने वाली संविदा मानी जाती है। **हेदाया** में मुस्लिम-विवाह की निम्न परिभाषा दी गयी है—"क़ानून की शब्दावली में निकाह से एक ऐसी संविदा का बोध होता है, जो सन्तानोत्पत्ति को वैधानिकता प्रदान करने के उद्द्देश्य से की जाती है।"[3]

मुस्लिम-विधि के अन्तर्गत विवाह की विधिक परिभाषा (juridical definition) **न्यायमूर्ति महमूद** ने निम्नलिखित शब्दों में दी है—

"मुस्लिमों में विवाह शुद्ध रूप से एक संविदा (contract) है, यह कोई संस्कार (sacrament) नहीं है।"[4]

उपरोक्त परिभाषाओं से यह स्पष्ट होता है कि मुस्लिम में विवाह को समाज में एक संविदा की तरह ही देखा जाता है और इस संविदा का उद्द्देश्य होता है सम्भोग को वैधानिकता प्रदान करना तथा उससे उत्पन्न सन्तान को वैधता प्रदान करना। सम्भोग को वैध बनाने के लिए उनके बीच निकाह का अनुबन्ध होना भी आवश्यक माना जाता है। यह भी स्पष्ट करना ज़रूरी है कि यह संविदा केवल न्यायिक या विधिक पक्ष ही है। इसके अतिरिक्त इस्लाम में विवाह (निकाह) का सामाजिक और

धार्मिक महत्त्व भी है। इस कारण से अन्य पहलुओं पर विचार करना भी महत्त्वपूर्ण हो जाता है।

विधिक पक्ष (Legal Aspect)

न्यायालयों की दृष्टि से मुस्लिम विवाह का स्वरूप एक सिविल संविदा है। निकाह को संविदा मानने का कारण यह है कि वे तत्त्व जो निकाह की संरचना के लिए आवश्यक माने जाते हैं। लगभग वही है, जो एक सिविल संविदा के होते हैं– नीचे लिखे तथ्यों के आधार पर इसके संविधिक स्वरूप की संकल्पना की जा सकती है–

1. संविदा के समान ही निकाह में भी दोनों पक्षकार सक्षम होने चाहिए।
2. संविदा के समान ही निकाह भी बिना प्रस्ताव और स्वीकृति (offer and acceptance) के पूर्ण नहीं माना जाता है।
3. विधिक सीमाओं के अन्तर्गत संविदा की भाँति ही निकाह में भी दाम्पत्य जीवन की कुछ शर्तें स्वयं पक्षकारों द्वारा निर्धारित की जा सकती है।
4. जिस प्रकार किसी सिविल संविदा के भंग हो जाने पर पक्षकारों के अधिकार एवं कर्तव्यों को विनियमित करने के लिए नियम बने हैं। ठीक उसी प्रकार विवाह-विच्छेद की स्थिति में भी विभिन्न परिस्थितियों में पति-पत्नी के अधिकारों तथा कर्तव्यों की व्यवस्था की गयी है। निकाह के विधिक पक्ष के बारे में टिप्पणी करते हुए **अमीर अली** कहते हैं–

"क़ानून की भाषा में तथा सामान्यत: भी संविदा की औपचारिक पूर्णता 'अक्द' कहलाती है, जिसके लिए रोमन-विधि का शब्द 'दायित्व' (obligation) प्रयुक्त होता है। वस्तुत: 'अक़्द' संविदा की पूर्णता का द्योतक है, जो विवाह के प्रस्ताव से प्रारम्भ होकर सहमति (consent) पर समाप्त होता है।[5]

ऊपर निकाह की संरचना में जिस प्रकार उसके बाहरी पक्ष में संविदा होने के तत्त्व मौजूद हैं, परन्तु इसे विशुद्ध रूप से संविदा नहीं कहा जा सकता। इसके सामाजिक और धार्मिक पक्ष को भी जानना महत्त्वपूर्ण है।

सामाजिक पक्ष (Social Aspect) : इस्लाम के प्रचार के साथ पैगम्बर मोहम्मद का प्रयास समाज में सुधार लाना भी था। समाज सुधार स्त्रियों को सम्मान दिये बिना सम्भव नहीं था। इस लक्ष्य को ध्यान में रखते हुए निकाह नामक सुप्रतिष्ठित संस्था का प्रवर्तन इस्लाम में हुआ। निकाह एक ऐसा सशक्त माध्यम है, जिससे सामाजिक प्रतिष्ठा तथा पुरुषों से समानता का स्थान मिलता है। मुस्लिम-विवाह मात्र

एक सिविल संविदा ही नहीं, एक महत्त्वपूर्ण सामाजिक संस्था भी है। निम्न शर्तों से इस बात की पुष्टि होती है–

1. किसी सिविल संविदा की वैधता के लिए सामान्यतः उसमें प्रतिफल का उल्लेख आवश्यक है, लेकिन निकाह की वैधता के लिए प्रतिफल का उल्लेख आवश्यक नहीं है। द्रष्टव्य है कि विवाह के समय यदि मेहर की रक़म नहीं निश्चित की गयी है, तो भी पत्नी को 'उचित मेहर' (proper dower) प्राप्त करने का अधिकार रहता है।
2. कोई व्यक्ति एक साथ ही अनगिनत संविदाएँ कर सकता है, जबकि मुस्लिम विधि के अन्तर्गत विवाह की संविदा में एक पुरुष चार से अधिक स्त्रियों से विवाह नहीं कर सकता है।
3. सिविल संविदा में दोनों पक्षकारों का आपसी सम्बन्ध महत्त्वहीन होता हैं। सगे भाई-बहन की सिविल संविदा में कोई प्रतिबन्ध नहीं है, जबकि निषिद्ध सम्बन्धों के बीच निकाह की संविदा शून्य होती है।
4. कुछ विशेष परिस्थितियों में निकाह करना सामाजिक मान्यताओं के विरुद्ध माना गया है। यथा–शिया-विधि के अन्तर्गत धार्मिक यात्रा (हज) के दौरान विवाह वर्जित है। इसके अतिरिक्त कई अन्य ऐसी परिस्थितियाँ हैं, जिनमें किया गया विवाह या तो शून्य है या अनियमित (फासिद), परन्तु सिविल संविदा में इस प्रकार की निषेधात्मक परिस्थितियाँ नहीं है। उपरोक्त उदाहरण में शिया-मुस्लिम द्वारा धार्मिक यात्रा के समय एक घड़ी बेचने की संविदा तो वैध मानी जायेगी, लेकिन निकाह शून्य होगा।

इस प्रकार यह कहा जा सकता है कि निकाह की संरचना एक सिविल संविदा के समान अवश्य है, परन्तु यह मात्र संविदा न होकर एक ऐसी प्रभावशाली सामाजिक संस्था है, जो एक व्यभिचाररहित समाज के विकास में सहायक कही जा सकती है।

धार्मिक पक्ष (Religious Aspect) : मुस्लिम विवाह का धार्मिक पहलू भी कम महत्त्वपूर्ण नहीं है। कुरान में प्रत्येक सक्षम मुस्लिम को अपनी इच्छित स्त्री से विवाह करने का निर्देश दिया गया है। अतः बिना किसी उचित कारण के अविवाहित रह जाना कुरान के निर्देशों का उल्लंघन और अधार्मिक कृत्य माना जाता है। इसके अतिरिक्त स्वयं पैगम्बर ने भी विवाह किया, इसलिए यह पैगम्बर की सुन्नत भी है, जिसका अनुसरण करना प्रत्येक मुस्लिम का धार्मिक कर्तव्य है।[6]

ज़ीनत शौकत अली इस विचार से अपनी असहमति व्यक्त करते हुए कहती हैं कि इस्लामी क़ानून में शादी मजहबी संस्कार नहीं है, बल्कि करारनामे पर आधारित

है, उचित नहीं प्रतीत होता है। असल में मुस्लिम शादी का बाहरी स्वरूप करार है, जो पति-पत्नी के आपसी इकरार पर आधारित है। उनकी रजामन्दी से यह करार ख़त्म भी किया जा सकता है, लेकिन इस शादी में जो रिश्ता बनता है, वह पाक है। इसका ज़िक्र कुरान में भी है। इसलिए इसे सिर्फ़ करार नहीं कहा जा सकता।[7] कुरान में शादीशुदा व्यक्ति को एक-दूसरे (पति-पत्नी) का लिबास या अपने पति या पत्नी को अपवित्र काम करने से दूर रखने वाला रक्षक कहा गया है, "वे आपके लिबास हैं और आप उनके लिबास हैं।" (कुरान 2:187) इसके अलावा आगे कुरान में लिखा है कि "उसने तुम्हें एक शख़्स से बनाया है और उसका साथी उसी जैसा बनाया है, ताकि वह उसके साथ (मुहब्बत से) रहे।" (कुरान 7:189) और उसकी निशानी इस में है कि उसने तुम्हारे लिए साथी तुम्हारे में से बनाया है, ताकि तुम उनके साथ अमन से रह सको और उसने तुम्हारे (दिल में) मोहब्बत और रहम डाल दी है। (कुरान 30:21) इसकी पवित्रता इसमें दिखाई पड़ती है और उन्होंने तुम्हारे पास से यह संजीदा करारनामा लिया है। (कुरान 4:21) **अब्दुर्रहीम** आगे कहते हैं कि अकारण अविवाहित रह जाना अपने को धार्मिक लाभ से वंचित करना माना गया है। **अनीस बेगम बनाम मोहम्मद इस्तफा हुसैन**[8] के वाद में **न्यायमूर्ति सुलेमान** ने निर्दिष्ट किया है कि संविदा के अतिरिक्त मुस्लिम विवाह एक धार्मिक संस्कार (Religious sacrament) भी है।

ऊपर तीनों पहलुओं को जिस तरह रखा गया है, उसके आधार पर मुस्लिम-विवाह का बाह्य स्वरूप ज़रूर एक संविदा नज़र आता है, परन्तु इसकी प्रकृति सामाजिक और धार्मिक है। संक्षेप में मुस्लिम-विवाह (i) पति-पत्नी के दाम्पत्य-अधिकारों एवं कर्तव्यों को नियमित करता है, (ii) व्यभिचाररहित समाज को विकसित करने का माध्यम है तथा (iii) प्रत्येक मुस्लिम के लिए एक धार्मिक-दायित्व भी है।

विवाह की शर्तें (Condition of Marriage)

मुस्लिम विवाह की विधिमान्य शर्तों में निम्नलिखित का पूरा होना आवश्यक है–

1. प्रत्येक वह मुसलमान निकाह के योग्य है, जिसकी आयु 15 वर्ष हो या उसने यौवनावस्था की वय प्राप्त कर ली हो। यदि कोई नाबालिग हो तो उसके संरक्षक (वली) की अनुमति से उसका विवाह हो सकता है।
2. विवाह सम्बन्ध दोनों पक्षों की स्वतन्त्र सहमति से हो रहा हो और दोनों में से किसी पक्ष पर कोई दबाव न डाला गया हो।
3. काज़ी के सामने लड़के और लड़की ने एक दूसरे से विवाह करने के लिए अपनी स्पष्ट स्वीकृति दे दी हो।

4. दोनों पक्षों की ओर से विवाह की स्वीकृति मिलते समय गवाहों की उपस्थिति अनिवार्य रूप से हो।
5. विवाह के समय दोनों पक्ष सामान्य स्थिति में हो अर्थात किसी प्रकार के नशे अथवा उत्तेजना की दशा में न हो।
6. दोनों पक्ष निषिद्ध सम्बन्ध (जिन्हें आपस में विवाह करने से रोका गया है) के अन्तर्गत न आते हों।

यहाँ यौवनावस्था की वय (Age of puberty) को और स्पष्ट करना ज़रूरी है। मुस्लिम विधि में विवाह, मेहर तथा विवाह विच्छेद से सम्बन्धित मामलों के लिए वयस्कता की आयु (age of majority) अभी भी अट्ठारह वर्ष न होकर 'यौवनावस्था की वय' (age of puberty) मानी जाती है अर्थात उपरोक्त तीन विषयों के लिए 'यौवनावस्था की वय' वयस्कता की आयु के समतुल्य होती है। मुस्लिम विधि के अन्तर्गत विवाह के लिए यौवनावस्था की आयु पन्द्रह वर्ष मानी गयी है। वस्तुतः यौवनावस्था की वय (Age of puberty) वह आयु है, जिसमें कोई व्यक्ति सम्भोग करने (consummation) की क्षमता पा जाता है। इस क्षमता को शारीरिक संरचना तथा अन्य प्राकृतिक लक्षणों के आधार पर निर्धारित किया जा सकता है। **हेदाया** के अनुसार किसी लड़के के सन्दर्भ में यौवनावस्था की न्यूनतम उम्र बारह वर्ष तथा किसी लड़की के सन्दर्भ में यह उम्र नौ वर्ष है।[9] लेकिन इसको विवाह के लिए कोई निरपवाद नियम (absolute rule) नहीं माना गया है क्योंकि आवश्यक नहीं है कि 12 वर्ष अथवा 9 वर्ष की आयु में लड़के या लड़की में सम्भोग की क्षमता आ ही जाये। वस्तुतः सम्भोग की क्षमता खान-पान, पैतृक-गुण, जलवायु आदि परिवर्तनशील घटकों पर निर्भर करती है। दूसरी बात यह है कि केवल शारीरिक गठन के आधार पर सम्भोग की वास्तविक क्षमता का निर्धारण करना अत्यन्त कठिन है। इन सब व्यावहारिक कठिनाइयों को ध्यान में रखते हुए अदालतों ने निर्णय दिया है कि यदि शारीरिक गठन के आधार पर यौवनावस्था का पता न लगाया जा सके तो 15 वर्ष की आयु निर्विवाद रूप से यौवनावस्था की उम्र मान ली जायेगी। मुसम्मात अतिका बेगम बनाम **मोहम्मद इब्राहीम** के वाद में **प्रिवि काउंसिल** ने कहा कि–

"मुहम्मडन-विधि में कोई लड़की (निम्न) दो में से किसी एक घटना के हो जाने पर वयस्क हो जाती है–(i) पन्द्रह वर्ष की आयु पूर्ण होने पर अथवा (ii) इसके पूर्व ही यौवनावस्था (puberty) प्राप्त हो जाने पर।"[10]

यही नियम लड़के के लिए यौवनावस्था ज्ञात करने के लिए भी लागू होता है। उपरोक्त पंक्तियों से यह स्पष्ट है कि विवाह के लिए वयस्कता की उम्र यौवनावस्था

है, लेकिन यौवनावस्था का निर्धारण करना कठिन हो तो पन्द्रह वर्ष की आयु पूर्ण हो जाने पर यौवनावस्था मान ली जाती है।

अवयस्क का विवाह

अवयस्क का विवाह भी उसके अभिभावक की सहमति से सम्पन्न कराया जा सकता है और वह विवाह विधिमान्य माना जायेगा। मुस्लिम विधि में अवयस्क के लिए अभिभावकों का वरीयता क्रम इस प्रकार है–

(i) पिता

(ii) पितामह

(iii) भाई अथवा पितृकुल के अन्य सदस्य

(iv) माता

(v) मामा अथवा मातृकुल के अन्य सदस्य

इस वरीयता क्रम का कड़ाई से पालन किया जाता है। पिता के जीवित और समर्थ रहते हुए पितामह द्वारा कराया गया अवयस्क का विवाह शून्य माना जायेगा। **(अयूब हसन बनाम मुसम्मात अखतरी एआईआर 1963 इलाहाबाद 525)** इसके अलावा शिया-विधि में विवाह के लिए अभिभावक केवल 1–पिता तथा 2–पितामह ही हैं। उल्लेखनीय है कि मुस्लिम निजी क़ानून में अभी विवाह की आयु यही लिखी हुई है। उसमें अभी तक बदलाव नहीं हुआ है, परन्तु बाल-विवाह अधिनियम 1929, (1979 के संशोधन सहित) जिसमें पुरुषों के लिए 21 वर्ष तथा महिलाओं के लिए 18 वर्ष से कम उम्र में विवाह अपराध माना जाता है। यह अवयस्क मुस्लिम के विवाह सहित किसी भी बाल-विवाह पर लागू होता है।

विवाह की औपचारिकताएँ (Formalities in the Marriage) :

मुस्लिम विवाह को पूर्ण होने के लिए किसी संस्कारगत औपचारिकता की आवश्यकता नहीं होती है, विधिक औपचारिकता मात्र यह है कि इसमें 'इजाब' अर्थात प्रस्ताव (offer) तथा **कुबूल** अर्थात स्वीकृति (acceptance) **एक ही बैठक** में हुए हों।

प्रस्ताव तथा स्वीकृति (offer and accetance) विवाह के लिए अपनी इच्छा व्यक्त करना ही प्रस्ताव (इजाब) कहलाता है। सामान्यत: प्रस्ताव लड़के तथा उसके अभिभावक की ओर से प्रेषित किया जाता है। विवाह के प्रस्ताव की स्वीकृति (कुबूल) आवश्यक है। प्रस्ताव की स्वीकृति लड़की अथवा उसके अभिभावक द्वारा ही की जाती है, जिसमें किसी विशिष्ट भाषा या प्रक्रिया का प्रयोग आवश्यक नहीं है।

विधिक अपेक्षा बस इतनी है कि प्रस्ताव तथा स्वीकृति निश्चयात्मक तथा असंदिग्ध हो, यह मौखिक तथा लिखित दोनों हो सकती है।

मेहर अथवा स्त्री धन (Mahar/Dower or Bride Price) :

मुस्लिम विवाह में 'मेहर' का महत्त्वपूर्ण स्थान है। मेहर का तात्पर्य उस धनराशि से है, जो विवाह के समय एक समझौते के रूप में पत्नी को पति प्रदान करता है अथवा जिसका भविष्य में भुगतान करने का वायदा किया जाता है। प्राचीन अरबी व्यवस्था में मेहर को **सदाक** कहा जाता था और पत्नी **सादिक** (स्त्री-मित्र) कहलाती थी। सदाक के रूप में इस राशि का भुगतान वर-पक्ष द्वारा कन्या के पिता को दिया जाता था। लड़की के पिता का यह अधिकार था कि वह जब चाहे वर-पक्ष को सदाक की राशि वापस कर अपनी लड़की को उससे स्वतन्त्र कर ले, परन्तु इस्लाम के आविर्भाव के पश्चात विवाह का एक निश्चित स्वरूप 'निकाह' निर्धारित किया गया और इसमें भी विवाह पर पति द्वारा कुछ-न-कुछ देने की प्रथा बनी हुई है। निकाह में पति अपनी पत्नी को जो भी धन-सम्पत्ति देता है या देने का वचन देता है। वह न तो पत्नी का मूल्य है और न उसके साथ सहवास का प्रतिफल। मेहर वह राशि है जो विवाह के फलस्वरूप पत्नी को पति उसके प्रति सम्मान प्रकट करने के उद्देश्य से देता है। मुसलमानों में प्रचलित मेहर का वर्गीकरण इस प्रकार होता है–

मेहर को दोनों पक्षकारों द्वारा निश्चित किया जाता है, लेकिन किन्हीं वजहों से अगर मेहर की राशि निकाह होने तक तय नहीं हो पायी है, तो इसे अदालत भी निर्धारित कर सकती है। अदालत से निश्चित किया गया मेहर **मेहर-ए-मिस्ल** अथवा उचित मेहर (proper dower) कहलाता है। इसे प्रथागत मेहर (customary dower) भी कहते हैं। मेहर की राशि यदि स्वयं पक्षकारों ने निश्चित की है, तो इसे **मेहर-ए-मुसम्मा** या निश्चित मेहर (specified dower) कहा जाता है। मेहर-ए-मुसम्मा अर्थात निश्चित मेहर दो प्रकार का हो सकता है–**मुअज्जल** अर्थात तुरन्त देय (prompt dower) अथवा **मुवज्जल** या दैन मेहर अर्थात स्थगित मेहर (deferred dower)।

मेहर मुस्लिम विवाह का एक अनिवार्य और अविभाज्य तत्त्व है। इस मामले में सुन्नी व शिया दोनों उप-समुदायों की एक ही मान्यता है। हाँ, राशि के सम्बन्ध में दोनों समुदायों का कुछ अलग मत है। जैसे–सुन्नी विधि में उचित मेहर की कोई निर्धारित सीमा नहीं है, लेकिन शिया विधि के अन्तर्गत उचित मेहर की धनराशि पाँच सौ दिरहम से अधिक नहीं हो सकती है। इसका आधार शिया, पैगम्बर मोहम्मद की पुत्री फातिमा के विवाह से लेते हैं, जिसमें पाँच सौ दिरहम की मेहर निश्चित हुई

थी। इसलिए शिया समुदाय में पाँच सौ दिरहम को मेहर-ए-सुन्नत अर्थात पैगम्बर की सुन्नत की परम्परा माना जाता है। इसका वर्गीकरण वे इस प्रकार करते हैं– (1) मेहर-ए-मिस्ल (2) मेहर-ए-मुसम्मा और (3) मेहर-ए-सुन्नत।

साक्षियों की उपस्थिति (Presence of Witnesses)

निकाह का प्रस्ताव तथा स्वीकृति की प्रक्रिया दो सक्षम (competent) गवाहों की मौजूदगी में होना चाहिए। कोई भी ऐसा पुरुष जो स्वस्थ चित्त वाला हो तथा जिसने यौवनावस्था की वय (पन्द्रह वर्ष) प्राप्त कर ली हो, निकाह का साक्षी बन सकता है। निकाह के समय कम-से-कम दो गवाहों का होना आवश्यक है। यदि एक साथ दो पुरुष गवाह न मिल पायें तो एक पुरुष तथा दो मुस्लिम महिलाएँ दूसरे पुरुष गवाह का स्थान ले सकती हैं, लेकिन इसके स्थान पर चार मुस्लिम महिलाएँ सक्षम गवाह नहीं बन सकतीं। एक पुरुष गवाह का होना आवश्यक है। (यह तर्क विवादित भी कहा जाता है। असगर अली इंजीनियर का कहना है कि एक पुरुष पर दो महिला गवाह की बात केवल क़र्ज़ के सम्बन्ध में आयी थी। हर मामले में नहीं, क़र्ज़ के लिए यह आवश्यक है कि यदि एक महिला भूल भी जाये तो दूसरी को याद रहे। इसे हर जगह लागू नहीं किया जा सकता। वे कहते हैं कि हजरत उमर के कत्ल की गवाह तो सिर्फ़ उनकी पत्नी थी, जिनकी गवाही मानी भी गयी थी।) यह अवधारणा एक पितृसत्तात्मक अवधारणा है, जिसे चलाया जा रहा है, दो सक्षम गवाहों के बिना सम्पन्न विवाह अनियमित (irregular) या 'फासिद' माना जाता है। इसके विपरीत **शिया-विधि** के अन्तर्गत निकाह की वैधता के लिए सक्षम गवाहों की उपस्थिति अनिवार्य नहीं है। अत: बिना दो सक्षम गवाहों की उपस्थिति द्वारा सम्पन्न हुआ विवाह भी पूर्णतया विधिमान्य (valid) माना जाता है।

भरण-पोषण (Maintenance) :

भरण-पोषण का दायित्व एक ऐसा है कि जिसके तहत एक व्यक्ति दूसरे व्यक्ति से भोजन, वस्त्र, निवास-स्थान तथा जीवनयापन के लिए चीज़ें प्राप्त करने का अधिकार रखता है। इस्लाम पूर्व के अरब समाज में न तो माता-पिता का कोई दायित्व अपनी सन्तान के भरण-पोषण की व्यवस्था करने का था और न ही सन्तान का कोई दायित्व माता-पिता के प्रति रहता था। इस्लाम आने के बाद पैगम्बर मोहम्मद ने यह दायित्व निर्धारित किया। भरण-पोषण प्राप्त करने के अधिकारी व्यक्तियों में (1) पत्नी (2) अवयस्क सन्तान (3) अभावग्रस्त माता-पिता और (4) निषिद्ध सम्बन्धों के अन्तर्गत आने वाले अन्य अभावग्रस्त सम्बन्धी।

जहाँ तक पत्नी के भरण-पोषण की व्यवस्था का सवाल है, इसे पति का एक विधिक दायित्व भी माना गया है। पति के साधनहीन होने तथा पत्नी के स्वयं समर्थ होने के बावजूद पत्नी को अपने पति से भरण-पोषण प्राप्त करने का अधिकार रहता है। पत्नी चूँकि मूल (अस्ल) मानी गयी है तथा सन्तानें शाखाएँ (फरअ)। अतः सन्तानों की तुलना में पत्नी के भरण-पोषण के अधिकार को वरीयता मिलती है।

कुछ शर्तें भरण-पोषण में भी शामिल हैं—जैसे विवाह विधिमान्य या सहीह होने पर ही पत्नी अपने पति से भरण-पोषण प्राप्त करने की अधिकारी मानी गयी है। विवाह यदि शून्य (बातिल) या अनियमित (फासिद) हो तो पत्नी को भरण-पोषण का अधिकार नहीं रहता है। उदाहरणार्थ किसी सुन्नी द्वारा किया गया पाँचवाँ विवाह फासिद माना जाता है। इस पाँचवीं पत्नी को भरण-पोषण का अधिकार नहीं प्राप्त है। दूसरी बात यह हैं कि पति को अपनी पत्नी को भरण-पोषण की व्यवस्था करने का दायित्व पत्नी की यौवनावस्था पूर्ण होने के बाद ही शुरू होता है। पत्नी यदि अवयस्क है और अपने माता-पिता के साथ रह रही है, तो पति का उसे भरण-पोषण प्रदान करने का दायित्व नहीं है। तीसरी बात पत्नी के भरण-पोषण का अधिकार उसके स्वयं के आचरण पर निर्भर करता है। पत्नी यदि दाम्पत्य जीवन के कार्यकलापों को ठीक से निभा रही है और पति के प्रति आज्ञाकारी व निष्ठावान है, तभी उसे भरण-पोषण प्राप्त करने का अधिकार है अन्यथा नहीं। चौथा कारण यह भी है कि यदि पत्नी पति से अलग रह कर उसे सहवास के सुख से वंचित कर रही है, तो भी उसे भरण-पोषण देने का पति का कोई अधिकार नहीं है।

मुस्लिम-विवाह का पंजीकरण

मुस्लिम विधि में निकाह का पंजीकरण (registration) आवश्यक नहीं है। कुछ राज्यों, जिनमें प्रमुख हैं पंजाब, पश्चिम बंगाल, असम तथा उड़ीसा की सरकारों ने अपने-अपने क्षेत्रों में मुस्लिम निकाह तथा तलाक़ की रजिस्ट्री के लिए क्रमशः 1876, 1935 तथा 1949 में अधिनियम पारित किये हैं, परन्तु इन अधिनियमों के अन्तर्गत मुस्लिम विवाह को पंजीकृत कराना मात्र वैकल्पिक है, अनिवार्य नहीं। पिछले कुछ वर्षों से इसमें बदलाव देखा जा रहा है। उत्तर प्रदेश में भी विवाह का पंजीकरण अनिवार्य कर दिया गया है। इसके न कराने पर भी मुस्लिम विवाह की वैधानिकता पर कोई प्रभाव नहीं पड़ता है। विवाह पूर्णतया विधिमान्य माना जाता है। मु. जैनून बनाम मु. अमानुल्लाह खाँ के वाद में मद्रास उच्च न्यायालय (1949) ने स्थानीय जमात जो प्रथागत तरीक़े से मुस्लिम विवाहों का पंजीकरण करती थी और प्रमाणपत्र देती थी,

उक्त जमात के सचिव द्वारा पंजीकरण रजिस्टर लेकर विवाह के दिन ग़ायब हो जाने को गम्भीरता से लिया था और पाँच हज़ार रुपये का जुर्माना भी जमात पर लगाया था। आज भी विदेशों में काम करने वाले भारतीय मुसलमानों को विवाह पंजीकरण की ज़रूरत पड़ती है, तो जहाँ स्थानीय जमात सक्रिय नहीं है, वहाँ जिला मजिस्ट्रेट उनके दस्तावेज़ों की जाँच कराता है और एक लम्बी प्रक्रिया के बाद उन्हें प्रमाणमत्र जारी करता है।

विवाह का पंजीकरण औरत को सुरक्षा प्रदान करता है। हमेशा से ही इस बात की चर्चा होती रही है। यह बाल विवाह रोकने में अहम भूमिका निभाता है। इसे भारत के सभी नागरिकों पर अनिवार्य करने के लिए भी क़दम उठाये गये हैं। **सीमा बनाम अश्विनी कुमार**, 2006 के केस की सुनवाई करते हुए **जस्टिस अरिजीत पसायत** और **जस्टिस एसएम कपाडिया** ने कहा था कि सभी व्यक्ति, जो भारत के नागरिक हैं, वे चाहे जिस धर्म के हों, उनकी शादी का अनिवार्य रूप से पंजीकरण होना चाहिए। राष्ट्रीय महिला आयोग द्वारा भी विवाह के लिए एक अनिवार्य पंजीकरण बिल 2005 में तैयार किया गया था। इसके अलावा महिलाओं के लिए सभी प्रकार के भेदभाव को समाप्त करने के लिए अन्तर्राष्ट्रीय सन्धि सीडॉ (convention of elimination and all form of discrimination against women-CEDAW) पर भारत ने 1993 में हस्ताक्षर भी किये जो विवाह के अनिवार्य पंजीकरण की बात करती है। उच्चतम न्यायालय के निर्देश होने के बावजूद अभी तक यह अनिवार्य रूप से देश में लागू नहीं हो पाया है।

विवाह से सम्बन्धित निषेध (Prohibitions of Marriage) :

अन्य समाजों के समान मुस्लिम विवाह में भी बहुत से वैवाहिक निषेध का समावेश है। इन निषेधों का कड़ाई से पालन किया जाता है। निषेधों से तात्पर्य उन बाधाओं से है, जिनके रहते हुए मुस्लिम स्त्री-पुरुष विवाह नहीं कर सकते।

- कोई भी मुसलमान स्त्री एक पति के होते हुए दूसरे पुरुष से विवाह नहीं कर सकती।
- एक पुरुष चार स्त्रियों से विवाह कर सकता है, लेकिन चार पत्नियाँ होने पर पाँचवीं स्त्री से विवाह नहीं कर सकता।
- जिन व्यक्तियों के बीच दूध का सम्बन्ध है, उनके बीच विवाह सम्बन्धों की स्थापना प्रतिबन्धित है।
- हज या उमरा (तीर्थ यात्रा) के समय विवाह सम्बन्धों की स्थापना करना वर्जित है।

- यदि किसी स्त्री के पति की मृत्यु हो गयी हो अथवा पति से तलाक़ हो चुका हो, तो वह स्त्री इद्दत की अवधि पूरी किये बिना विवाह नहीं कर सकती। इद्दत तीन बार मासिक धर्म होने के बीच की वह अवधि है, जिसमें निश्चित रूप से यह जान लिया जाता है कि स्त्री गर्भवती तो नहीं है।
- एक मुस्लिम अपनी माता, दादी, नानी और चाहे वे जितनी भी उच्च पीढ़ी की महिला क्यों न हो, से विवाह नहीं कर सकता। इसी प्रकार कोई मुस्लिम महिला अपने पिता, पितामह और नाना से विवाह नहीं कर सकती।
- सगे भाई या सगी बहन के वंशजों से भी विवाह करने का पूर्ण निषेध है। अतः कोई पुरुष अपनी भतीजी (भाई की लड़की) तथा भांजी (बहन की लड़की) से विवाह नहीं कर सकता। इसी प्रकार एक मुस्लिम महिला अपने भतीजे तथा भांजे से विवाह नहीं कर सकती। समरक्त भाई बहन के वंशजों से भी विवाह ठीक उसी प्रकार से वर्जित है जैसे कि सगे भाई बहनों के वंशजों के साथ वर्जित रहता है।
- अपने पिता के भाई, बहन तथा अपनी माता के भाई तथा बहन से विवाह करना भी वर्जित है। अतः कोई मुस्लिम पुरुष अपने पिता की बहन (बुआ या फूफी) तथा माता की बहन (मौसी या खाला) से विवाह नहीं कर सकता। इसी प्रकार कोई मुस्लिम महिला अपने पिता के भाई (चचा) तथा अपनी माता के भाई (मामा) से विवाह नहीं कर सकती है। (चचेरे, ममेरे, फुफेरे तथा मौसेरे भाई बहनों में कोई निषिद्ध सम्बन्ध नहीं है और इनका विवाह पूर्णतया विधिमान्य माना जाता है।)
- कोई भी मुस्लिम मूर्ति की उपासना करने वाली किसी स्त्री से विवाह नहीं कर सकता। मुस्लिम पुरुष को यह अधिकार दिया गया है कि वे मूर्तिपूजक स्त्री को छोड़कर किसी भी दूसरे धर्म के मानने वाली स्त्री (अहले किताब : अलौकिक पुस्तक तौरेत, ज़बूर, इंजील जिन्हें आसमानी पुस्तकें भी कहा जाता है) से विवाह कर ले, लेकिन एक मुस्लिम स्त्री मुस्लिम पुरुष को छोड़कर किसी भी दूसरे धर्म को मानने वाले पुरुष से विवाह नहीं कर सकती। यह सभी निषेध शिया और सुन्नी दोनों समुदायों पर कड़ाई से लागू माने जाते हैं।

मुस्लिम में तलाक़ (Divorce among Muslims) :

इस्लाम पूर्व के प्राचीन अरबी सामाजिक व्यवस्था में तलाक़ के लिए 'बोल' की प्रथा थी, जिसके अनुसार पिता अपनी पुत्री के विवाह में मिलने वाले मूल्य (सदक) को

वापस कर कभी भी लड़की को उसके पति से स्वतन्त्र करा सकता था। बाद में जब सदक का स्थान 'मेहर' ने ले लिया, तो तलाक़ के क्षेत्र में भी पुरुषों के अधिकार बढ़ गये। मुस्लिम विवाह में पुरुषों की प्रधानता को केवल इसी बात से समझा जा सकता है कि पुरुष अपनी इच्छा मात्र से केवल तीन बार तलाक़ कह देने से पत्नी से सम्बन्ध तोड़ सकता है, (अब नहीं) लेकिन पत्नी को ऐसा करने के लिए पति को दोषी प्रमाणित करना आवश्यक है। यह सच है कि मुसलमानों में भी न्यायालय की सहायता से विवाह-विच्छेद किया जा सकता है, लेकिन व्यावहारिक रूप में अधिक तलाक़ सामाजिक आधार पर ही होते हैं। यह प्रथा बहुत लम्बे समय तक समाज में प्रचलित रही, वैसे कुरान ने इस प्रथा का कभी भी समर्थन नहीं किया। कुरान के अनुसार यदि मियाँ-बीवी के बीच अनबन है और रिश्ते में दरार का डर है, तो मियाँ और बीवी के खानदान से दो मध्यस्थों को पहले सुलह समझौता के लिए मोकर्रर करें, अगर वे अमन चाहते हैं तो ख़ुदा उनका मिलाप करायेगा। ख़ुदा को पूरी जानकारी है (कुरान 4:130)। एक झटके में तीन तलाक़ कुरान में दर्ज नहीं है, परन्तु पितृसत्ता ने इस प्रथा को विधि मान्य करार दिया था, जिसे महिलाओं के लम्बे संघर्ष के बाद सन् 2017 में उच्चतम न्यायालय ने अमान्य करार दिया और सरकार ने बिल तैयार किया, जो लोकसभा से पास होकर क़ानून बन चुका है।

प्रचलित इस्लामिक प्रथा, न्यायिक प्रक्रिया से विवाह-विच्छेद के तरीक़े

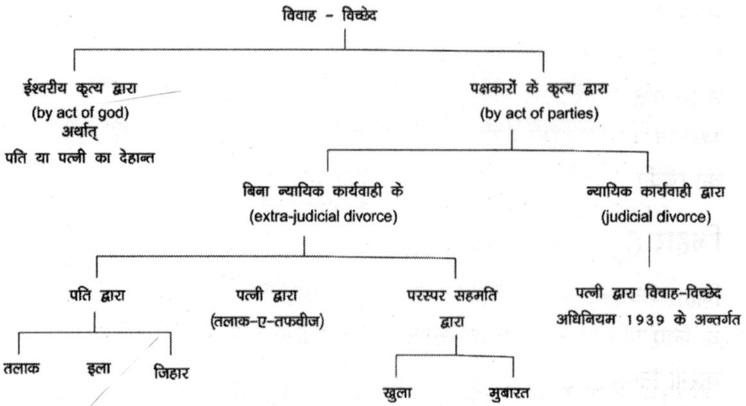

अरबी शब्द **'तलाक़'** का शाब्दिक अर्थ होता है **आज़ाद करना** या **गाँठ को खोलना**। क़ानूनी शब्दों में शादी के बन्धन से छुटकारा करना है। जब बीवी इसे

चाहती है, तब क़ानूनी शब्दों में तलाक़ को खुला (जिसका मतलब है कोई चीज़ निकालना या दूर ढकेलना) कहते हैं। जैसा कि उपरोक्त तालिका में स्पष्ट किया गया है। विवाह विच्छेद के दो प्रमुख कारण है—क—ईश्वरीय कृत्य अर्थात पति या पत्नी की मृत्यु तथा ब—स्वयं पक्षकारों (पति-पत्नी) का कृत्य। पहले कृत्य के लिए किसी औपचारिकता या डिक्री की आवश्यकता नहीं रहती। दूसरे कृत्य में या तो विवाह विच्छेद स्वयं पति-पत्नी द्वारा किया जाता है या उनके पहल करने पर न्यायालय की डिक्री द्वारा होता है। मुस्लिम में अलिखित तलाक़ को भी लिखित तलाक़ देने के समान ही मान्यता प्राप्त है। समुदाय मे अलिखित तलाक़ की संख्या अभी भी लिखित की तुलना में अधिक है। पति द्वारा विवाह विच्छेद इला या जिहार के अन्तर्गत हो सकता है। पत्नी खुला तथा मुबारत के अन्तर्गत वैवाहिक करार को भंग कर सकती है या फिर मुस्लिम विवाह विच्छेद अधिनियम 1939 में दिये गये कई आधारों में से किसी आधार को सिद्ध कर न्यायालय से डिक्री प्राप्त की जा सकती है।[11]

इला (Vow of Continence) :

यदि पति एक क़सम लेकर चार माह तक पत्नी के साथ सहवास न करने की प्रतिज्ञा करता है, यह अवधि समाप्त होने पर बिना किसी अन्य कार्रवाई के तलाक़ मान लिया जाता है। यदि इस बीच सहवास हो जाता है, तो इला की शपथ निरर्थक हो जाती है और विवाह विच्छेद नहीं होता।

शिया तथा शफी विचारधारा की विधियों में इला से विवाह विच्छेद के लिए न्यायालय की डिक्री अनिवार्य है। उनमें चार माह पूर्ण होने पर अपने आप तलाक़ नहीं होता। पत्नी दाम्पत्य अधिकारों की पुनर्स्थापना का वाद अदालत में प्रस्तुत करती है। उसमें पति को विकल्प दिया जाता है कि चाहे तो पत्नी से सम्भोग कर पुनः सम्बन्ध स्थापित कर ले, इस पर यदि वह पत्नी से सम्बन्ध स्थापित नहीं करता तो न्यायालय की डिक्री से विवाह को भंग कर दिया जाता है।[12]

जिहार (injurious Assimilation) :

जिहार शब्द का अर्थ होता है आपत्तिजनक तुलना। इस विधि से विवाह-विच्छेद करने के लिए पति अपनी पत्नी की तुलना किसी ऐसी महिला से करता है, जिससे विवाह करना निषिद्ध हो, जैसे माता आथवा बहन अर्थात पति अपनी पत्नी को सम्बोधित करते हुए कहेगा कि 'आज से तुम मेरी माता या बहन हुई।' इस कथन के पश्चात चार माह तक उनके बीच सम्भोग न होने पर जिहार पूर्ण मान लिया जायेगा। जिहार

पूर्ण होने पर भी विवाह का विच्छेद अपने आप नहीं होता, चार माह बाद पत्नी न्यायालय से विवाह विच्छेद की डिक्री प्राप्त कर सकती है या दाम्पत्य अधिकारों की पुनर्स्थापना के लिए आदेश प्राप्त कर सकती है, लेकिन चार माह पूर्ण होने से पहले पति जिहार के कथन को समाप्त कर सकता है, तब पत्नी डिक्री नहीं प्राप्त कर सकती। ऐसा करने पर विवाह बना रहेगा, परन्तु पति को कुछ प्रायश्चित्त करने का प्रावधान है।[13]

शिया विधि थोड़ा अलग है। इसमें जिहार की घोषणा दो सक्षम गवाहों की उपस्थिति में किया जाना आवश्यक होता है। इला और जिहार का प्रचलन लगभग समाप्त हो गया है, लेकिन मुस्लिम विधि में यह अब भी मान्य है। ये दोनों ही तरीक़े कुरान के मुताबिक नहीं हैं।

खुला (Khula) :

खुला का शाब्दिक अर्थ है, 'कोई चीज़ निकालना या दूर ढकेलना।' भारत में विधि की शब्दावली में खुला का मतलब है पति की सहमति से, उसे (पति को) कुछ मुआवजा (compensation) देकर पत्नी द्वारा विवाह-विच्छेद। 'खुला' के सम्बन्ध में कुरान निर्धारित करती है कि–

"...यदि तुमको यह डर हो कि वे (पति-पत्नी) अल्लाह की सीमाओं को कायम न कर सकेंगे तो जो कुछ देकर स्त्री छुटकारा करना चाहें उन दोनों के लिए कोई दोष नहीं, ये अल्लाह की सीमाएँ हैं।"[14]

मुंशी बुजलुल रहीम बनाम **लतीफुन्निसां** के मशहूर केस में 'खुला' के बारे में प्रिवी काउंसिल ने कहा था कि 'खुला' विवाह-विच्छेद का वह तरीक़ा है, जिसमें पत्नी वैवाहिक सम्बन्धों से अपने को निर्मुक्त करने के लिए पहल करती है। छुटकारा पाने के एवज में पत्नी अपने पति को कुछ-न-कुछ प्रतिफल देती है या भविष्य में प्रतिफल के रूप में कुछ राशि अथवा सम्पत्ति प्रदान करने का अनुबन्ध कर लेती है। उक्त केस में लतीफुन्निसां ने निर्धारित रक़म नहीं अदा की थी, जिसकी वसूली बुजलुल रहीम ने अदालत से की थी।

सुन्नी समुदाय में खुला के लिए गवाहों की उपस्थिति अनिवार्य नहीं है, लेकिन शिया में दो सक्षम गवाह खुला के वक़्त ज़रूरी है।

मुबारत (Mubarat/Mutual consent) :

यह तलाक़ पति पत्नी की पारस्परिक सहमति से होता है, दोनों में से कोई भी प्रस्ताव दे सकता है। इसमें किसी भी पक्ष को दूसरे के लिए हरजाना नहीं देना पड़ता है। इसमें

पति-पत्नी दोनों समान रूप से अलग होने के लिए इच्छुक रहते हैं। मुबारत शुद्ध रूप से परस्पर अनुबन्ध से विवाह-विच्छेद (divorce by mutual agreement) माना जा सकता है।

लिआन (Liaan) **:** 'लिआन' का अर्थ है पति द्वारा पत्नी के विरुद्ध परपुरुष गमन का आरोप। पति द्वारा पत्नी को व्यभिचारिणी कहने पर पत्नी न्यायालय से विवाह विच्छेद की डिक्री प्राप्त कर सकती है। न्यायालय पति को अपने आरोप को शपथपूर्वक सिद्ध करने या इसे वापस लेने के लिए बाध्य करता है। यदि पति अपने आरोप को वापस ले लेता है तो पत्नी को विवाह विच्छेद की डिक्री नहीं मिलती।

इसके अलावा अलिखित तलाक़ के तीन और प्रचलित तरीक़े भारतीय उन-महाद्वीप में मौजूद हैं–**(क) तलाक़े अहसन**–इसके अन्तर्गत पत्नी के मासिक धर्म (तुहर) के समय पति एक बार तलाक़ की घोषणा कर देता है और इद्दत की अवधि तक सहवास नहीं करता। इद्दत का समय व्यतीत होते ही वैवाहिक सम्बन्ध समाप्त हो जाते हैं। **(ख) तलाक़े हसन**–यह अपेक्षाकृत रूप से एक लम्बी प्रक्रिया है जिसमें केवल एक तुहर के समय ही नहीं, बल्कि लगातार तीन तुहरों तक पुरुष को तलाक़ की घोषणा दोहरानी पड़ती है। तीन तुहरों के बीच के समय (अर्थात समय दो माह) तक पति-पत्नी के बीच सहवास भी नहीं होता। **(ग) तलाक़े-उल-बिद्दत**–यह सबसे साधारण तरीक़ा है, जिसमें पुरुष अपनी पत्नी अथवा पत्नी के किसी गवाह की अनुपस्थिति में भी किसी समय तलाक़ की घोषणा कर सकता है। *(इस प्रथा के ख़िलाफ़ देश में चले आन्दोलन के कारण उच्चतम न्यायालय ने इसे अमान्य करार दिया है, जिसका उल्लेख ऊपर किया जा चुका है और संसद में इसके ख़िलाफ़ क़ानून बनाने की प्रक्रिया जारी है।)* प्रथम दो पद्धतियों में तुहर के समय तलाक़ की घोषणा का विधान इसलिए रखा गया है कि जिससे पता चल जाये कि तलाक़ के समय पत्नी गर्भवती तो नहीं है।[15]

अदालत द्वारा तलाक़ (Judicial Divorce) :

मुस्लिम तलाक़ क़ानून, 1939 के द्वारा भी पति-पत्नी को अनेक दशाओं में तलाक़ का अधिकार दिया गया है। ये दशाएँ इस प्रकार है–

1. यदि प्रार्थनापत्र देने के चार वर्ष पहले से पति के बारे में पत्नी को कोई जानकारी न हो।
2. यदि पति पिछले दो वर्ष से अपनी पत्नी का भरण-पोषण करने में असफल रहा हो।

3. यदि पति को सात वर्ष या इससे अधिक के लिए जेल हो गयी हो।
4. यदि पति नपुंसक हो।
5. यदि पति प्रार्थनापत्र देने के दो वर्ष पहले से पागल हो अथवा कोढ़ी हो।
6. यदि लड़की का विवाह 15 वर्ष से कम आयु में हो गया हो और पत्नी ने पति से सहवास किये बिना 18 वर्ष की आयु होने से पहले ही इस विवाह को अस्वीकार कर दिया हो।
7. यदि पति पशुता या क्रूरता का दोषी हो अथवा उसका बदनाम स्त्रियों से सम्बन्ध हो।
8. यदि पति अपनी सभी पत्नियों से समानता का व्यवहार न करता हो।
9. पति द्वारा पत्नी के धार्मिक कार्यों में बाधा पहुँचायी जाती हो।
10. इनके अतिरिक्त किसी भी ऐसे कारण के आधार पर तलाक़ किया जा सकता है, जो मुस्लिम सामाजिक क़ानून के अनुसार मान्य हो।[16]

इद्दत (iddat) :

'इदद्त' का शाब्दित अर्थ है 'गणना करना' (counting) उस अवधि को कहते है, जिसमें विवाह-विच्छेद के पश्चात किसी विधवा या तलाक़शुदा महिला के फ़ौरन पुनर्विवाह करने पर प्रतिबन्ध रहता है। सामान्यतया विवाह-विच्छेद के पश्चात पति तथा पत्नी के दाम्पत्य-सम्बन्ध समाप्त हो जाते हैं और ये स्वतन्त्र पुरुष तथा महिला की स्थिति में आ जाते हैं। विवाह-विच्छेद के तुरन्त बाद पति को तो पुनर्विवाह करने का अधिकार रहता है, परन्तु पत्नी एक निश्चित अवधि तक पुनर्विवाह नहीं कर सकती। विवाह-विच्छेद के पश्चात की वह निश्चित अवधि, जिसमें पत्नी (विधवा या तलाक़शुदा) को दूसरा विवाह करने के लिए प्रतीक्षा करनी पड़ती है 'इद्दत' कहलाती है।

इस अवधि में पत्नी को एकान्तवास में रहकर सात्विक जीवन बिताना पड़ता है तथा इस अवधि में उसके पुनर्विवाह का निषेध है। इसका एक बड़ा ही सार्थक उद्देश्य है। यदि विवाह-विच्छेद के कुछ दिन पहले ही पति पत्नी का सम्भोग हुआ रहा हो और उस सम्भोग के फलस्वरूप पत्नी ने गर्भधारण किया है अथवा नहीं, इसका पता लगाना कठिन होता है। ऐसे हालात में यदि पति की ही तरह पत्नी को भी विवाह-विच्छेद के तुरन्त बाद पुनर्विवाह का अधिकार दे दिया जाये, तो उसके सम्भावित गर्भ की पैतृकता पूर्व-पति की मानी जाये अथवा दूसरे पति की, इसका निर्धारण सन्देहात्मक हो जाता है। इसी संशयात्मक स्थिति से उबरने के लिए मुस्लिम

में यह नियम निर्धारित किया गया था, जो इद्दत है। कुरान में दो प्रकार की इद्दत की अवधि का उल्लेख है। एक तलाक़ और दूसरा मौत की इद्दत। कुरान में दर्ज सूरे बकर के अनुसार तलाक़ की इद्दत का समय तीन मासिक धर्म है (यह लगभग 102, 103 या 105 दिन हो सकती है, क्योंकि यह सभी महिलाओं में थोड़ा अलग-अलग है) और मौत की इद्दत की अवधि चार माह दस दिन निर्धारित की गयी है। इद्दत की अवधि समाप्त होने तक सम्भावित गर्भ की स्थिति शारीरिक लक्षणों से भी अपने आप स्पष्ट हो जायेगी। सुन्नी और शिया दोनों ही समुदाय इद्दत का पालन करते हैं, जहाँ सुन्नी सभी औरतों को इद्दत पालन आवश्यक बताते हैं। वही शिया उन औरतों के लिए इद्दत की ज़रूरत नहीं समझते, जिनकी माहवारी आने की उम्र निकल चुकी है। (इद्दत के विषय पर वर्तमान बुद्धिजीवियों और महिला अधिकार संगठनों के बीच एक बहस भी मौजूद है, आज गर्भ की जाँच के लिए आधुनिक वैज्ञानिक तकनीकी मौजूद है, जिससे कुछ ही क्षणों में गर्भधारण का पता लगाया जा सकता है। महिला को इतने लम्बे समय तक इन्तज़ार करने की आवश्यकता नहीं है।) समय के साथ इस विषय पर नज़रिया और अभ्यास बदला भी जा सकता है।

उत्तराधिकार (विरासत) (Inheritance) :

कुरान तथा पैगम्बर मोहम्मद की परम्पराओं (सुन्नत) द्वारा इस्लाम पूर्व के तमाम नियमों में बदलाव हुआ और उत्तराधिकार के नये नियम लागू किये गये। जिससे मृतक के सभी निकट सम्बन्धियों के प्रति न्याय हो सके तथा महिलाओं को भी उत्तराधिकारी माना गया, जो इस्लाम पूर्व में नहीं था। कुरान में महिलाओं तथा वृद्ध माता-पिता एवं पूर्वजों को उत्तराधिकार का समान अधिकार देते हुए उनके निर्धारित हिस्सों का भी उल्लेख कर दिया है, ताकि इनमें किसी परिवर्तन की सम्भावना न रहे।

उत्तराधिकार के नियमों में इस्लाम द्वारा मुख्य रूप से निम्नलिखित संशोधन किये गये हैं–

(i) महिलाएँ तथा मातृ-बन्धु सक्षम उत्तराधिकारी हैं।

(ii) पति तथा पत्नी परस्पर एक-दूसरे के उत्तराधिकारी है।

(iii) वंशजों को माता-पिता एवं पूर्वजों की तुलना में प्राथमिकता नहीं प्रदान की गयी है। पूर्वजों तथा वंशजों के अधिकार समान है।

(iv) महिला तथा पुरुष उत्तराधिकारियों को उत्तराधिकार का समान अधिकार है परन्तु महिला उत्तराधिकारियों का हिस्सा पुरुष उत्तराधिकारियों के हिस्से का आधा रहता है।

उल्लिखित है कि पति और पत्नी निर्धारित नियमानुसार एक दूसरे से उत्तराधिकार प्राप्त करते हैं। यह शर्त केवल वैध विवाह में ही लागू है न कि विवाह के केवल उपभेग पर।

यदि पत्नी की मृत्यु हो जाती है और उसके बच्चे नहीं है तो पति उनकी सम्पत्ति में से आधे का हक़दार होता है। यदि उसके बच्चे हैं तो पति को एक चौथाई हिस्सा मिलता है। यदि पति की मृत्यु हो गयी और उसका कोई बच्चा नहीं है, तो पत्नी को पति की सम्पत्ति का एक चौथाई भाग मिलेगा। यदि उसके बच्चे हैं तो पत्नी को आठवाँ भाग मिलेगा।

यदि मृतक पत्नी का कोई अन्य रिश्तेदार नहीं है तो ऐसे में सभी सम्पत्ति पति को मिल जाती है। यदि मृतक पति का कोई अन्य रिश्तेदार नहीं है, तो पत्नी को केवल आधी सम्पत्ति मिलती है और बाकी बैतुल-माल (समुदाय के कल्याण हेतु कोष) में जमा हो जाती है। कुछ शिया समुदाय के मतानुसार पत्नी ऐसी स्थिति में पति की पूरी सम्पत्ति की उत्तराधिकारी होगी। यदि मृतक पति के एक से अधिक पत्नियाँ हैं तो सभी को बराबर का हिस्सा बाँट दिया जाता है।

पति अपनी मृत पत्नी द्वारा छोड़ी गयी पूरी सम्पत्ति का उत्तराधिकारी होता है। सुन्नी विचारधारा के मतानुसार पत्नी भी मृत पति द्वारा छोड़ी गयी सम्पूर्ण सम्पत्ति की वारिस होती है। सामान्य तौर पर यदि पत्नी के कोई सन्तान पति से नहीं है, तो वह पति की सभी सम्पति भूमि को छोड़कर प्राप्त कर सकती है। यद्यपि वह उस भूमि की क़ीमत के आकलन के बराबर विरासत प्राप्त कर सकती है। जैसे भवन, पेड़, आदि। यदि महिला एक ऐसी अवस्था में है, जब उसके पति से तलाक़ की घोषणा की प्रक्रिया चल रही हो, परन्तु वह पूर्ण नहीं हुई हो (revocable divorce) और उस बीच उसके पति की मृत्यु हो जाती है, तब उसकी स्थिति एक सामान्य पत्नी की ही होगी, लेकिन तलाक़ की प्रक्रिया पूर्ण हो चुकी हो और उसके तुरन्त बाद पति की मृत्यु हो जाती है, तब उसे उत्तराधिकार प्राप्त नहीं होगा। यदि पति बीमारी की अवस्था में है और उसने पत्नी को तलाक़ की घोषणा की प्रक्रिया प्रारम्भ कर दी है और पत्नी की मृत्यु हो जाती है, तब पति को पत्नी का उत्तराधिकार नहीं मिलता, लेकिन यदि बीमारी के कारण पति की मृत्यु उस दौरान हो जाती है, तो मुस्लिम समुदाय की विभिन्न विचारधारा के स्कूल इसमें अलग-अलग राय रखते हैं। हनबली स्कूल कहता है कि पत्नी को तब तक उत्तराधिकार प्राप्त होगा, जब तक कि वह दूसरा विवाह नहीं कर लेती। हनफी स्कूल कहता है कि उसे तब तक का उत्तराधिकर प्राप्त है, जब तक वह इद्दत की अवधि में है। मलिकी स्कूल कहता है कि उसे किसी भी स्थिति

जितने भी परिवारों से सम्पर्क किया गया, उनमें से अधिकतर ग़रीबी रेखा के नीचे रहने वाले परिवार ही थे, जिनके पास किसी भी प्रकार की स्थायी आमदनी नहीं थी, कभी कोई काम, कभी कोई काम। दूसरा बड़ा कारण अशिक्षा है, जिन परिवारों में माता-पिता, अभिभावक कोई भी शिक्षित नहीं है, वहाँ लड़कियों का शिक्षित होना बहुत कठिन होता है। ऐसे परिवार ज़्यादा मिले, जिनमें शिक्षा का अभाव था, पढ़ाई यदि की भी थी तो मदरसा या प्राइमरी स्कूल से कक्षा 2, 3 या 5वीं कक्षा तक, बाद में पढ़ाई छूट गयी थी। कुछ लड़कियाँ, जिन्होंने हाई स्कूल, इंटर, या बी.ए. तक पढ़ाई की थी, वे मुताह के घोखें में माँ बाप या किसी अन्य के कारण फँस तो गयी थी, परन्तु उन्होंने संघर्ष तेज़ किया, मदद के लिए लोगों से सम्पर्क किया और मुकदमा भी क़ायम किया। तीसरी बड़ी वजह है धर्मान्धता। परिवार इसे अपनी शरीयत का हिस्सा मानते रहे और अल्लाह की राह में किया जाने वाला काम समझते हुए दलाल और क़ाज़ी दलाल के बहकावे में आते रहे। उन्होंने इस जमात के अलावा किसी अन्य से सम्पर्क करने की या जानकारी लेने की कोशिश नहीं की। एक अन्य महत्त्वपूर्ण कारण बेटियों के प्रति उदासीनता का नज़रिया और जब उस बेटी को मुताह में किसी को देकर पैसे आने लगे, तब पिता-माता ही नहीं भाई भी उनसे पैसे कमाने लगे। जब तक देश में बालिका शिक्षा नहीं बढ़ेगी, तब तक ऐसी स्थितियाँ बालिकाओं के सामने आती ही रहेंगी। उससे निपटना राजसत्ता, समाज, परिवार सभी के लिए चुनौती है।

यह भी कहना आवश्यक है कि यह कोई समस्या नहीं यह किसी घटना का परिणाम है, हम जब तक मुख्य समस्या को सम्बोधित नहीं करेंगे, तब तक यह सब होता ही रहेगा। हमने शिक्षा, रोजगार, ग़रीबी के सवाल को अनदेखा किया, उसके परिणाम में इस प्रकार की घटनाएँ सामने आ गयीं। यदि मुख्य प्रश्न को हल किया गया होता, तो अपने आप इस समस्या का हल हो गया होता, क्योंकि भारत में किसी भी धनी परिवार में इस प्रकार के मामले नहीं पाये जाते।

इसे वैधता परम्परा से मिल रही है। यदि परम्परा बदलेगी, इसकी वैधता स्वयं समाप्त हो जायेगी। क़ानून में ऐसा करना अपराध घोषित किया जायेगा, तो लोग इसे अपनाने से डरेंगे। हमारे कई काम किसी ख़ास काल खण्ड में परम्परा के अनुकूल होते हैं, लेकिन समय आता है कि वह ग़ैर-क़ानूनी हो जाते हैं। परम्परा, क़ानून स्थायी नहीं होता, यह काल खण्ड के अनुसार बदलता रहता है।

प्रश्न यह भी उठता है कि शिक्षा क्या इसको मान्यता देती है। इसे समझने के लिए यह देखें कि जो भी केस मिले, उनमें उनके माता-पिता, भाई-बहन शिक्षा के निचले पायदान पर थे या बिल्कुल भी शिक्षित नहीं थे। आर्थिक दृष्टि से लगभग सभी ग़रीब हैं। आर्थिक दृष्टि से ग़रीब मतलब शैक्षणिक दृष्टि से भी पिछड़े हैं। पिछड़ापन और मुताह के बीच में सम्बन्ध है। अगर हमें मुताह पर प्रहार करना है, तो हमें पिछड़ेपन पर प्रहार करना चाहिए, चाहे वह शिक्षा से जुड़ा हो या अर्थिक समस्या से जुड़ा हो। यहाँ यह सूत्र निकला कि अगर अव्यवस्था को ख़त्म करना है, तो इन दो चीज़ों को ख़त्म करना चाहिए, मुताह अपने आप विलोपित हो जायेगा।

❑❑❑